Julius Meier-Graefe
Edgar Degas

SEVERUS Verlag

Meier-Graefe, Julius: Edgar Degas. Ein Beitrag zur Entwicklungsgeschichte der modernen Malerei. 2017
Neuauflage der Ausgabe von 1908
ISBN: 978-3-95801-662-0

Umschlaggestaltung: Annelie Lamers, SEVERUS Verlag
Umschlagmotiv: www.pixabay.com

Bibliografische Information der Deutschen Nationalbibliothek: Die Deutsche Nationalbibliothek verzeichnet diese Publikation in der Deutschen Nationalbibliografie; detaillierte bibliografische Daten sind im Internet über https://dnb.de abrufbar.

Der SEVERUS Verlag ist ein Imprint der Bedey & Thoms Media GmbH, Hermannstal 119k, 22119 Hamburg

SEVERUS Verlag, 2017
http://www.severus-verlag.de
Gedruckt in Deutschland
Der SEVERUS Verlag übernimmt keine juristische Verantwortung oder irgendeine Haftung für evtl. fehlerhafte Angaben und deren Folgen.

Julius Meier-Graefe

Edgar Degas

Ein Beitrag zur Entwicklungsgeschichte der modernen Malerei

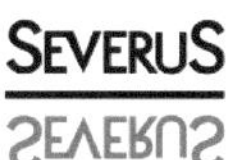

Er trug einen Mantel mit großem Rad, immer denselben; ein wenig abgeschabt, peinlich sauber. Jeden Tag fuhr der alte Mann mit dem Tram von Montmartre in irgendeinen Stadtteil, stieg aus, stieg in einen anderen. Es kümmerte ihn nicht, wohin der Weg ging. Er saß ganz still. Kam der Kondukteur, zog der alte Mann bereitwillig, ein wenig eilig, seine Soustücke, ohne hinzusehen. Er las nicht wie die anderen im Tram, sondern blickte geradeaus über den Kopf des Gegenübers hinweg. Nie redete er mit jemand, nie begrüßte ihn einer.

„Ein Sonderling!" sagte an der Endstation der eine Kondukteur zum anderen. Im Französischen gibt es für Sonderling viele Worte, und die Kondukteure haben die ihren.

Nachmittags kam der Radmantel von Notre Dame de Lorette die Rue Laffitte herunter. Er kannte jeden Stein seit zwei Menschenaltern. Der alte Mann ging langsam. Der Mantel schob sich vorsichtig durch die Menge, mehr als andere Fußgänger darauf bedacht, Berührungen zu vermeiden, und vermied sie deshalb weniger als andere, die einen flinkeren Straßenmechanismus haben. Er blieb zuweilen stehen, schwankte ein wenig. Es war sonderbar, ihn unter den fischchengleichen Eingeborenen der Straße zu sehen. Sein Zentrum blieb, schien es, auf einem Fleck, während sich die Glieder vorwärts bewegten. Er trug sein unbewegliches Haupt durch die Menge. Die Augen standen ganz still, ein wenig nach oben gerichtet wie die eines Blinden. Zuweilen kam ein krampfhafter Ausdruck hinein, und die Gestalt ließ an die vermummten Riesen in Spanien denken, deren starre Masken im Fastnachtszug auf hohen, ummantelten Stangen getragen werden.

Obwohl ihn jeder kannte, obwohl er jeden Türgriff der Rue Laffitte hundertmal in der Hand hatte, war er fremd. Undurchdringlichkeit war sein

Mantel. Trat er in ein Haus, wichen alle scheu zur Seite, und der Herr des Hauses kam ihm ehrerbietig und mit Unbehagen entgegen. Im Hintergrund des Ladens steckten die Leute die Köpfe zusammen. „Der Sonderling!" raunte man in allen Nuancen. Man sprach leise von ihm in der Rue Laffitte, in einer besonderen Tonart.

Starr saß er bei den Auktionen im Hotel Drouot, und man wunderte sich, ihn dort mit anderen Menschen auf einer Bank zu finden, eine Plastik aus dem Quattrocento. Das letztemal sah ich ihn bei der Vente Rouart, als seine Bilder die Käufer zum Wahnsinn trieben. Seine Anwesenheit in dem Saal war interessanter als die Bilder. Neulich, während in Rußland eine neue Revolution tobte, las man irgendwo, er sei gestorben[1]. Alles, was er tat, war darauf berechnet, der Reklame aus dem Wege zu gehen. Wenige Leute folgten seinem Sarge.

Einer meiner italienischen Bekannten in Paris, der ihn zuweilen sah, behauptet, es hätte zuweilen angenehme Stunden mit ihm gegeben, aber nur auf italienisch. Das Italienische mit dem Neapler Akzent war halb seine Muttersprache. Die Erinnerung an die im Süden verbrachte Jugend lockte einen Schimmer in die steinernen Züge. Als Franzose war er alles andere eher als heiter. Sein Lachen stach. Die Leute, die es traf, liefen mit geschwollenen Backen herum. Die seltenen Genossen, die noch aus seiner Zeit da sind, schwiegen, wenn man auf ihn kam. Ich bin sicher, selbst heute, obwohl er tot ist, haben sie noch die Scheu. Seit dem Verschwinden der beiden Brüder Rouart hatte er keinen Freund mehr. Henri Rouart sprach mit großer Liebe von ihm und meinte, er sei ganz anders, als die Leute sagten. Wenn man dann aber wissen wollte, wie der Intimus eigentlich war, wurde der freundliche alte Herr unruhig und wich aus.

In der Dreyfuß-Affäre brach der Sonderling mit jedem, der nicht mit Haut und Haaren gegen den Verurteilten war, und zog sich von da an ganz von der Welt zurück. Hatte er bessere Gründe als Zola, den er mit giftigen Pfeilen beschoß? Er hatte den einzigen: wollte so glauben. Für Zola und seine Freunde war die Affäre eine mehr oder weniger legitime Gelegenheit, zu den Menschen zu kommen; für Degas, obwohl er auf seiten der Majorität stand, ein sicheres Mittel, sich von ihnen zu entfernen. Er hat nicht fünf Minuten darüber nachgedacht, auf welcher Seite das Recht war, und bekannte sich

---

[1] Er starb am 26. September 1917 in Paris im Alter von dreiundachtzig Jahren und wurde auf dem Kirchhof Montmartre begraben.

durchaus nicht zu denen, die ihm zustimmten. Er handelte aus einer Abstraktion, in der sich fast nur Verneinungen verdichteten. Er hat oft so gehandelt.

So ein Mensch, in dem die Menschenfeindschaft Anlage war, wurde Künstler. Ganz sicher steckte hinter der wilden Abkehr ein Idealismus. Sonst wäre die Wahl des Berufs, mag das Resultat sein, wie es will, schwer zu erklären. Eine Romantik, die ins Negative schlug und sich, früh versickert und verkümmert, gegen die Welt, im Grunde gegen sich selbst stemmte — er nannte einmal zu Renoir sich selbst seinen ärgsten Feind. Immer noch eine Romantik. Seine Kunst ist ihr Resultat, Werk eines Fanatikers der Menschenfeindschaft.

Alles das klingt unwahrscheinlich. In keinem anderen Lebenswerke wimmelt so viel Mitwelt herum. Keins ist so voll von Gegenwart-Geschehnis. Doch griffe man fehl, wollte man des Malers Beziehung zu dem Gewimmel als menschliche Beteiligung und zu den gewohnten Anlässen rechnen, aus denen Kunst hervorzugehen pflegt.

Schon den Beginn wärmt wenig Menschlichkeit. Eine Formel. Man kann sie kaum mit dem Namen eines Lehrers bezeichnen, so unpersönlich erscheint sie. Allenfalls Ingres, vielleicht der einzige Mensch, den Degas geliebt hat; allenfalls Poussin. Aber es fehlt jede persönliche Auseinandersetzung. Nicht das Spezifische eines Ingres, das sich weiterbilden läßt, wird übernommen, sondern das Schulmäßige, die Akademie. Alle modernen Meister der Zeit reiben sich anfangs an der Überlieferung. Konvention ist ihnen zunächst das zu Bekämpfende. Alle seit Delacroix und Corot beginnen als Revolutionäre, auch wenn sie nicht wie der junge Anarchist Cézanne um sich schlagen, auch wenn uns heute ihre Entfernung von der Konvention, da sie eine wieder erweckten, da sie eine schufen, entgeht. Allen steht das Gefühl voran. Sie fühlen sich, wollen sich fühlen. Das wollen wir, sagen sie, das und das. Unklare Dinge. Sie können noch nicht formulieren, stottern, sind weich, geschwätzig, sentimental, roh, mit Absicht dunkel wie alle jungen Leute. Nur haben sie etwas Neues, mehr oder weniger Neues. Es wäre ganz neu, so bilden sie sich ein, wenn sie schon reden könnten. Sie sind gekommen, um es der Welt mitzuteilen. Selbst in Corot fühlt man dergleichen, so dicht ihn die Schule umhüllt.

So ist es natürlich in unserer Zeit. Die Auswahl trifft nicht der Meister, der Lehrer, ein anderer, sondern die Stärke des eigenen Gefühls. Ich muß Künstler sein, habe kein anderes Mittel. Fühlen ist Schule, Technik, Heimat. Erst nachher, wenn der erste Schaum des Subjektivismus verflogen ist, beginnt die Kunst. Dann ist es erst recht das Gefühl, und es fragt sich: ist es stark genug, zum Mörtel der tausend Steine zu werden, die von draußen genommen werden? Bleibt der Neuling neu innerhalb des Alten? Wird er immer noch neuer? Das Alte bestimmt nur die Gültigkeit des Neuen, und das Ziel ist erreicht, wenn Gefühl und Kunst eins wird.

So war Delacroix. Sein Gefühl hatte die Stärke, alle Werte, eine ganze Welt aufzunehmen. Seine Kunst, voll bis zum Rande, bewegte sich, zitterte, war Atem, kräuselte sich unter jedem Hauch des Gefühls. Wir sehen nicht die Grenze zwischen Gefühl und Kunst, noch zwischen Altem und Neuem. Alles ist Schöpfung von seinem Geiste, und es steht vor uns, in uns wie das Bewußtsein von Erde und Himmel, Baum und Stein.

Auch die Nachfolger wollen so sein. Keiner erreicht es. Es bleiben Schwankungen zwischen Gefühl und Kunst. Aber der vom Ende aus wägende Blick erkennt den verwandten Organismus: Bäume von weniger edler Zucht, hier und da mit knorrigen Verdickungen, unregelmäßige Formen, Äste, wo Stamm sein müßte, undicht belaubte Wipfel, aber Bäume. Wir sitzen in ihrem Schatten wie in Wärme. Gefühl ist in allen der treibende Saft, und womöglich gibt nur ein Überschuß von Gefühl ihren Werken neben Delacroix das Fragmentarische.

Nicht so Degas. Er fängt anders an und bleibt immer anders. Nichts Fragmentarisches, keine Schwankung. Eine nach allen Seiten geschlossene Hülle. Nur kein Baum. Eher ein Mantel, gerade ausreichend für den Besitzer, nicht für andere. War Degas gefühllos? Das soll mitnichten gesagt werden. Vielleicht machte ihn ein Überschuß von Gefühl unfähig, sich auszuteilen. Vielleicht liebte er so fanatisch, daß er zum Haß kommen mußte. Ein armer alter Mann. Nie hatte er eine Jugend.

Degas ist kein reiner Franzose. Die Revolution trieb den Großvater, der einer alten französischen Familie angehörte[1], außer Landes. Er gründete in Neapel eine Bank und heiratete eine Italienerin. Ein Zweig der Familie lebt noch in Italien. Der Vater des Malers, geborener Neapolitaner, kam in jungen Jahren nach Paris und gründete in der Rue St. Georges eine Filiale des Neapler Bankhauses, die nicht floriert haben soll. Er hatte künstlerische Neigungen. Edgar Hilaire Germain Degas kam als ältester von drei Söhnen am 19. Juni 1834 in Paris zur Welt. Die Mutter stammte aus New Orleans, war Kreolin von französischer Abstammung. Die Familie Degas besaß in New Orleans eine Baum-

---

[1] Die Familie hieß De Gas. Degas hat früher Bilder auch noch so gezeichnet.

wollfaktorei unter der Firma Degas Brothers. Auch Edgar Degas war daran beteiligt[1]. Zwei Brüder des Malers und sein Onkel leiteten sie. Edgar ist 1873 drüben gewesen und hat das Bureau der Manufaktur nebst dem Onkel und den Brüdern gemalt.

Hängt die Fremdheit der Degasschen Kunst mit seiner Abstammung zusammen? Zwar hat keiner wie er diese und jene Kulisse des Pariser Lebens gekannt. Viele seiner Bilder sind Sittengeschichten. Oft aber besitzt der Außenstehende den geschärften Blick für die Eigenheit eines Lokals. Und das einzigartige Organ dieses Beobachters einer besonderen Welt könnte beweisen, daß er im Reiche der Kunst ein Fremder blieb.

Er fängt als Schüler an, ein Gutgesinnter, der auch Jurist bleiben konnte. Huysmans beging einen schwerverständlichen Irrtum, als er in Delacroix den wahren Meister erblickte. Wohl, weil Degas später farbig wurde. Er übersieht, daß diese ganze Koloristik für Degas nur ein Ersatzmittel war und für uns auch nur Ersatz bedeutet. Degas wurde ein Kenner guter Bilder und erwarb, als er Geld hatte, schöne Werke Delacroix'. Sie waren ihm interessant wie die Bewegungen seiner Tänzerinnen, seiner Pferde. Nichts war seinem Instinkt fremder. Im Grunde verachtete er die Art und hat es gelegentlich nicht verschwiegen. Alles, was einer aus dem Gefühl gewann, galt ihm für niedrig. Ingres, der ihn persönlich zum Künstler bestimmte, wurde sein Meister. Da er nicht bei ihm selbst lernen konnte, was er immer beklagt hat, trat er 1855 bei Lamothe, dem unglücklichen Ingres-Schüler[2], Lehrer an der Ecole des Beaux-Arts, ein und war dort unter anderen mit dem Zeichner Serret zusammen, von dem es zarte Dinge gibt. Ingres ist immer sein Ideal geblieben. Daß es ihm nicht gelang, ganz in ihm aufzugehen, hat er sich nie verziehen. Er setzte es auf Rechnung der Zeit, in der er lebte, und haßte sie dafür. Seine Eigenart, die sich später äußerte, fand er schimpflich.

Nach Lemoisne hat er schon 1856 die Ecole des Beaux-Arts mit Rom vertauscht[3]. Dort erschließt sich ihm der Kreis von Meistern, die sein Meister gelten ließ. Seine ersten Bilder sind klassizistische Einzelfiguren, die von weitem an Poussin erinnern, z. B. die alte Frau mit dem gelben Tuch, bei Durand-Ruel, oder die „Mendiante Romaine" der Sammlung Decape; Bilder, die nur ein

---

[1] So erzählte mir Herr Dr. Reinhart in Winterthur. Die Firma Reinhart hatte die Vertretung von Degas Brothers. Der Maler ist in jungen Jahren mit den Brüdern einmal in Winterthur zu Geschäftsbesuch gewesen.

[2] Genauer: Schüler Flandrins, aber unter dem persönlichen Einfluß Ingres'.

[3] Verfasser der kleinen Monographie über Degas, kurz vor dem Kriege erschienen. (Librairie Centrale des Beaux-Arts, Paris o. D.)

gröberes Detail von hundert Schulbildern der Zeit unterscheidet. Der Schüler
ist strenger als der Meister. Man findet in den Erstlingswerken keine der kom-
positionellen Kühnheiten Ingres', noch viel weniger den von sanften Farben ge-
leiteten Rhythmus des Beschaulichen, der uns mit seinen sonderbarsten Ein-
fällen versöhnt. Die Degas sind Versteinerungen aus Modellierung und Linie.
Die Farbe scheint nur ethnographischer Unterscheidungen wegen da. Viele
Deutsche derselben Zeit haben ähnlich gemalt. Und wie die deutschen und
französischen Klassizisten rettet er sich im Bildnis. Nach Lafond[1] hat er mehrere
Bildnisse in Italien gemalt. Erhalten ist das Selbstporträt von 1857, das in der
Abbildung (das Original kenne ich nicht) großen Reiz besitzt; weich, malerisch,
mit ganz überzeugendem Ausdruck, eine Art Chassériau. Er hat in Rom viel
gezeichnet, sowohl nach Mantegna und den Florentiner Primitiven, als auch
nach der Natur.

Noch 1856 entstehen die radierten Bildnisse seines Freundes, des Malers
Tourny, und der Schwester des Freundes; 1857 das eines alten Herrn mit Mütze
und Brille (M. Brandon) und wohl auch das der Fürstin Wolkonska. Es sind
keine Offenbarungen eines Visionärs, aber vortreffliche Radierungen. Wir machen
zum erstenmal in seinem Oeuvre die uns gewohnte, bei einem Franzosen seiner
Zeit sehr seltene Erfahrung, die sich auch später bei Degas immer wiederholt:
er wird ein ganz anderer, sobald er den Pinsel mit dem Stift vertauscht. Seine
Dinge erhalten Materie. Was in den Bildern Härte und Abstinenz ist, wird
hier Sachlichkeit und Energie. Fleisch und Umrisse entstehen wachsend aus
dem Korn der Technik. Der Künstler fühlt sich zu Hause. In Rom radiert er
ein Gegenstück zu dem gemalten Selbstbildnis, den melancholischen Jüng-
ling mit großen Augen. Nach der Unsicherheit der Hand könnte man fast
meinen, das radierte Selbstbildnis sei früher als das gemalte entstanden. Die
Züge des seltsamen Gesichtes findet man noch in dem Antlitz des Greises
wieder.

Nach Paris kommt er als richtiger Historienmaler zurück. Ein Hauch
von Kälte entströmt seinen ersten großen Gemälden. Die „Jeunes filles spartiates provoquant des garçons", von 1860, eine Sammlung von nackten Gestalten beiderlei Geschlechts, und wohl auch die „Semiramis construisant une
ville" von 1861, die ich nur nach einer Abbildung kenne, scheinen akademische
Versuche eines Menschen, der die Kunst wie ein honorables Handwerk, ohne

---

[1] Paul Lafond: Degas (H. Floury, Paris 1918). Hier die Abbildung des gemalten Selbstbildnisses.

Hintergedanken zu betreiben gedenkt[1]. Nur ein in manchen Einzelheiten merkbares Zögern, eine Ungeschicklichkeit, die vor der letzten Vollendung zurückschreckt, gibt eine schwache Bürgschaft für die edleren Hemmnisse des Debütanten. Wieder meldet sich der Zeichner. In manchen Bleistiftbildnissen jener Zeit kommt er Ingres sehr nahe. Studien zu den Historienbildern deuten bereits eine Fortsetzung des Malers der Odaliske an. Mehrere sind für die Frauengestalt gemacht, die auf dem Gemälde „Semiramis" den antiken Wagen besteigt. Die Gestalt ist einmal bekleidet in Kreide, einmal nackt in Bleistift gegeben[2]. Die bekleidete ist die saubere Gewandstudie von der Hand eines vornehmen Eklektikers. Die nackte ist das erste legitime Kind des Meisters; graziös wie Ingres, aber nie mit Ingres zu verwechseln, weil weniger klassisch, weniger rein, weniger rund, obwohl voll von schönen Kurven. Man glaubt dem verwegen hochgereckten Fuß nicht, daß er einen antiken Wagen besteigt. In Wirklichkeit klettert die kecke Kleine auf die Bühne des Parisers, in unsere Welt. Die Anmut der Linien verschweigt nicht die selbstbewußte Dreistheit der Grisette. In dem verlorenen Profil stecken allerlei Dinge, die nicht in das Ressort des Historienmalers gehören.

In Paris setzt er das Studium der alten Meister fort. Der Louvre, der Sammelplatz der jungen Generation, wird auch ihm zum Tempel. Er zeichnet nach unzähligen Bildern und Zeichnungen, kopiert Mantegna, Poussin, die Anna von Cleve Holbeins, die Giorgione genannte Heilige Familie und malt nach einem Mezzotint von Lawrence das kleine schwarze Bildchen der Sammlung Durand-Ruel[3]. Die Kopien geben mancherlei Aufschlüsse. Die schwächste und deshalb wohl frühste ist die nach dem Holbein. Degas hat eine Vereinfachung versucht, und man könnte sich denken, es sei nicht unmöglich, unter Verzicht auf die Wirklichkeit das krause zeichnerische Detail des Vorbildes durch eine zusammenfassende tonreiche Farbe zu geben. Das ist mißglückt, weil der Maler versagte. Degas hat sich nur auf die Zeichnung gestützt und das, was er zeichnerisch, ich meine linear, sparte, nicht durch einen den Ein-

---

[1] Zur gleichen Art gehören „Achille et le ‚Bucéphale'", „Mademoiselle Fiocre dans le ballet de ‚la Source'" und das große Gemälde „La fille de Jephte", alle abgebildet im Katalog der I. Vente „Atelier Edgar Degas" (Auktion 6. – 8. Mai 1918). Dort auch das oben erwähnte Semiramis-Bild, das vom Musée du Luxembourg erworben wurde, und das mit den Spartanern (unter dem Titel Jeunes Spartiates s'exerçant à la lutte). Die Auktion brachte auch verschiedene Studien zu den Bildern. Vgl. auch den Katalog der II. Vente (11.–13. Dezember 1918).

[2] Beide vortrefflich faksimiliert in dem „Album des vingt dessins", das vor mehreren Jahren Manzi, Joyant & Cie. (Goupil, Paris) herausgegeben haben. Mehrere andere Zeichnungen der Zeit bei Lafond. Faksimiles späterer Zeichnungen in der „Skizzenmappe" der Marées-Gesellschaft.

[3] Viele dieser Kopien sind später entstanden. Er hat auch noch in den siebziger Jahren eifrig kopiert. Auf der I. Nachlaß-Auktion war die Kreuzigung Mantegnas.

druck erweiternden Pinselstrich ersetzt. Die ganz unmotivierten schwarzen Töne in dem dünnen Fleisch des Gesichts widersprechen dem Blond, der Basis der ganzen Anlage. Die Hände sind genauer gezeichnet als im Original, sehr sauber modelliert, aber bringen etwas Überzartes in das Gemälde, das nicht hineingehört. Die Vereinfachungen des Kostüms sind nur negativer Art. Man spürt in dem königlichen Schmuck des Louvrebildes, in den unzähligen Borten und Litzen die Materie. Alle Mannigfaltigkeit des Stofflichen bereichert nur den porösen, vibrierenden Goldton, der wie das natürliche Attribut der einzigen Schönheit erscheint: das Gold um das Blond. Degas macht blasse Striche von Farbe daraus, und diese unendlich arme Farbe, der Ersatz des Golds durch billige Nachahmung, bringt es trotzdem nicht zu der Einheitlichkeit, zu dem in allen Nuancen sicheren Maß, das Holbeins Pracht vor der Verschwendung sichert. Offenbar hat Degas die Kopie nicht für abgeschlossen erachtet, sondern sie, wie die Kopie nach dem Mantegna des Louvre, die sich bis zuletzt noch in seinem Besitz befand, unfertig stehen lassen.

Um so glänzender gelang, wohl wesentlich später, der Raub der Sabinerinnen Poussins. Er hing lange Jahre im Atelier seines Kriegskameraden Henri Rouart und ging dann in den Besitz der Tochter Rouarts über. Degas hat, nach seiner eigenen Aussage, sechs Monate intensiver Arbeit daran gewendet, und es ist ihm gelungen, das wundervolle Werk getreu zu wiederholen. Die Kopie ist nahezu wörtlich. Die Farbe begnügt sich, den Schmutz, der auf dem Vorbilde haftet, zu entfernen. Sie besitzt vielleicht nicht die ganze Fülle des Originals, mag sie aber mit der Zeit erhalten. Die Technik des Auftrags ist sehr ähnlich. Kleine, nicht unvorteilhafte Differenzen spürt man in der Zeichnung, so z. B. in dem Ausdruck der schönsten Gestalt, des links von dem Gepanzerten davongetragenen Mädchens im blauen Kleid, das jugendlicher erscheint. Auch die alte Frau auf der äußersten Rechten ist um eine Nuance geändert. Das minutiöse Nachgehen in alle Einzelheiten hat dem Bilde nur wenig von der Frische geraubt. Der Rhythmus der wogenden Menge schwingt annähernd ebenso frei wie im Original. Jeden Versuch einer Übertragung des Eindrucks in eine neue Form hat die Pietät unterdrückt.

Diese Kopie dürfte Degas sehr nützlich geworden sein. Er begeisterte sich an der Plastizität bewegter Massen, an dem reinen Klang farbiger Akkorde, den keine Spontaneität verwischt. Der Geist Poussins scheint dem Ingresschüler die Motive der Historienbilder diktiert zu haben und blieb ihm wohl zeit seines Lebens unerfüllte Sehnsucht. Ihm mag er die gelassene Skepsis verdanken, mit der er der Entwicklung der modernen Malerei gefolgt ist.

Er blieb noch eine ganze Weile Historienmaler. Noch 1865 erscheint im Salon eine Kriegsszene aus dem Mittelalter (Les Malheurs de la ville d'Orléans[1]), in der Lemoisne die Spuren Delacroix' zu erkennen glaubt. Wie mir scheint, mit Unrecht, wenn man sich nicht an ganz äußerliche Dinge hält. Dagegen zeigt sich in den nackten Gestalten des Bildes zum erstenmal die Vorliebe des Malers für verwegene Stellungen der Modelle. Jedenfalls geht um diese Zeit eine Veränderung vor. Man spürt sie schon in den vorher entstandenen Bildnissen seiner Freunde Bonnat, Moreau und anderer, von denen die beiden im Musée Bonnat zu Bayonne die merkwürdigsten sind. Auffallende Bilder, von ganz anderer Art als die frühen Einzelgestalten, ebenso übertrieben weich wie die frühen hart und trocken, persönlich insofern, als sie auf der roten Untermalung eine lebhaftere Palette zeigen, die der Schule Ingres' ganz fremd ist. Stehen sie viel höher? Wir sind geneigt, jeder weichen Form den Vorzug zu geben und ihr ohne weiteres den Wert des Malerischen zuzusprechen, den wir einer strengeren Form gern versagen. Mir scheinen diese Bilder nicht weich, sondern weichlich. Man könnte ihnen nicht ohne einige Berechtigung den Mangel an Zeichnung vorwerfen; freilich nicht im Sinne des Akademikers. Nase, Mund und Augen sitzen normal, aber sie sitzen gleichsam, ohne gebaut zu sein. Die Zeichnung schwimmt in der Farbe, wird von der Farbe verwischt, und ihre Stelle wird nicht von einem struktiven Pinselstrich übernommen. Namentlich das Bildnis des Herrn Melida, im Museum von Bayonne, mit dem übertriebenen Rot, macht einen ganz ungeordneten, nahezu formlosen Eindruck. Man erkennt höchstens daran, wie der Dargestellte aussah. Der Mensch im Bilde, das Äquivalent, das uns allein angeht, ist zu keinem Aussehen gelangt.

---

[1] Auch unter dem Titel „Scène de guerre au moyen-age"; bezeichnet Ed. De Gas. Salon 1865 (dort katalogisiert als Pastell). Auf der I. Nachlaß-Auktion vom Musée du Luxembourg erworben. Abbildung im Katalog, auch bei Lafond. Hier auch das Faksimile einer Studie zu einer der nackten Gestalten des Bildes.

II

So viel sagen die frühen Bildnisse, denen sich übrigens gelungenere aus derselben Zeit, die weniger die Unsicherheit des Anfängers, aber auch nichts anderes verraten, zur Seite stellen lassen, daß Degas an der bedingungslosen Gültigkeit des Ingresschen Weges für alle Aufgaben des Malers zu zweifeln begann und wenigstens in Gelegenheitsbildern nach einem Ersatz suchte. Man geht kaum fehl, dieses Zaudern auf einen Einfluß zurückzuführen, dem damals viele begabte junge Leute, auch wenn sie in noch so entgegengesetzten Lagern standen, bis zu gewissem Grade unterlagen. Das Jahr 1863 hatte im Salon des Refusés Edouard Manet weit sichtbar gemacht. Neben Manet tauchten andere Künstler auf, ebenso überzeugte Kämpfer gegen die Routine der Akademiker und der Salonmalerei. Courbet, auf den sie sich alle mehr oder weniger stützten, erhielt dadurch neues Ansehen. Ein neues Verhältnis zur Natur bahnte sich an, schlichter, ernster, mehr auf eigene Empfindung gestellt, freier, zugleich umfassender. Man kam der Gegenwart näher, erkannte die Notwendigkeit, die alte, immer noch vegetierende Davidsche Forderung nach einer durch das Motiv begründeten besonderen Würde der Gattung endgültig zu stürzen, ahnte die tausend unverbrauchten Möglichkeiten einer aus der Zeit gewonnenen Materie und daß es nur mittels dieses neuen Mediums möglich sei, zu einem fruchtbaren Verhältnis zu den alten Meistern zu kommen. Manet erschien wie ein Neuerer von Grund aus, ein Mensch, der mit allen Phrasen der Nachbeter großer Dinge tabula rasa machte und seine Sache von Anfang an begann. Ein Sehnen nach Neuem erfüllte die ganze Jugend und drängte selbst einen Delacroix für kurze Zeit in den Schatten Courbets. Es war berechtigt. Manets Ruf nach dem Zeitgenössischen war ein Appell an den Genius der Rasse, der die Kunst aus den Banden des Liebhabers, des Dichters und Philosophen befreien, ihr wieder die Teilnahme an dem unmittelbaren Ausdruck des Volkswillens geben sollte, war vielleicht der letzte legitime Versuch, Kunst und Nation, eine neu aufsteigende, erhoffte, erträumte Nation, zu einen. Die Hauptströmungen des Jahrhunderts, David, Ingres und die Romantiker, erschienen, ganz abgesehen von der Güte der Bilder, dem Sehnen der Jungen zu künstlich, zu fern, die Landschafter von 1830 waren ihnen zu still, Corot, den sie alle verehrten, war ihnen zu träumerisch, zu väterlich neben allem, was sie unerhört wach und begehrlich vor sich sahen. Man könnte fast in dem Déjeuner sur l'herbe, so gut wie in dem Begräbnis von Ornans, eine Art von Tendenzmalerei erblicken, so fremd war dem Schöpfer des Bildes der lediglich artistische Instinkt, der schließlich zum Erben wurde.

Die Beziehung des jungen Degas zu diesen Ideen ist nicht durchsichtig. Nichts wäre verkehrter, als ihm die Rolle zuzuteilen, die etwa die Renoir, Monet und Genossen spielten. Alles Revolutionäre lag ihm fern. Vielleicht aus persönlicher Abneigung gegen jede Demonstration, vielleicht, weil er das, was die anderen bewegte, nicht in gleichem Maße begriff und empfand. Er zögert, steht noch 1865 offiziell in dem wenig determinierten Lager der Gegenpartei, zeichnet damals noch ganz wie Ingres[1] und entschließt sich nur langsam und ohne ernste Konsequenzen, gewisse Resultate Manets zu den seinen zu machen. Das gibt ihm um diese Zeit die Haltung eines Outsiders von der Art seiner Freunde Fantin, Legros und Whistler. Er wird auch mit Manet und den anderen bekannt, aber sie sehen vielleicht schneller in ihm ein gleichgesinntes Streben als er in ihnen.

Die „Femme aux Chrysanthèmes" von 1865 zeigt den Kompromiß[2]. An den Blumen haben die Neuen unverkennbaren Anteil, der übrigens kaum genügt, das Stilleben von der Art vieler anderer, die seitdem von geschickten Händen gemacht wurden, zu unterscheiden. Das in den Winkel gedrückte Bildnis dagegen gehört nicht dazu. Eine trockene Malerei, dünn und ärmlich, die Malerei von außen, die nur eine Belanglosigkeit, allenfalls der Geschmack von dem Kolorieren des Klassizisten unterscheidet; eine fatale moderne Nuance im Ausdruck, nicht allzuweit von der Gedankenblässe gewisser Engländer jener Zeit entfernt. Degas war damals im Begriff, einer der vielen zu werden, die der neuen Kunst unverbindliche Eigenschaften entlehnten, um mit ihnen ihre eingeborene Art

---

[1] Er ist Ingres nie so nahe gewesen wie in den gleichzeitig mit solchen Bildern entstandenen Zeichnungen. Vgl. z. B. das Bleistiftbildnis einer jungen Frau mit aufgestützten Armen, datiert 1865, das in dem obenerwähnten Album „Vingt dessins" faksimiliert worden ist.
[2] Abbildung bei Lemoisne.

zu erhöhen, eine Art, die im Grunde das Genrebild war. Ein Genremaler besserer Herkunft, mit verschwiegeneren, gewählteren Mitteln, um Abgründe von allem, was Manet und seine Freunde wollten und taten, geschieden. Aus Instinkt gehörte er zu den Bonnat und Carolus Duran. Eines fehlte ihm ganz: der unumgängliche Drang nach Geständnis, der innere Zwang, mit dem Manet sein Déjeuner sur l'herbe, Renoir seine Lise, Cézanne seine schwarzen Idyllen in die Welt setzte; die Sehnsucht des Schöpfers, der mit Werken seine Blößen bedeckt, aus Werken sein Heim, sein Dasein gewinnt. Nie hat er die Einfalt jener Maler, von allen Attributen des Künstlers das notwendigste, besessen. Es war derselbe Mangel, der ihn abgehalten hatte, aus Ingres unmittelbaren Nutzen zu gewinnen. Was wäre Ingres, der Ingres der Regeln und Systeme, ohne den instinktiven Widerspruch seiner Einfalt, die alle, fast alle Grenzen seiner beschränkten Doktrin überwand! Ingres' Schüler strauchelten, weil sie nur die Worte des Meisters, nicht das Unaussprechliche, zwischen den Linien Liegende, übernahmen. Alle entwicklungsfähigen, wenn auch prosaischeren Kräfte, die unter einer anderen Doktrin Luft und Raum gefunden hätten, wurden erstickt. Man mußte ein sehr großer Romantiker sein, um sich von der strengen Formel nicht erdrücken zu lassen, ein Romantiker wie Ingres selbst, ein Unikum, das aller Wahrscheinlichkeit zum Trotz seine Geschöpfe lebendig erhielt. Degas war nüchterner, nicht beschwert von göttlicher Torheit. Der Kompromiß mit Ingres, den er versuchte, war die Anknüpfung an Manet. Die Verbindung war nicht unvorbereitet. Wir entdecken heute in manchem frühen Manet ingreshafte Züge, finden sie auch in Renoir und wissen, was Cézanne von Ingres hielt; erkennen, daß selbst zwischen so verschiedenen Welten Berührungen möglich waren. Nie aber konnten solche Beziehungen das Resultat einer bewußten Kompilation sein. Immer nur in der fruchtbaren Welt einer von einem mächtigen Dritten ausgehenden, auf ein Drittes gestützten Vision konnten sie sich begegnen und nur in der Richtung auf ein Drittes nützlich und fruchtbar werden. Die Neigung zum Genre, mit der sich der junge Degas behalf, schädigte den einen Wert wie den anderen. Sie war das Unwesentliche, das einem Ingres nicht näher lag als einem Manet, das auszuscheiden beiden Mächten stillschweigende Übereinkunft war.

Wir werden sehen, bis zu welchem Grade Degas diese Neigung überwand. Wir diskutieren solche Fortschritte nicht bei anderen Meistern. Es wäre banal, darüber bei Ingres oder Manet zu reden, und sie haben in Wirklichkeit kein Verdienst, Gefahren, die für sie nicht existieren, überwunden zu haben. Temperament, Anlage, Instinkt erfüllten von selbst das, was für Degas zu einer Lebensaufgabe wurde. Wenn dieses Schreckensgespenst, die Einstellung auf das Genrehafte, einmal im Dasein eines Künstlers erscheint, ist es wie eine schwere vererbte Krankheit. Man wird der Beurteilung solcher Künstler von vornherein einen gelinderen Maßstab zugrunde legen müssen, um dem Aufwand des Menschen gerecht zu werden, aber hat die primäre Einstellung im Auge zu behalten, um sich gegen Begriffsverwirrungen zu wappnen, zu denen gerade die an Windungen reiche Entwicklung solcher Erscheinungen verführt. Der Weg eines Degas gleicht eher der Laufbahn eines Politikers als der eines Künstlers.

Das Genrehafte spielt eine eigene Rolle in dem 1866 oder 1867 entstandenen bedeutendsten Werk dieser Zeit, dem Familienbild, das sich, wie so viele Frühwerke, bis zum Tode im Besitz von Degas befand und infolge der Unnahbarkeit des Künstlers der Kunstwelt so gut wie entzogen blieb. Ich habe es nur einmal dank eines glücklichen Zufalls vor Augen gehabt. Auf der Nachlaß-Auktion wurde es vom Louvre erworben. Eine Leinwand von etwa zweiundeinhalb Metern Länge und zwei Metern Höhe, mit der damals in Neapel lebenden Cousine des Künstlers, deren Gatten und beiden Töchtern. Kein Genrebild, denn man wüßte nicht den Inhalt der Novelle zu bezeichnen. Alle Gestalten sind in einfachen Posen gegeben. Die Hauptfigur, eine Dame in Schwarz, imponiert durch eine nicht gewöhnliche Noblesse in der Einfachheit. Ein Herr mit rotem Bart und blondem Haar im Sessel, vor einem Kamin mit dem Rücken zum Betrachter, ist ungemein natürlich getroffen, die Kinder in ihren schwarzen Kleidern mit den grauweißen Schürzen sind reizend. Nichts in dem Bilde könnte mißfallen. Es enthält sogar sehr wesentliche, qualifizierbare, künstlerische Werte, z. B. das holbeinhafte Profil der Dame in Schwarz, schöne Interieureffekte, die an die besten Holländer erinnern: der Kamin mit dem Stilleben, die grünblaue Wand mit dem Bild in goldgelbem Rahmen, alles trotz der eingehenden Darstellung überaus geschmackvoll. Viel Kunst ist in dem Bilde, und trotzdem gelangt man in kein Verhältnis zu ihm. Man weiß nicht, warum es gemalt wurde, fragt sich, was diese Personen, die mit größter Fertigkeit dargestellt sind, bedeuten, sucht nach dem Genre, nach der möglicherweise irgendwo versteckt liegenden Tragödie oder Komödie, findet nichts und wird deshalb nicht glücklicher. Es genügt noch nicht, einem Bild das nur die literarische Deutung herausfordernde Motiv zu nehmen, um es zum Kunstwerk zu machen. Es genügt nicht, ein Interieur mit Menschen mit größter Kunstfertigkeit zu malen. Der höhere Zweck muß überzeugend sein wie die Legende, auch wenn man ihn nicht so genau wie die Legende in Worte fassen kann.

Man vermißt die geistige Situation des Darstellers, während er dieses Interieur ersah, den Beweis, warum er es malen, so und nicht anders malen mußte, den zum Rhythmus gewordenen schöpferischen Trieb, der den Farben und Linien noch eine über die Reproduktion hinausgehende Rolle zuweist. Daß uns der Naturalismus in solchen Bildern nicht abstößt, verdanken sie lediglich der gewählten Natur, die zum Modell wurde. Auf demselben Wege kam Whistler zu seiner Art. Einer niedrigeren Art, weil Whistler bewußter operierte. Man sieht schneller durch den Dunst der Pseudo-Symphonien hindurch und erkennt leichter in einem „Carlyle" oder in dem Bildnis der Mutter Whistlers den verkappten Illustrator. Aber so hoch der Ernst eines Degas, der sich auch in jener Zeit nicht verleugnet, über den schlauen Flausen des Amerikaners steht, so sicher Degas die schlimmen Entgleisungen des Malers der „Femme blanche" zu vermeiden wußte, immer bleibt in seinen Gemälden das Verwandte der Gattung erkennbar, eine Leere, die von mangelhafter Organisation künstlerischer Faktoren, von ungenügend entwickelter Subjektivität herrührt. Die Dinge werden nicht so weit in Form übertragen, um das Symbol als einziges Resultat und einzigen Zweck übrigzulassen.

Noch in vielen anderen Bildnissen derselben Zeit schweigt ein Erzähler inmitten schweigsamer Farben und Linien, ein Fantin ohne Wärme[1]. Die „Bouderie", von 1872, der Bureautisch mit dem grimmen Gatten, der mit übereinandergeschlagenen Armen und finster verzogener Stirn der jungen Gattin keinen Blick gönnt, ist die Variation eines wohlbekannten Themas der Hintertreppen-Malerei und wird durch die Verwendung moderner Mittel nicht schmackhafter[2]. Über das Motiv des „Interieur", das kurz vor dem Kriege von Durand-Ruel nach Amerika ging, früher „Le Viol" hieß, kann man ein spannendes Kapitel schreiben; nicht über die künstlerischen Elemente des Bildes. Zu „L'Absinthe", das wesentlich später, wahrscheinlich nach den Caféhausbildern Manets, also etwa 1878 entstand, hat ihm sein Freund Desboutin, der aus Manets Bildnis bekannte Graveur, gesessen[3]. Das Bild ist malerischer als die anderen, steht am Ende der an Irrungen reichen Epoche.

---

[1] Mehrere solcher Frauenportraits blieben im Besitz des Künstlers und kamen auf der Nachlaß-Auktion zum Vorschein.

[2] Eine Skizze zu dem Bilde war im Nachlaß unter dem Titel „Causerie" (Nr. 59 des I. Katalogs).

[3] Ein Doppelbildnis Desboutins, das wohl als Studie gedient hat, war auf der I. Nachlaß-Auktion (Nr. 11 des Katalogs).

Dem Maler gelingt beinahe, den Gegenstand zu objektivieren und uns dieses fabelhaft beobachtete Bohemedasein in eine höhere Existenz zu rücken. Beinahe! Man denke an die Caféhausbilder Manets, des Vorgängers, wo es besser gelang und aus dumpfen Gebärden strahlende Farben werden, wo das ganze Milieu, weniger detailliert, nicht weniger aufrichtig geschildert, zu einem geheimnisvollen Erreger der dem Spiritus loci entgegengesetzten Kräfte wird. Von seinem Bildnis Desboutins durfte Manet mit Stolz sagen, es repräsentiere den Montmartre, und wir dürfen hinzufügen: trotzdem oder überdies ein Kunstwerk. An solchen Zusätzen fehlt es bei den Degas aus jener Zeit. Der Betrachter befreit sich nicht von dem Hang, Dinge auf der Leinwand zu suchen, die nicht dahin gehören. Nicht die Erzählung als solche wäre das Übel. Corot, Daumier haben immer erzählt, und wir freuen uns dessen. Auch Renoir und viele andere sind nicht ohne die gesprächige Muse zu denken. Ja, ist überhaupt ein Künstler ohne das Bedürfnis, etwas zu erzählen, möglich? Bliebe nicht ohne den mitteilsamen Trieb die Malerei im besten Fall ein dekoratives Spiel farbiger Flecken? Nicht die Erzählung, sondern, im Gegenteil, der Mangel an intensiver Erzählung, ihre Unergiebigkeit und die enge Begrenzung ist das Übel. Wir kommen bei Degas zu schnell an das Ende der Fabel, behalten nur einen Witz, eine trockene Episode, empfangen keinen bleibenden Inhalt, erfassen nicht die nur dem Mittel der bildenden Kunst zugängliche, bildliche, kosmische Moral der Geschichte, den Appell an das Universum. Die Detaillierung geht vielleicht lange nicht so ins Einzelne wie die Darstellung des Kleinsten auf manchen Bildern von Ingres, aber bringt Dinge, deren Art, so wie sie dargestellt ist, uns nur beschwert und festhält, anstatt uns die Schwingen zu lösen. Liebermann, dem die Verehrung Degasscher Kunst die Feder in die Hand drückte, hat in diesen Schwächen Vorzüge erblickt. Im Gegensatz zu Manet, der nur ein Stück Natur, durch sein Temperament gesehen, gebe, male Degas Bilder. — Es ist der uralte Irrtum der Akademiker, der auch diesem Feind des Akademischen einen Streich spielt. Wohl sind die Degas abgeschlossener als späte Manets, aber die Form schloß sich, bevor sie Wesentliches aufgenommen hatte, kam nur durch eine Kulissenschiebung zustande, die im Grunde Willkür war. Mag Manet improvisiert, sich oft auf Ausschnitte beschränkt haben, immer war der Ausschnitt bildhaft, bildhafter Teil seines Lebens, während Degas Bilder stellte, wie es der Regisseur auf der Bühne macht. Bestünde der von Liebermann gemeinte Gegensatz zwischen beiden wirklich, so wäre Manet ein Tropf. Temperamentvolle, aber nicht bildhafte Optik tritt nicht in Erscheinung. Ein Pinselstrich Manets hat mehr Bild, d. h. gemaltes Äquivalent für Angeschautes, als ganze Bilder des anderen. Degas komponierte oft ohne Gesichte. Es tut nichts zur Sache, wenn ihm, abgesehen von dem Mangel, bessere Komposition gelang, da von dem Mangel nicht abgesehen werden kann. Man mag Manet neben Cézanne naturalistisch nennen und ihm eine zu oberflächliche Improvisation, Mangel an Synthese vorwerfen. Neben Degas ist Manet die höhere Übertragung, Bildhaftigkeit unvergleichlich höherer Art. Liebermann meint, die Charakteristik seiner Sujets sei Degas ebenso wichtig wie den deutschen Genremalern und er hat recht. „Diese jedoch – selbst die besten unter ihnen wie Waldmüller oder Knaus – zeichnen ihren Gegenstand so charakteristisch wie möglich und setzen dann die einzelnen Typen zum Bilde, das sie mehr oder minder angenehm kolorieren, zusammen, wobei ihnen oft wunderbar wahre Gestalten gelingen." So, ganz so hat es Degas freilich nicht gemacht. Liebermann weist auf die Degassche Komposition und hat es nicht schwer, ihre Vorzüge nachzuweisen. Sicher war der Komponist Degas den deutschen Genremalern immer, selbst in seiner frühen Zeit, überlegen. Aber steht infolgedessen der Degas der „Bouderie", des „Interieur" und vieler Theater- und Sportbilder wirklich unbedingt höher? Doch nur, wenn ihm mehr, unbedingt und wesentlich mehr, als den Deutschen gelingt. Die besseren Mittel, besseren Farben, besseren Kompositionsmethoden kamen Degas aus dem besseren Milieu, und es wäre ungerecht und verkehrt, darauf Verdienste gründen zu wollen; verkehrt, weil die besseren Mittel, wie Degas beweist, unter Umständen ebenso versagen wie andere, sobald das künstlerische Ziel nicht vollkommen feststeht. Unter Umständen kann sogar das Versagen bei glänzenden äußeren Mitteln bedenklicher sein. Hatte der junge Degas unbedingt höhere Ziele als die Familienmaler unserer Eltern? Hat er sie erreicht? Gelang ihm wirklich immer, und zwar zumal in seinen berühmtesten Ölbildern, „den novellistischen Inhalt in Form und Farbe umzusetzen", wie Liebermann behauptet? Ist wirklich „das Novellistische bei keinem modernen Maler so völlig überwunden" wie bei ihm? Man könnte mit größerem Recht sagen, kein moderner Maler von Bedeutung sei seiner ganzen Art nach so „novellistisch" angelegt und, was wesentlicher ist, keiner habe sich, seine Kunst, so rückhaltlos mit der Anlage identifiziert. Keiner unserer großen Leute teilt mit ihm das tragische Geschick, gerade seiner Schwächen wegen geschätzt zu werden. Man redet von seiner Komposition, seinen Farben, seinen Linien und allem möglichen anderen und hätschelt im stillen Herzenskämmerlein doch dasselbe wie bei Waldmüller und Knaus. Es

gelang Degas, sich und andere, selbst geistreiche Leute, mit einer Erweiterung
des Novellistischen zu blenden. Dafür war ihm besonderer Geist und zumal
besonderer Takt gegeben; Dinge, die in viel höherem Maße sein Eigentum sind
als seine Farben und Kompositionsmethoden und höhere Schätzung reichlich
verdienen. Nur bleiben sie neben dem schöpferischen Geist der Meister billiger
und vergeblicher Ersatz. Seine schmale Größe hat Degas erst viel später
bewiesen, als die Bilder, die Liebermann meint, einem höheren Begriff des
Bildhaften wichen und von seiner glänzenden Schilderung nichts Besonderes
übrigblieb[1].

Degas ist einer der kompliziertesten Künstler der Gegenwart; man kann
darin fast einen Mangel erkennen. Über Renoir und Cézanne, über Marées
sind Bände zu schreiben. Sie rollen die denkbar verwickeltsten Probleme auf,
aber das Grundmotiv, die Art, wie sie zu den Dingen stehen, ist ohne weiteres
erkennbar und einfach. Ihr Instinkt geht wie ein roter Faden durch ihre Geschichte hindurch. Im Grunde geschieht alles, was sie getan haben, mit Konsequenz. Sobald die Werte, auf die sie sich richteten, erkannt sind, ergibt sich
alles von selbst. Degas hat die Betrachtung seiner Genesis schon durch sein
Anachoretentum ungemein erschwert. Viele wichtige Bilder sind nicht zugänglich, noch weniger ihre sicheren Daten, noch weniger die Kommentare für gewisse Phasen seiner Laufbahn. Von keinem Künstler möchte man mehr wissen,
um alle Wandlungen zu verstehen und darstellen zu können, von keinem weiß
man weniger. Nach dem Tode sind in Paris Dokumente ans Licht gekommen,
die neue Zusammenhänge aufdecken mögen. Es steht dahin, ob sie das Fäden-
werk nicht noch mehr verwirren werden.

Wir haben Ingres gefunden. Der Lehrer verschwindet, sobald man sich
über seine zweifelhafte Beteiligung an dem Werdegang klar geworden ist; verschwindet, um in anderer Form, in vielen Formen wiederzukommen. Er ist
lange Zeit das Bleibende in der ganzen Erscheinung. Manets Einfluß, dem
letzten Endes der Degas, den wir schätzen, zu danken ist, erscheint im Anfang
nicht unbedingt fördernd. Degas empfindet nicht wie Manet und die anderen.
Wir sehen ihn auf ein Zwischenniveau geraten, auf dem alles Manethafte zu
Schemen verflaut. Er bleibt mit Unterbrechungen sehr lange, fast bis zuletzt
in diesem Stadium, nimmt alles auf, was die europäische Malerei in ihrer frucht-
barsten Phase an nahen und fernen Werten fördert. Aber fast bis zuletzt er-

---

[1] Der Aufsatz Liebermanns über Degas, zuerst in „Kunst und Künstler“, dann als Broschüre bei Bruno Cassirer
Berlin (III. Auflage 1902).

scheinen diese Gaben lose aufgeheftet auf ein Gewand, das immer noch einen Akademiker aus der Zeit Ingres' umhüllt. Auch in der zeitlich schwer determinierbaren, jedenfalls aber kurzen Reife genießt er nur selten die Wollust des unbelasteten Schöpfers. Geschieht es, so glauben wir vor funkelnden Ruinen zu stehen.

Manet gibt ihm eins vor allem: den Entschluß, mit dem Historienbild endgültig zu brechen, den Sinn für das Zeitgenössische. Der Gegenwart ersteht ein neuer Kämpfer. Von 1866 an gehört Degas seiner Epoche.

Gehört er ihr wie die anderen? Kämpft er für sie, wie die Manet und Monet und die anderen? Treibt ihn derselbe Enthusiasmus, ihre Art zu malen? — Immer scheidet er sich von den Genossen, selbst da, wo er mit ihnen gehen möchte. Man hat oft den Eindruck, er habe die Epoche nur aus Notbehelf gewählt. Er sieht mit tiefdringenden Augen, hat die Fähigkeit, das Gesehene wiederzugeben mit Sachlichkeit, mit hohem Anstand, mit Witz. Er wird der wunderbare Schilderer der Sitten seiner Zeit, ihres Kostüms, gewisser Gebärden, gibt einen Teil ihres Gesichts. Man sieht seit Degas die Welt, einen großen Teil der Welt, mit seinen Augen. Er hat gewisse Formeln für ihre Art gegeben, die so sachlich sind wie unsere Gebrauchsgegenstände, wie gewisse schnelle Worte unserer Umgangssprache. Er selbst aber bleibt uns fremd wie einer der namenlosen Leiter unserer Industrieen, die uns notwendige Dinge, von denen wir täglich umgeben sind, herstellen, Dinge, die uns zu gewohnt sind, um mit ihnen die Phantasie zu verbinden.

III

Um diese Zeit bestimmt Degas das Gebiet, dem von nun an sein Künstlertum gilt. Es ist im wesentlichen die Welt des Sports und der Bühne. Schon 1866 erscheint sein erstes Rennbild im Salon[1]. Möglicherweise sind noch andere kurz darauf entstanden, bestimmt Zeichnungen nach Jockeis und Pferden. Nach dem Kriege, nach der Rückkehr von New Orleans, also etwa um 1873, folgt die stattliche Reihe von Sportbildern, die den Ruf des Künstlers am sichersten begründet haben.

Manet streifte dasselbe Gebiet mit einigen Bildern, deren frühste aus 1863 und 1865 stammen und Degas angeregt haben dürften[2]. Sie entzücken den Künstler und Liebhaber. Es steht dahin, ob sie dem Freund des Sports so gut wie die Degas gefallen. Die Degasschen sind Sportbilder. Das charakterisiert sie, und es charakterisiert Degas, daß er sich diese und andere Spezialitäten wählte. Kein anderer Meister der Generation von 1870, etwa abgesehen von den Landschaftern, deckt sich mit einer eng begrenzten Auswahl von Motiven. Sie malen, was ihnen unter die Hand kommt, von einem Pantheismus beseelt, der am liebsten die ganze sichtbare Welt durchdringen möchte, und nur so lange bei der Einzelheit des Objekts verweilt, wie es ihm Rhythmus gewährt.

Für Degas bleiben die Dinge, was sie sind. Dem Organismus, den sie von Natur aus haben, weniger dem, den ihnen erst die Anschauung des Künstlers gibt, gilt sein Interesse. Die Pferde, die Jockeis, das Publikum, die Welt des Rennplatzes mit ihren besonderen Farben und Linien, ihrer besonderen

---

[1] Der Vorbeiritt der Jockeis der Sammlung Camondo trägt das Datum 1862. Man erkennt darunter eine alte Signatur. Degas hat das Bild offenbar später übermalt und alsdann irrtümlich um zehn Jahre zu früh datiert. Das Bild dürfte aus 1872 stammen. Einige frühe Sportbilder, meistens unvollendet, waren im Nachlaß, darunter das große „Cheval emporté" mit dem gestürzten Jockei (Katalog Nr. 56), das an die Schwächen Courbets erinnert.

[2] Der Rennplatz der Sammlung Max Liebermann, datiert 1863. Das Pferderennen von 1865 (Duret Nr. 50, 68, 69). Auch die beiden Pferderennen von 1872 (Duret 142, 143).

Eleganz wird festgehalten. Er zeigt, wie die Beine der Reiter mit dem Gaule eins werden, die nur auf die Bewegung gerichtete, zum Mechanismus gewordene Existenz der Reiter, das improvisierte, unvorhergesehene Hin- und Herschieben der Pferde beim Start, die letzte Minute, bevor die Fahne fällt, das Vorher und Nachher des Rennens und was sich nebenbei, in den eleganten Wagen der Zuschauer abspielt. Seltsamerweise zeigt er nie das eigentliche Rennen selbst. Diese Dinge sind alle treffend gezeichnet. Es gibt keine Bewegung, die nicht ein an hundert solchen Bewegungen geübtes Auge entdeckt, filtriert, konzentriert hätte, die nicht vollkommen bis auf jede Nuance der Natur entspräche. Eine Sammlung von Naturstücken steckt in den Bildern, von Einzelheiten, die unbedingt zur Sache gehören. Wie so ein Gaul auf eine Bewegung des Schenkels hin diese und jene Bewegung macht, wie er im Zügel geht, das Dämliche, Verschlafene der Tiere, die noch nicht die Lust am Kampf geweckt hat, der schnell verhütete Versuch der Durchbrenner usw. Das Pferd bei Degas ist nicht mehr das Roß der Schule von Gros, noch der mitempfindende, mitleidende, sich mitfreuende Genosse der Helden Delacroix' mit den geblähten Nüstern und den strahlenden Augen; es ist das soundso gezüchtete Ding auf vier Beinen, eine Kombination von Gliederverhältnissen, aus denen man die Tüchtigkeit berechnen kann. Man betrachtet sie, wie man sie sich vor dem Rennen beim Vorüberführen ansieht, um darauf zu setzen. Ich bin sicher, es sind keine beliebigen Pferde, sondern ganz bestimmte Berühmtheiten der Zeit. Ein Kenner könnte sie vielleicht heute noch nennen. Wenn die Phantasie bei ihrer Schöpfung geholfen hat, ist es die eines Sportsmanns, der sich einen Auszug aus den Bedingungen, die ihm die besten scheinen, zurechtmacht.

Diese Sachlichkeit, der rasche Blick in die besondere Welt, wirkt selbst auf den Laien, der allem sportlichen Treiben fernsteht, weil die zuchtmäßige Eleganz unwiderstehlich ist. Die von keiner Romantik ausgeputzte Natur der Renner mit den bunten Jockeis, die zu den Pferden, nicht zu den Menschen gehören, übt einen nahezu mathematisch nachweisbaren Zauber auf uns aus, und das Ungewohnte dieser sich beschränkenden Objektivität fügt noch einen Reiz hinzu. Wir haben solche Dinge noch nie so frappierend in Bildern gesehen. Alte englische Kupferstiche nach den Helden von Epsom geben uns eine ähnliche Stimmung, aber fesseln uns nicht so stark, befriedigen nicht so vollkommen die Lust an allen Sonderheiten der Gattung. Immerhin bestimmen sie etwa die Sphäre der Wirkung. Die Degassche Kunst vertieft und bereichert sie, ohne uns aus ihrem Bereich zu entfernen.

Das Resultat ist sehr groß, wenn wir als Maß die Bedeutung des Spezifischen gelten lassen und die Geduld haben, uns allen Variationen innerhalb desselben Gefüges hinzugeben. Es verringert sich, wenn diese Toleranz nicht gewährt wird. In der Privatsammlung Durand-Ruels hängen zwei bekannte Beispiele der Gattung, die sogenannte „Voiture aux courses“ und eins der Startbilder. Die „Voiture aux courses“ figurierte 1874 in der ersten Impressionistenausstellung, an der Degas als Outsider mit anderen Nicht-Impressionisten teilnahm, könnte aber früher entstanden sein. Es trug damals den Titel „Aux courses en province“. Der Kenner entdeckt sofort an vielen untrüglichen Zeichen, zumal an dem drolligen Hauptmotiv im Vordergrund, der Equipage mit den beiden Frauen, die über dem Entzücken an dem Baby den Zweck der sonntäglichen Ausfahrt vergessen, daß es sich nicht um Paris handelt. Selbst der Mops und der Kutscher schauen auf das Kleine. Der Witz des Bildes besticht um so mehr, als der Erzähler selbst ernst bleibt wie jeder gute Erzähler. Die Zeichnung stellt alles Sachliche fest, ohne im mindesten das, was uns zum Lachen bringen könnte, zu unterstreichen. Man lächelt weniger über die Komik, als aus Behagen über das mit seltener Zierlichkeit dargestellte friedliche, appetitliche Milieu. Vielleicht ist der Ausschnitt der glücklichste Teil der Erfindung. Wir haben bei fast jedem Degasschen Bilde Gelegenheit, die Ergiebigkeit dieses neuen Mittels zu bewundern.

Im übrigen ein glänzendes Werk des Illustrators. Auffallend gering ist der Maler daran beteiligt. Eine ganz primitive Materie trägt die ausdrucksvollen Einzelheiten des Bildes, oder vielmehr, sie deckt sie und verdeckt sie zum Teil. Die Malerei scheint nur dazu da, das zu hemmen, zu verwischen, was der Zeichner hingesetzt hat. Der graue Ton vermengt die Lokalfarben, ohne sie zu einem Ganzen zu bringen. Wohl ist der Hintergrund flüchtiger behandelt als der erste Plan; die Perspektive, die schon in diesem Bild glänzend beherrscht ist, gibt gewisse Verhältnisse der Volumen überzeugend, aber immer nur einen Teil der Volumen, das, was man abmessen, mit einem auf den feinsten Zirkel eingestellten Auge als Größendifferenzen konstatieren kann, nicht das, was das farbenempfindliche Auge an weiteren Raumsuggestionen sieht, was uns in jedem anderen Bild unentbehrlich ist: die Qualität des farbigen Flecks und die Töne. Dieser Mangel ist in allen frühen Bildern von Degas, zumal in allen Ölbildern mit reicherer Palette zu spüren. Er tritt natürlich da weniger hervor, wo die rein zeichnerische Suggestion uns genügend zu fesseln weiß, wie in diesem Bilde oder in dem verwandten kleinen Bilde der Sammlung Holzmann, das wohl noch etwas früher entstanden sein dürfte. Der Betrachter hat mit den vielen drolligen Einzelheiten der Kostüme so viel zu tun, daß er die Kritik des Malers über der Freude an dem aparten Sittenschilderer vergißt. Der Landschaft scheint ein flüchtiger Niederschlag Courbets förderlich geworden zu sein.

Der Mangel wird fühlbar in dem „Start" der Sammlung Durand-Ruel. Das Bild ist wesentlich später, aus 1878. Der Künstler hat die Freude an der Schilderung, die ihn zu den vorigen Bildern trieb, eingebüßt, sucht Verallgemeinerungen und wünscht sie mit weniger ansprechenden Motiven zu erreichen. Nie war der Intelligenz und dem Ernst eines Degas die Notwendigkeit einer Entwicklung, die sich immer mehr auf rein künstlerische Momente stützte, unklar. Er hat immer versucht, sich von seinem Talent unabhängig zu machen. Wieder sind in dem Startbild die Pferde glänzend verteilt und gezeichnet, und die Jockeis sitzen, als seien sie Glieder der Pferde. Aber man kommt zu schnell über die Befriedigung aus solcher Einsicht hinweg, sehnt sich nach weiteren Aufschlüssen. Wo wäre die Möglichkeit einer Verallgemeinerung bei solchen Motiven zu suchen? Immer nur in der Landschaft, d. h. in dem Raum, dem Sitz der Begebenheit. Dieser Raum verblaßt neben den Dingen, die darin vorgehen. Man merkt zu deutlich, daß nicht er es war, der zur Darstellung trieb, nicht dieses Ganze von Luft, Erde und Menschen, sondern eine Einzelheit, die rein willkürlich zur Hauptsache gemacht wurde: die Pferde mit den Menschen. Für den Betrachter, der ein Bild nicht vom Standpunkt des Pferdeliebhabers ansieht, ist das Terrain, auf dem sich die Tiere bewegen, wesentlicher als sie; denn es muß nicht nur sie tragen, sondern die Möglichkeiten anschaulich machen, alles andere, was so ein Stück Erde tragen könnte, zu beherbergen. Man merkt bei dem ersten Blick auf das Bild die Kulisse, und je schärfer das Lebende zu geben versucht wurde, um so störender tritt das Leblose der übrigen Natur hervor. Pferde und Jockeis können in keinem leeren Raum existieren. Sobald sich dieser natürliche Standpunkt des Betrachters bemächtigt, vermag man auch dem tatsächlich Realisierten nicht mehr die Aufmerksamkeit zu widmen, die es verdient. Vielleicht wären die Jockeis ohne die bunten Jacken weniger interessant, und dann wäre also der Reiz nur einem Kostümbild zu danken. Oder das Interesse hängt an der Schönheit der Pferde, die abgebildet sind, bei aller Schönheit aber abgebildete Pferde bleiben. Wir gelangen selbst mit den Pferden Alexanders zu keinem schönen Bilde. Alles das, Sport, bunte Jacken, elegante Tiere, müßte verschwinden und doch etwas von Degas, ein

Etwas, in dem gleichzeitig die bunten Jacken und die eleganten Tiere erkannt
würden, übrigbleiben. Wir behalten vielleicht in Wirklichkeit etwas von Degas,
eine Vorstellung von seinem Geschmack und seiner Belesenheit in solchen
Dingen. Zu wenig, um uns die Fiktion des Bildes ohne Murren hinnehmen
zu lassen.

Die Schwächen treten in verschiedenen Bildern verschieden auf, je nachdem das Vorherrschen eines der beiden traditionellen Faktoren, Zeichnung
und Farbe, die der junge Degas fast nie vollkommen zu einen wußte, störend
wird. In dem „Defilé" der Sammlung Camondo scheint der Zeichner allein die
Kosten zu tragen. Täte er es wirklich, wäre wirklich das Bild nur mit dem
Griffel des Zeichners gemacht, so käme vielleicht das Malerische zustande. Aber
er verläßt sich auf die Farbe wie auf eine fremde Hilfe. Kaum ein Versuch, das
Motiv malerisch zu lösen. Die Pferde bestehen aus groben, naturalistischen Umrissen, und das Innere ist mit Farbe ausgefüllt. Von den beiden vordersten Jockeis,
die in Rückenansicht gegeben sind, trägt der zur Rechten eine rote Jacke, der
zur Linken eine gelbe. Das Rot und das Gelb sind aus dem Farbenkasten genommen, bestimmt von der Wirklichkeit, von der Laune oder einem anderen
Zufall, und bleiben, was sie sind, unbewegliche, leblose Farben, die das Zeichnerische der Gestalten eher lähmen als unterstützen. Bei der Menge auf den
Tribünen wirkt der Mangel an farbigen Akzenten womöglich noch hemmender.
Man glaubt, Schatten vor sich zu haben, die ohne Körper entstehen. Auf die
vielen Sonnenschirme fällt kein Licht. Der Auftrag ist meistens dünn. Cézanne
hat noch viel dünner gemalt und ungeheure Tiefen gegeben. Bei Degas bleibt
das Dünne materiell. Es wirkt wie unbeholfene Untermalung. Vielen Bildern
dieser Art fehlt die Haut, wie zu früh geborenen Kindern. In dem „Start" der
Sammlung Strauß scheinen sich Farbe und Zeichnung in die Hände zu arbeiten,
und sofort treten die Schwächen zurück. Der Künstler war enthaltsamer, malte,
so scheint es wenigstens, das Bild in einem Zuge, begnügte sich mit der Darstellung seines Eindrucks. So flüchtig sie sein mag, sie gestaltet das Flüchtige
wie einen Wert, der uns den Eindruck einer Gesamtheit übermittelt. In anderen
Bildern, z. B. den „Courses" der Sammlung Camondo mit der vorn rechts
im Profil abgeschnittenen Equipage oder den Rennpferden der Sammlung
Arnhold, spürt man dieselbe Tendenz, das Bild nicht aus Pferden und Jockeis,
sondern aus Flecken entstehen zu lassen. Und diese Absicht hat wohl auch
dem „Avant les Courses" der Sammlung Camondo die endgültige Form gegeben. Der auffallend dicke Auftrag scheint die Folge vieler Übermalungen,

die versuchen sollen, die Buntheit der Lokalfarbe zu lindern. Der Hintergrund mit den Schornsteinen ist eine der wenigen Landschaften von Degas, in denen etwas wie eine Atmosphäre herrscht. Ansätze zur Malerei finden sich oft. Sie stören zuweilen, weil sie heterogen wirken. Man würde das Fehlende weniger empfindlich entbehren, wenn Degas nicht so beteiligt gewesen wäre. Ein weniger ehrlicher Virtuose hätte die Lücken zu füllen versucht.

Sicher spielen bei unserer heutigen Kritik solcher Bilder frische Resultate der Entwicklungsgeschichte mit, die uns gelegener sind als der Zeit eines Degas. Für seine Mängel haben uns große Zeitgenossen die Augen geöffnet. Man erstaunt in den reichen Sälen der Sammlung Camondo im Louvre über die eigene Gleichgültigkeit vor den berühmten, gerade von einer sonst sicher wählenden Minorität geschätzten Bildern. Solange sie bei Camondo in einem Saal allein hingen, bildete ihre Gesamtheit einen Wall gegen den Zweifel, und der Einwand gegen dieses oder jenes Bild blieb Nuance. Jetzt zwischen den Corots, Jongkinds und Cézannes, in der Nähe Manets, werden sie wehrlos, und selbst die unter ihnen, die der Kontrolle widerstehen, reißt der Zweifel mit. Ein Aquarell von Cézanne, auf dem nur ein paar wäßrige Striche zu sehen sind, zieht uns stärker an, und vor dem „Fifre" begreift man nicht, wie je von einer Parität der Manet und Degas gesprochen werden konnte. Gerade die Künstler, in deren Kreis Degas lebte, haben die Forderung, gegen die er fehlte, am sichersten erfüllt. Sie gilt, da sie zumal von neuzeitigen Landschaftern aufgestellt wurde, die in der Atmosphäre den wesentlichsten Gegenstand des Bildes erblickten und in der Ausbildung dieses Elements entscheidende Fortschritte machten, für spezifisch modern. Das unbedingt Gültige der Forderung aber bleibt von aller Aktualität unberührt, denn es begreift nichts anderes als die alle Teile des Bildes durchdringende Organisation. Ob das organische Gefüge Atmosphäre genannt wird oder Stil, ist unwesentlich. Es wäre daher grober Fehlschluß, wollte man den Unterschied zwischen Degas und seinen Genossen einem weniger fügsamen Modernismus zuschreiben und womöglich in seinen Mängeln eine Art Altmeisterlichkeit sehen. Das Umgekehrte trifft zu. Kein alter Meister läßt die Organisation vermissen, auch der primitive nicht, der nichts von der Atmosphäre wußte, für den das Sonnenlicht gar nicht oder in Gestalt von mehreren willkürlichen Lichtquellen existierte. Die Alten organisierten mit ihren Mitteln, und unsere Meister erfüllten die gültigen Ideale der Alten mit den Mitteln ihrer Zeit. Manets „Contemporanéité" ist ein Schlagwort wie hundert andere, gut für den Augenblick, in dem es gebraucht

wurde, eine Palette, eine Technik. Nicht sie entscheidet den Vergleich zu
seinen Gunsten. Eher siegt in Manet der alte Meister, und Degas hat die Neuheit, die veraltet.

Bei Durand-Ruel hängt auch eine winzige Skizze Manets für ein Pferderennen. Sie bringt keins der suggestiven Degasschen Details, aber das, was
wir wohl von solchen Renntagen als wesentlichsten Eindruck nach Hause
bringen: das schwellende Bunt gesteigerten Lebens. Die Verallgemeinerung
ist trotz der ganz geringfügigen Art des Bildchens vollkommen. Aus den
flinken, in einem Sitz hingeschriebenen Strichen entsteht ein unwiderstehliches
Symbol der Bewegung. Dieses wirkt auf uns ganz anders als die vollendetste
Schilderung eines immer vorübergehenden Zustands, gibt uns, unserem Gefühl
die Bewegung. Die Pferde werden Trabanten des Gefühls.

Diese Differenz, nicht zwischen einem vollendeten Bild und einer Skizze,
sondern zwischen zwei Anschauungen, bemerkt man zwischen allen Degas
jener Zeit und allen Bildern Manets. Vollendete Werke Manets, in denen
auch die Details eine Rolle spielen, lassen den Unterschied erdrückend erscheinen. Neben dem Rennbild der Sammlung Whittemore erscheint jedes
Bild ähnlicher Art von Degas wie hilfloses Stammeln. Aber schon der Vergleich mit der winzigen Skizze bei Durand-Ruel oder mit dem nicht größeren
perlengleichen Aquarell ähnlichen Motivs der Sammlung Denys Cochin, ja selbst
mit dem bekannten lithographierten Pferderennen Manets führt zu dem gleichen Resultat. Manet schafft mit jedem Mittel lebende Materie. Er bringt
immer zu allen einzelnen Dingen, die auch in seinem Werk anfangs objektiver
sind als später, eine alle durchdringende Bewegung mit, die ihnen sofort Richtung anweist, sie zusammenheftet. Empfindung und Form scheinen bei ihm dasselbe. In den Rennbildern von Degas besteht die Form aus Pferdebeinen und
Jockeijacken. In den früheren Bildern anderer Art treten andere Dinge an
die Stelle der Pferde und Jockeis, die Anschauung bleibt dieselbe. Auf der
Vente Henri Rouart, die zu einem Triumph des Meisters der „Danseuses à la
barre“ wurde, gab es eine „Plage“ von Manet und eine von Degas. Die eine
war sicher von der Art des anderen angeregt, und keinem Nachdenklichen, der
Augen hatte, entging die fast schmerzende Differenz zwischen den beiden
Arten: Die Leere in dem Degas, das Zufällige dieser Gruppen, das immer Zufall bleibt, die fast feminine Zaghaftigkeit der Gestaltung, die wesenlose Farbe;
während in dem Manet kein Ding, sondern Dasein konzentriert schien. Man
wäre noch stärker überzeugt worden, hätte statt der „Plage“ Manets ein noch

ähnlicheres Motiv in der Ausstellung gehangen, z. B. das kleine Strandbild „Boulogne-sur-Mer", von 1869, das Degas sicher gekannt hat[1], mit den puppenähnlichen Figürchen, die sich regen, als ob es Menschen wären, eins mit dem Strand und dem Meer, ein Völkchen in einer Natur. In dem Degasschen Bilde gibt es außerordentlich menschenähnliche Puppen.

Er galt als einer der witzigsten Pariser, gehörte noch zu den Leuten, die in dem Boulevard eine Art Forum für den Esprit sahen, wo Worte geschmiedet wurden, die nachher in alle Gassen drangen, weniger plump als die Autobusse, die sie vertrieben haben. Es gibt viele geflügelte Worte von ihm, und es gibt Leute, die sie wie Bilder sammeln[2]. Diese Worte sind witzig, aber erscheinen wie die Rache eines Redners, dem das Sprechen schwerfällt. Darin stimmen alle Altersgenossen, die eine Zeitlang mit ihm verkehrt haben — lange hielt es keiner aus —, überein. Er war weniger geistreich als reizbar. Es gab in seiner Jugend noch Salons in Paris, bei Charpentier, bei den Goncourts, wo er zuweilen hinkam. Er konnte einen ganzen Abend dasitzen, ohne den Mund aufzutun. Seine scharfen Bonmots kamen stets aus einer besonderen Laune heraus, die von Bitterkeit getrübt war und die er mitbrachte. Sein Steckenpferd war der Spott über die Arrivisten, zu denen er auch die zählte, die aus Versehen im Salon eine Auszeichnung erhielten. Auch intime Freunde wie de Nittis blieben bei solchen Gelegenheiten nicht verschont[3]. Manet hat er nie die Popularität verziehen und fand gegen ihn immer schärfere Pfeile[4]. Sein Witz klang selten spontan und stand ihm nur unter besonderen Voraussetzungen zur Verfügung. Die Zeitgenossen zählen ihn zu den klügsten Leuten, aber wenn man Näheres wissen will, vergessen sie, nach wem gefragt wurde, und kommen auf Manet. Ein Lächeln geht bei dem Namen über ihre Züge, als ob sie ihn noch vor sich sähen. Der hatte Esprit für jede Situation, mit jedem Partner das rechte Wort, die Form aus dem Stegreif. Die Degasschen Witze klangen vorbereitet. Manet gab die seinen, die nicht der Würze entbehrten, fließend von sich, weniger pointiert, weniger leicht zu kolportieren. Es hing mehr von ihm selbst daran als von den Leuten und Dingen, um die es sich handelte. Dabei war der gefürchtete Spötter Degas im Grunde ein gütiger Mensch, und

---

[1] In meinem Manet Nr. 76.

[2] Einiges in den „Notes sur la Peinture moderne" des Malers J. E. Blanche (Revue de Paris vom 1. und 15. Januar 1913) und bei Lafond. Lafond bringt auch einige Degassche Sonette; der Maler soll in der Jugend viel gedichtet haben. Die abgedruckten Dinge gehen nicht über einen geschmackvollen Dilettantismus hinaus.

[3] Vgl. die von der Witwe des Malers gesammelten „Notes et souvenirs du peintre Joseph de Nittis" (Librairies Réunies, Paris 1895).

[4] Vgl. das Degas-Kapitel in meiner zweiten Entwicklungsgeschichte.

26

alle seine Zerwürfnisse mit anderen, die in Paris zu Legenden führten, entsprangen einem Anspruch an seine Umgebung, den er selbst im vollen Maße erfüllte. Auch in seiner Freundschaft steckte eine verkappte Romantik. Sein Menschentum gehörte weder nach Paris, das der Künstler wie kein anderer kannte, noch in seine Zeit, die alle Wurzeln seines Künstlertums enthält.

Das freundschaftliche Verhältnis zwischen Manet und Degas ging durch die Schuld Manets in die Brüche. Degas hatte ein Doppelbild des Ehepaares gemalt: Manet auf einem Sofa sitzend und seiner musizierenden Frau zuhörend. Manet fand seine Frau unähnlich und zerschnitt die Leinwand so, daß das Gesicht seiner Gattin wegfiel[1]. Als Degas es hörte, forderte er das Bild zurück, und der Krach war fertig. Später spitzte sich das Zerwürfnis zu. Degas sagte jedem, der es hören wollte, Manet habe ihm seine Motive geraubt; eine Behauptung, die keiner Kontrolle der Daten widersteht und das tatsächliche Verhältnis umdreht. Er warf ihm auch vor, Claude Monet „bestohlen" zu haben. Julius Elias irrt, wenn er Degas in diesem Punkt zu rechtfertigen sucht[2]. Keinem ernsthaften Menschen wird einfallen, Manet als Schöpfer des Plein air zu feiern. Manet hat wie alle anderen des Kreises seine Palette unter dem Einfluß Monets gereinigt und erhellt; mit welchem Nutzen für seine Malerei, bleibt dahingestellt. Lange vorher aber hat Claude Monet z. B. in seinen frühen Marinen sowohl die Motive wie die Malweise Manets zu übernehmen gesucht. Man kennt Manets Wort, als er die ersten Bilder Monets erblickte.

In seiner Abneigung gegen die Arrivisten war Degas konsequent. Seit Mitte der achtziger Jahre blieb er allen Ausstellungen fern. Jeder öffentlichen Anerkennung ging er, zuweilen unsanft, aus dem Wege. Alles, was nur von weitem wie Publizität aussah, war ihm verhaßt. Als in der Zeitschrift The Studio das von Blanche gemalte Degas-Bildnis erschien, schickte Degas, der ein Menschenalter lang mit der Familie des Malers befreundet gewesen war, ihm einen Dienstmann ins Haus mit den Bildern, die ihm Blanche verehrt hatte, und forderte Rückgabe seiner eigenen, die Blanche von ihm erhalten hatte.

---

[1] Das Bild kam in diesem Zustand auf die I. Nachlaß-Auktion; abgebildet im Katalog unter Nr. 2.

[2] Aufsatz über Degas in der „Neuen Rundschau" September 1917. Vgl. auch den Absatz im Text der „Skizzenmappe" (Marées-Gesellschaft).

IV

Degas malte seine Sportbilder nicht vor der Natur. Er machte sich Zeichnungen nach dem Figürlichen, notierte die Farben und erfand eine Landschaft dazu. Viele Meister glorreicher Bilder haben es nicht anders gemacht. Jede Methode ist gut, auch die primitivste. Courbet hat manche Bilder, die uns wie der Extrakt der Natur erscheinen, auswendig gemalt. Delacroix machte es immer so oder benutzte irgendeinen albernen Kupferstich, den er gerade vor sich hatte. Ein Pariser Maler, den ich kenne, ließ sich das Geäder im Marmor seines Kamins für die Komposition einer Amazonenschlacht dienen.

Die Methode glückt, wenn man das Wesentliche im Kopf hat und die geringste mnemotechnische Hilfe den Rhythmus entrollt. Alle Methoden können immer nur dazu dienen, den Spieltrieb des Künstlers zu locken. Alle Natur kann ihn nur erweitern, vertiefen.

Es ist eine Täuschung, zu glauben, die Landschaft der Sportbilder sei mißglückt. Dieselbe Landschaft hätte anderen Pferden, anderen Reitern sehr wohl dienen können. Eine noch größere Täuschung: Die mißglückte Einzelheit lasse den Rest unversehrt. Gerade der Rest steht in Frage. Die Kunst läßt nicht mit sich handeln. Geringfügige Details sind fallen gelassene Worte, die sich von selbst leicht ergänzen; nicht Organe. Es mag in der Medizin Magenärzte, Nasenärzte geben, die von einem Organ aus den Organismus beherrschen. Dem einfachen Verstand werden sie immer verdächtig bleiben. In der Kunst ist Spezialistentum Übung am verkehrten Objekt. Das hatte die Generation, der Degas angehörte, erkannt. Sie wollten das Ganze. Daher ihre Abneigung gegen alles, was von weitem wie Motiv aussah. Daher die Liebe zur Landschaft. Nachher ist auch daraus neues Spezialistentum geworden wie aus der Liebe zum Walde der alten Fontainebleauer. Ursprünglich war sie Sehnsucht ins Freie, Freiheitsdrang, Universalismus, und deshalb sind alle zeitgenössischen Meister einmal Landschafter gewesen. Etwas von diesem Ursprung ist auch an den Irrtümern der Schule hängengeblieben.

Degas war auch darin Ausnahme. Er versuchte sich auf allen möglichen Gebieten. Landschafter war er nie. Die Folge von kleinen Landschaften in Pastell, aus der z. B. die Sammlung Beurdelay in Paris eine an Süditalien erinnernde Szenerie besitzt (eine andere „Le Vésuve" war im Nachlaß)[1], ist von erstaunlicher Öde. Man könnte an ganz schwache Turner, deren Farben verlorengingen, denken. Auf der ersten Nachlaß-Auktion kamen zwei kleine gemalte frühere Landschaften, Waldbilder, zum Vorschein, beide unvollendet, von weitem an Courbet erinnernd, sehr schwach[2]; auf der zweiten Auktion ein corothaftes Motiv „St. Valéry sur Somme", auch recht unbedeutend[3]. Es gibt ebensowenig Stilleben von Degas. Der Klassizismus hatte die Natur, in der sich nichts Gegenständliches regt, für gegenstandslos erklärt.

Degas verschloß sich nicht den Schwächen der Sportbilder, hielt seine Landschaften für verantwortlich und suchte dem Mangel durch Modifikation stofflicher Art abzuhelfen. Er gab mit den Jahren immer mehr den Motiven in geschlossenen Räumen den Vorzug. Während die Genossen an den Ufern der Seine schwärmten, zog sich Degas in sein Atelier zurück und ließ vor der festen Wand, die er beliebig wählen konnte, seine Modelle posieren. Sie hatten es bei ihm nicht leicht. Er ging mit ihren Armen und Beinen um, als säßen sie an Gliederpuppen, drehte ihre Köpfe, soweit die Halsmuskeln reichten, ließ sie halbgebückt an der Erde hocken und in ganz zufälligen Übergangsbewegungen ausharren. So unbarmherzig hatte kein Courbet, der „faiseur de chair", auf das Fleisch geblickt. Wer zwei Stunden bei Degas gestanden hatte, spürte die Knochen. Er stellte die Mädchen vor gefleckte Zimmerwände, vor den Waschtisch mit dem von oben gesehenen Geschirr, vor die geschwungene Form der Badewanne, vor den Spiegel des Cabinet de toilette, oder ließ sie sich nackt im Tub rekeln mit dem Schwamm in der gespreizten Hand. Andere stellte er vor die Rampe des Café chantant in den Champs Elysées, und das lokalisierte Licht fiel grell und zerrissen auf die geschminkten Wangen; wieder andere vor die gezackte Kulisse der Bühne oder mit erhobenem Bein vor das straffe Seil im Übungssaal der Tänzerinnen, wo im Hintergrund andere die Glieder recken. Immer gern vor Formen, aus deren Gegensätzen sich eine Bewegung

---

[1] Abgebildet im Katalog der II. Auktion unter Nr. 199.
[2] Abgebildet im Katalog der I. Auktion unter Nr. 40 und 41.
[3] Katalog der II. Auktion Nr. 44.

gewinnen ließ, nie, wie es Cézanne zu tun pflegte, vor die Luft, die zu dem
Seltenen wurde. Er nahm gern zwei oder drei auf einmal und ließ aus gleich-
gerichteten Armen und Beinen Parallelismen entstehen. Er nahm das Seltsame und sah es seltsam an. So umging er die natürlichen Schwierigkeiten,
indem er sich künstliche schuf.

Degas hat nicht auf einmal die Sportbilder und alle anderen im Freien
spielenden Motive — sie sind selten; manche von ihnen, wie die schönge-
zeichneten drei sich kämmenden Mädchen der Sammlung Henry Lerolle, könnten ebenso im geschlossenen Raum stattfinden — aufgegeben. Sie laufen
noch eine Zeitlang parallel mit den Interieurs mit, von denen einzelne bereits in
der ersten Zeit erscheinen. Der Qualitätsunterschied zwischen den Gattungen ist
nicht ohne weiteres sicher. Er wird zumal dann deutlich, wenn man die Summen
der beiden Gattungen einander gegenüberstellt. Anfangs profitieren die Interieurs
mehr von der durch das Motiv begünstigten Verhüllung der Schwächen als
von einem Überschuß an künstlerischen Werten. Aber es fehlt nicht an Aus-
nahmen. Sie liegen da, wo man sie am wenigsten vermutet, fernab von dem
Wege der berühmten Bilder, dem geistreichen und kapriziösen Genre, das dem
Degas-Kenner gefällt. Zwei von ihnen, die wohl noch vor 1870 entstanden,
hängen oder hingen in der Sammlung Viau[1]. Auf beiden ist anscheinend dasselbe
Mädchen dargestellt; einmal nur der Kopf, auf dem anderen die ganze Figur in
einem roten Kleid auf rotem Sessel. Nie hat Degas etwas weniger Anspruchsvolles
gemalt, selten ist dieser Moderne, in dem man gern den Repräsentanten des
erlesensten Pariser Einfalls sieht, altmodischer gewesen. Es fällt nicht leicht,
diese Bilder, zumal den Kopf, der Generation Manets zuzutrauen, eher könnte
man an Zeitgenossen Corots denken. Der erste Gedanke wird wohl überhaupt
nicht den künstlerischen Eindruck zergliedern wollen. Die Frage: Wie hat er
das gemacht?, die sich bei so vielen Degas vor allen anderen aufdrängt, schweigt
hier. Man fühlt sich von dem stillen Leben in diesen ganz einfachen Formen
ergriffen. Die Materie gleicht dem bescheidenen Inhalt. Ein ganz dünner
Auftrag deckt kaum das Korn der Leinwand. Hauchartig ist das Fleisch ge-
tönt, in einem warmen rötlichen Braun, das dem Haar entnommen scheint,
mit ein wenig Rot in Lippen und Wangen. Ist es Zeichnung, ist es Malerei?
Es steckt in dem Gesicht etwas von Ingres, der ein großer Zeichner, und von

---

[1] Die Sammlung ist während des Krieges verkauft worden. Im Atelier von Degas gab es mehrere Bildnisse
ähnlicher Qualität. Sie sind im Katalog des Nachlasses abgebildet.

dem Mädchen Vermeers, der ein großer Maler war. Eine sehr leise Vision, hauchartig wie das ganze Bild, unabsichtlich.

In dem großen Neapler Familienbild, von dem vorhin die Rede war, erscheint diese zarte anspruchslose Anmut, für die das kleine Format angemessen war, ungebührlich vergrößert. Das Gestaltungsvermögen versagt vor der unverhältnismäßig schwierigeren Aufgabe und läßt nur Geschmackswerte übrig. In der „Femme à la potiche" des Jahres 1872, heute im Louvre, kommt eine Erinnerung an die Art des frühen Mädchenkopfes wieder. Degas versucht die fast anonyme Schlichtheit mit den reicheren Mitteln der Koloristik Manets zu heben und trifft eins seiner besten Ölbilder. Das Schlichte ist subjektive Herbheit geworden. Das Fleisch entsteht aus einer sehr ansprechenden Mischung von grünlichem und bläulichem Grau-Weiß und Rosa, alles Farben, die konzentriert in der blauen Delfter Vase mit den roten Kaktusblüten und den schweren grünen Blättern vorkommen. Dazu steht sehr schön das einfache graue, mit einem Orange besetzte Kleid. Das saftige Grün der Blätter wärmt gedämpft den Hintergrund. Der geschmackvolle Arrangeur streitet mit dem Maler um die Führung, aber unterdrückt nicht die notwendige Selbstherrlichkeit des Malerischen. Auf der blauen, rotgetupften Tischdecke liegen ein Paar gelbe Handschuhe, die der Manet des „Balcon" vergessen haben könnte.

Um diese Zeit, wohl im selben Jahre 1872, entstehen drei Gemälde, die den Eintritt des Malers in eine neue Welt von Motiven bezeichnen[1]. Er malt die ersten Theaterbilder: die „Musiciens à l'orchestre", heute im Städelschen Institut, die Bühne mit Tänzerinnen und davor drei Köpfe von Musikern, die dem Betrachter den Rücken zukehren; ein ähnliches Bild, auf dem die Musiker zum Teil im Profil nach rechts gegeben sind, das er einem der dargestellten Musiker schenkte und das jetzt nebst mehreren anderen frühen Bildern der Schwester des Musikers, Mademoiselle Dihau, gehört[2], endlich das Ballett aus „Robert le Diable", heute im Victoria- und Albert-Museum in London[3]. In allen dasselbe Problem: Das Halbdunkel des Zuschauerraums und die helle Bühne. Bei allen versagt der Künstler in dem wichtigsten Teil der Auf-

---

[1] Wenigstens die ersten, die seinen Stil zeigen. Das erste Theaterbild (Mademoiselle Fiocre dans le ballet de ‚La Source' ist schon in den sechziger Jahren entstanden) in der Art der Historienbilder. Es kam auf der I. Nachlaß-Auktion zum Vorschein (Katalog Nr. 8).

[2] Die Degas, der einzige Bestand der Sammlung, sind, wie mir die Besitzerin sagte, dem Louvre vermacht.

[3] Eine Studie gehört dazu, die im Nachlaß war (I. Katalog Nr. 9, Musiciens à l'orchestre [Basson et Contrebasse]), aus derselben Zeit.

gabe. Zuschauerraum und Bühne fallen wie zwei feindliche Welten auseinander. Nicht nur die Differenz des Lichtes scheidet sie. Die Anschauung in dem unteren Teil der drei Bilder widerspricht so sehr dem oberen Teil, der Bühne, daß man beinahe die Hände verschiedener Künstler vermuten könnte. Zuschauerraum oder Orchester sind mit peinlichster Genauigkeit gemalt, die Köpfe lauter detaillierte Bildnisse. Die Farbe, aus einer traditionellen schmutzigen Palette gewonnen, dient nur einer Vortäuschung der Wirklichkeit. Darüber erhebt sich ganz unvermittelt die grelle Bühne, nicht farbig, sondern schreiend bunt. Ihre Gestalten wurden aus einer ganz anderen Entfernung gesehen als die Köpfe der Musiker und wirken ebenso unwahrscheinlich wie die Leute im Orchester greifbar. Die Vorgänge auf der Szene bleiben nicht nur außerhalb des Orchesters, sondern außerhalb des ganzen Bildes. Die Bühne ist im doppelten Sinn Kulisse, im Grunde dasselbe wie die Landschaft in den Sportbildern: willkürlicher Hintergrund.

Wie tief stehen diese Werke unter den reifen Degasschen Schöpfungen desselben Gebietes, in denen gerade die Farbe das Theater in eine feenhafte Welt verwandelt! Ein weiter Weg von hier zu der nur wenige Jahre später entstandenen „Danseuse au bouquet" der Sammlung Camondo und ähnlichen Werken! Degas war damals nahe den Vierzigern. Er scheint anzufangen, wie er schon oft angefangen hat. Jedes neue Bild warf ihn zurück, anstatt ihn vorwärtszubringen, während er sicher glaubte, mit dem neuen Stoff endlich den richtigen Weg zu erobern. Er hat damals die Selbstenttäuschung bis zur Neige gekostet.

Die Art der Bildnisse auf den drei Theaterbildern, die den Pariser Degas-Freund in Erstaunen setzt, ist uns wohlvertraut. Diese unerbittliche Treue des Porträtisten, der sich an ein Gesicht wie an eine fixe Idee heftet und alles andere darüber vergißt, kennen wir aus vielen deutschen Bildern. Sie charakterisiert zumal einen unserer Meister, an den man bei Degas am wenigsten denkt und der ihm damals sehr nahestand: Menzel. Es ist derselbe Realismus, der sich so nahe wie möglich vor das Objekt stellt und leicht in Gefahr gerät, es überlebensgroß darzustellen, dieselbe Sachlichkeit in allen Kleinigkeiten, die vor dem Ganzen versagt, dasselbe Spiel mit künstlichen Lichteffekten, das nie zum Licht führt, dieselbe Unempfindlichkeit gegen Reize der Farben und Töne. Wir meinen den Menzel der späteren Zeit, der in Paris nicht fremd war, und haben durch die Aussage eines Intimen aus dem Degas-Kreise, der sich vorsichtig verbeten hat, genannt zu werden, feststellen können, daß Degas dem

deutschen Meister einen sehr weitgehenden Einfluß auf seine Malerei ein-
räumte. Er versäumte keine Gelegenheit, wo ein Bild des Deutschen zu sehen
war, in den Ausstellungen bei Goupil und anderen Händlern, und hielt
mit seiner Begeisterung nicht zurück[1]. Ob er den Meister persönlich gekannt hat, steht dahin. Es wäre nicht ganz unmöglich, da Menzel, als er
1867 und 1868 in Paris war, mit vielen französischen Malern zusammen-
gekommen ist.

Hat man diese Beziehung erst einmal, so trifft man auf ihre Spuren in
vielen anderen Werken und erstaunt immer wieder über den Parallelismus
zweier Menschen so verschiedener Art und Abstammung. Während der
gleiche Stoff in manchen Bildern Menzels und Manets diese beiden nicht um
eines Haares Breite nähert, während der Tuileriengarten des Deutschen und
der des Franzosen, in dem vielleicht dieselben Menschen promenieren, auf
zwei verschiedenen Erdteilen liegen, wird das Gemeinsame zwischen Menzel
und Degas von dem Unterschied zwischen ihren Motiven nicht berührt. So
wie Degas, denkt man sich, hätte Menzel Rennbilder malen können. Die Details wären anders gewesen, auch der Geschmack, ein weiteres Detail; die Anschauung aber, die immer auf den Gliedermechanismus gerichtete Lust des
Zeichners, ist dieselbe. Die Landschaft mit den Schornsteinen auf dem „Defilé"
der Sammlung Camondo hat die Züge des jungen Menzel und verdankt dieser
Verwandtschaft, daß wir sie ernster nehmen als die Kulissen der Sportbilder.
Doch erreicht Degas, solange er mit dem Pinsel malt, nie das Zündende des
Menzel, der eine Jugend hatte; nie kommt er dem frühen Meister gleich. Wir
haben einmal in unserer Kunstgeschichte die Genugtuung, die Überlegenheit
eines Landsmannes über einen gleichgearteten Franzosen feststellen zu können,
und zwar eine Überlegenheit auf Grund der Faktoren, die in der Regel gegen
unsere Künstler entscheiden. Gerade der Maler Menzel, zumal in den ersten
vierzig Jahren, überzeugt in ungleich höherem Grade. Er ist immer fragmen-
tarisch, verleugnet nie die Herkunft des Autodidakten, ist spröde und auf
einen geringen Umfang sinnlicher Reize beschränkt, nichts weniger als Virtuose;
ein Mensch, der Menschliches zu sagen hat und es auf seine Art überzeugend
herausbringt. Gerade die tastende Handschrift des jungen Menzel, die nur
dem leisen Schwung einer unbewußten Lyrik gehorcht, läßt uns teilnehmen.

---

1 Zu Elias sprach er noch kurz vor dem Kriege von der Menzel-Ausstellung von 1885 im Tuileriengarten, freilich ebenso begeistert von Cornelius, den er zu den größten Zeichnern rechnete. (In dem oben zitierten Aufsatz
der Neuen Rundschau.)

Ein geborener Künstler. Degas verbirgt auch im verführerischsten Gewande selten die Herkunft des geborenen Akademikers. Beide sind Zeichner. Degas war es bewußt, Menzel ursprünglich unbewußt, und Menzels Tragik ist es, allmählich zum Bewußtsein gekommen zu sein. Degas wollte ursprünglich dasselbe wie die Klassizisten und Nazarener, die immer Vergangenen. Zeichnung war die notdürftige Unterkunft für Dinge, die eigentlich im Kopfe aufgehoben werden müssen, um eines Tages als nie gesehener Rhythmus, ob Zeichnung oder Malerei, hervorzugehen. Menzels Künstlertum ließ sich von der bis zur Manie gesteigerten Lust an der Notiz nicht ausrotten, war früher als das Zeichnen da, war die Fähigkeit, die Welt zu umschlingen, neue Welten hervorzubringen. Wir nennen sie im Gegensatz zur reproduktiven Zeichnung das Malerische und meinen einen höheren Grad der Darstellung, nennen sie modern, weil dem Leben nahe. Degas, der Spätling, suchte sein Leben lang Gelegenheit, am Leben teilzunehmen, und fand schließlich einen schmalen Steg. Da war im Grunde nichts mehr zu erobern. Längst hatte schöpferischer Geist vom Geiste Menzels in Pracht und Fetzen die Form der neuen Zeit geboren.

Degas hatte bessere Kameraden, Menzel den großen Vorteil, im rechten Moment, als er sich selbst auf eine gewisse Höhe des Gestaltungsvermögens gebracht hatte, einem Constable zu begegnen, der ihn organisch ergänzte, während Degas mehr aus einem Bedürfnis seiner Kultur, als aus innerem Beruf Maler wurde und zu Ingres geriet. Man hätte eher dem Franzosen das Schicksal Menzels vorhersagen können, als diesem den wahllosen Übereifer, der schließlich zum Virtuosentum führte. Noch im „Théâtre Gymnase" ist der Deutsche auf einem von Degas nie erreichten Gipfel. Dieses Theater, auf dem der Rhythmus der Farben allein das Spiel vollbringt, ein Spiel, das Orchester und Bühne und Zuschauer gleichmäßig umschlingt, hat Degas, der Maler, nie gesehen. Wohl hat auch der Franzose seine gut bürgerliche Zeit. Die Atmosphäre in den beiden Mädchenbildern der Sammlung Viau ist das Milieu gewisser Interieurs Menzels aus den vierziger Jahren, aber man ahnt die Zurückhaltung des gebildeten Klassizisten. Menzel gehorcht einer höheren, man könnte im Sinne des Berlins jener Zeit sagen, mehr humanistischen Zucht. Seine größere Freiheit macht die überraschende Intimität seiner Szenen möglich, schafft größere Werte. Sehr nahe kommt der Franzose dem Deutschen in dem skizzenhaften Bildnis Rouarts und seiner Tochter oder in der „Dame au miroir" der Sammlung Doucet, einem der malerischsten Degas der siebziger Jahre, breit und überaus farbig, trotz der braunen Palette[1]. Man ahnt in dem Bilde dieselbe spontane Selbstbefreiung, die uns in Menzel da am tiefsten rührt, wo sie ihm offenbar ungewollt gelang. In dem kleinen Degas der Vente H. Rouart, drei Tänzerinnen vor dem Fenster, durch das man die gegenüberliegenden Häuser erblickt, kommt sogar die helle körnige Schlichtheit der schönsten Menzel wieder. Man denkt an „Des Künstlers Zimmer in der Ritterstraße" der Nationalgalerie. Das Bildchen erschien manchem Freunde Degasscher Kunst viel wertvoller als die großen Schlager der berühmten Auktion.

Dagegen treten auf dem spezifischen Gebiete Menzels, der Bleistiftzeichnung, die Beziehungen auffallend zurück, selbst abgesehen von dem engen Kreis der ganz frühen ingresken Blätter. Immerhin findet man auch hier vage Berührungspunkte, z. B. in den Bleistiftzeichnungen, mit denen Degas versuchte, das Bildnis seines Freundes Manet festzuhalten, und die so wenig der Vorstellung, die wir uns von Manet machen, entsprechen. Sie erinnern an den späteren Menzel, soweit das Zeichnungen, denen alles Virtuose fehlt, vermögen, und sehen daneben etwa wie Übungen eines geistesverwandten Dilettanten aus[2].

Noch nach 1875 erhalten sich hier und da menzelhafte Züge, z. B. in der „Lyda" genannten Dame mit dem Feldstecher. Ein echt Degasscher Einfall, das Gesicht durch die behandschuhte Hand mit dem Glas zu verbergen[3], und Menzel hätte sich so ein Motiv auch nicht entgehen lassen. In dem Verhältnis zum Motiv, in der Freude an Komplikationen des Gegebenen waren beide nahe Verwandte. „Miss Lola au Cirque Fernando", die Trikotdame, die an dem im Munde gehaltenen Seil zum Plafond des Zirkus hinaufgezogen wird,

---

[1] Nicht zu verwechseln mit dem von uns ebenfalls abgebildeten „Devant la glace", im Besitz Vollards, einem unvollendeten Bild aus früherer Zeit, in dem der größere Reichtum der Palette zu einer suggestiven Unklarheit geführt hat. Mit diesem Bilde hängt eine Zeichnung in Pastell zusammen, die unter Nr. 124 auf der II. Nachlaß-Auktion war.

[2] Ausgenommen das eine nicht in Bleistift, sondern in Tusche ausgeführte Blatt, das Manet in ganzer Figur gibt, das merkwürdigste Bild Manets, in dem man bereits die Keime der Krankheit zu erkennen glaubt. Das leidende Gesicht verschwindet fast unter der losen Tusche. Die drei Bleistiftzeichnungen (sie und das Aquarell sind seit einigen Jahren in der Sammlung Ernest Rouart; die eine Zeichnung ist bei Lafond faksimiliert) erinnern an das frühe, wenig vorteilhafte Manet-Bildnis Braquemonds. Die Tuschzeichnung dürfte etwas später sein. Ob die Zeichnungen mit den ganz anders gearteten, karikaturenhaften, radierten Bildnissen Manets von Degas zusammenhängen, bleibt dahingestellt. (Eine vollständige Kollektion dieser seltsam mißglückten Radierungen in der Bibliothek Doucet.) Auf der II. Nachlaß-Auktion kam unter Nr. 210 ein Rahmen mit drei gezeichneten Bildnissen Manets zum Verkauf, die mit zu der Serie gehören. Sie sind ebenso ausdruckslos wie die anderen. Besser scheint das gemalte Bild Manets, von dem oben die Rede ist.

[3] In der Sammlung v. Seidlitz in Dresden ein ähnliches Bild, das die Schwester des Malers darstellen soll.

so genau mit allen Details des Kostüms und der umgebenden Architektur dargestellt, als hätte sich der Maler mit hinaufkurbeln lassen, ist Menzelsches Virtuosentum. Das Bild wurde 1879 gemalt[1]. Bald nach dieser Zeit macht Degas die Wendung, die ihn weit von dem Onkel aus Deutschland entfernt.

*   *   *

Menzel heißt in Paris, da man das Frühwerk nicht kennt, mit großem Unrecht Meissonier. Degas war eine Zeitlang nahe daran, die Erbschaft des Soldatenminiaturisten anzutreten. Einen Teil seines Erfolges, der allen Anstrengungen der Größeren seiner Generation weit voraus war, erklärt der Irrtum des Bourgeois, die Tänzerinnen für die Schwestern der Soldaten des vergötterten Patrioten zu halten. Vor fünfzig Jahren, als sich Degas noch nicht dieser Huld erfreute, wäre der Irrtum einigermaßen verständlich gewesen. Er hat damals manche Bilder gemalt, die eine voreilige Kritik zu dem Kreise der Suggestionen Meissoniers hätte rechnen können. Es wäre immer eine sehr grobe, für Nuancen unempfängliche Kritik gewesen, der z. B. auch der Unterschied zwischen gewissen, nicht übermäßig starken Interieurs des Delfter Vermeer und den besten Genrebildern eines Pieter de Hoogh entgeht.

Degas war eine Zeitlang ein Kleinmeister, der aus einem beschränkten Gebiet minutiöse Reize gewann. Er hatte das Leserliche und Appetitliche, das dem Betrachter keine Anstrengung zumutet, und das Überraschende, das ihn in einem reizvollen Versteckspiel immer gewinnen läßt. Doch muß auch die strengste Kritik zugeben: er hatte immer noch etwas anderes. Seine Kleinkunst birgt in einem Winkel eine Seltenheit, die kein Meissonier trifft. Freilich wäre ohne die späteren Werke unser Sinn für die im Winkel versteckte Seltenheit vielleicht nicht geweckt worden. Und wir wissen nicht, ob ihr Reiz die Zeit überstehen wird.

Das reizvollste Werk dieser Kleinkunst dürfte der „Pédicure" von 1873 sein, der mit der Camondo-Sammlung in den Louvre gelangt ist; das angenehme Mädchen im weißen Bademantel auf dem rosa gemusterten Sofa, dem, während es die Zeit zu einem wohlverdienten Nachschlummer benutzt, der weise Mann die Füße bearbeitet. Die Kleine, in dem vom dunklen Haar beschatteten Graurosa, auf dem noch der feuchte Hauch des warmen Bades liegt, wird geschmeidig von vielen bunten Details eingefaßt. Die Zeichnung

---

[1] In der amerikanischen Sammlung Cawther Mulock. Eine Skizze zu dem Bilde in Pastell (datiert Januar 1879) war auf der I. Nachlaß-Auktion (Katalog Nr. 251).

gibt alle Einzelheiten genau von einem hochgewählten Sehpunkt. Doch die Genauigkeit wird nicht aufdringlich. Die Farbe bleibt, trotzdem sie zur objektiven Präzisierung der Dinge beiträgt, im Spiel, und zwar in einem wohlorganisierten Spiel, das den Reichtum der Palette durch einen Reichtum von Tönen sichert.

Das Bild ist nur ein Bibelot, die Empfindung geht nicht sehr weit über den Appetit, den die leckere Szene einflößt, hinaus. Aber selten hat ein Künstler ein entzückenderes Spielzeug seiner Laune geschaffen. Plötzlich ist Degas ein Farbenkünstler, und gleich so, daß man schwer begreift, warum er es nicht immer war, mit einem Geschmack, der sich in den früheren Werken neben Menzel ohnmächtig erwies, der hier zu schöpferischem Instinkt wird. Und während man sich an dem Geschmack labt, merkt man plötzlich so etwas wie Leben in der schlafenden Kleinen. Das Bibelot wird beinahe zum Kunstwerk.

V

Was ist jenseits vom Gegenstande das Wirksame der bisher betrachteten Bilder? Sieht man von der Farbe ab, die erst zuletzt ihre Rolle beginnt, so ergeben sich zwei künstlerische Faktoren, die, je weiter man die Betrachtung ausdehnt, immer stärker hervortreten: Raumwirkung und Ausschnitt. Beide, und zumal der erste, scheiden in dieser noch ungewissen Zeit den Künstler von allen seinen Genossen, widersprechen dem Menzelhaften, heben die Bilder über das Genrehafte hinaus und veredeln ihren Naturalismus.

Wohl ist das Räumliche, die Tiefenwirkung, an sich Teil jedes realistischen Programms, das sich konsequent auf die Natur richtet, oder müßte es sein. Denn wie vermöchte man sonst an die Fiktion der Malerei zu glauben? Den Impressionisten aber war es verdächtig als Symbol des Akademischen, als zu billiges Mittel einer Täuschung, die über der Wahrscheinlichkeit künstlerische Ziele vergaß, und schließlich als Hindernis gegen Farbe und Ton. Man weiß, wie energisch Manet gegen alle objektive Modellierung auftrat. Darin ist ihm Degas am wenigsten gefolgt. Er opfert nicht nur nichts von der Räumlichkeit, die den Alten teuer war, sondern übertreibt sie. Trotzdem gelangen.wir nie in die Nähe der fatalen Sinnestäuschungen eines Velasquez oder der neueren Geschickten ähnlicher Art. Ja, die Übertreibung dient geradezu, so paradox es klingen mag, einer Begrenzung des Realismus, einer Vergeistigung des Objekts. Man könnte auf den Gedanken kommen, Degas habe darin ein Stilmittel gesucht. Das Paradoxe verschwindet, wenn man der anderen Hilfsmittel gewahr wird, die sich mit dem Räumlichen verbinden.

1873 ist Degas bei seinen Verwandten in New Orleans. Die Unzufriedenheit mit den politischen Verhältnissen Frankreichs soll ihn hingetrieben haben. Er hatte den Krieg mitgemacht, hatte, wie erzählt wird, mit Fanatismus gegen die Übergabe von Paris gewirkt, mit unverhohlenem Mißfallen der Umwandlung des Reichs in die Republik zugesehen. Der Aufenthalt in New Orleans hat mehrere Monate gedauert. Die wichtigste Frucht ist „das Bureau einer Baumwollfaktorei“, heute der Stolz des Museums von Pau. Das Bild schildert das dem Pariser neue Milieu, in dem die Verwandten lebten, das patriarchalische Office eines Großhändlers. Der alte Herr im Vordergrund mit dem angewachsenen Zylinder auf dem Kopf, der gemächlich und mit Bedacht eine Stoffprobe durch die Finger zieht, ist der Onkel des Malers, der Leiter der Faktorei; eine Art Père Bertin von der anderen Seite des Wassers. Er repräsentiert nicht eine ganze Epoche wie der berühmte Bourgeois Ingres', aber ebenso vollkommen die weniger bedeutungsvolle und spezifischere Nuance dieses Kaufmanns der alten Zeit. Daneben die Kommis, die Schreiber, die Kunden, alles, was in eine Faktorei gehört, bis auf die eigene, ein wenig trockene Luft in solchen Räumen. Für diese Variationen der Typen und die ganz unpersönlichen Gebärden der Geschäftssprache, für die ganze, nur im Detail interessante Existenz fehlten Ingres die Organe. Der Schüler schien wie dafür geschaffen. Seine Nüchternheit überbot noch die Kahlheit des Milieus, machte einen Mechanismus daraus, den die Wirklichkeit sentimentaler zu verhüllen pflegt. Die Farbe hält sich in bescheidenen Grenzen und benutzt im wesentlichen nur den natürlichen Unterschied zwischen dem Schwarz der Männerkleider und dem Weiß der Ware, der Wäsche, Papiere usw. Das Grau der Wände vermittelt. Diese gegebene Einfachheit hat dem Maler nicht wenig geholfen. Das Malerische mußte sich aus zeichnerischen Wirkungen ergeben. Die Steigerung der Elemente, die er beherrschte, über die er sich bei früheren Bildern nicht immer klar war, führte zum Ziele. Er stellte die farblosen Menschen und Dinge mit derselben Scharfsichtigkeit dar, mit der er die eigentümlichen Haltungen der Rennpferde und Jockeis erfaßte, aber es gelang ihm diesmal, seine Geschöpfe organisch in den Raum zu bringen. Es gibt kaum ein Bild seit den alten Meistern, in dem das Räumliche gleich vollkommen gelungen wäre. Und es kam auf den Bildern der Alten mit gefügigeren Objekten zustande. Es ist kein prinzipieller, aber ein recht erheblicher praktischer Unterschied, ob man eine Perspektive aus Säulenhallen oder aus Handelskommis bildet, so bildet, daß der Raum ein Gesicht bekommt. Verkürzungen schlagender Art werden mit einer Hosenfalte erreicht. Nicht zwei Menschen oder zwei Dinge sind auf demselben Plan. Das sitzt, liegt, steht alles durcheinander, wie es der Organismus des Geschäftes ergibt, den der Maler, so scheint es, ganz so, wie er war, akzeptierte. Man könnte ein Dutzend Pläne zählen. Trotzdem fällt nichts auf dem Bilde aus dem ruhigen Gleichgewicht. Der Blick rutscht nicht gleich nach hinten an das Ende der Perspektive, sondern dehnt sich gleichmäßig nach allen Seiten aus, dringt ebensoleicht in die Höhe wie in die geräumige Breite und umspielt alle Einzelheiten, die ihm als Angelpunkte dienen. Die Prosa eines Geschäftes dichtet sich zu einer reimlosen Lyrik, in der die Hemdsärmel und Hüte, das Knistern der Leinwand und alle möglichen stereotypen Bewegungen, mit einem Wort alles Gegebene zu Trägern des Rhythmus wird. Diese Lyrik spiegelt uns nichts außerhalb der gegebenen Sphäre Liegendes vor, projiziert nicht etwa ein Poetisches auf die Prosa des Office, sondern monumentalisiert die Sachlichkeit.

Courbet mag etwas Ähnliches mit seinen „Cribleuses" gewollt haben, die 1900 zusammen mit dem Degas auf der Weltausstellung hingen. Er brachte es mit drei Gestalten zu zwei nicht zusammengehörenden Gruppen. Die Gestalten sind in einem luftleeren Raum und wirken trotz der Naturtreue in allen Einzelheiten wie künstliche Wesen. Courbet wollte zeigen, wie weit man das Plastische gemalter Menschen treiben könne, vergaß darüber das Bildhafte und gelangte zu einem unwesentlichen artistischen Experiment. Auch Degas mag an seinem Geschäftsbureau das schwierige Kunststück gereizt haben, aber er ist unversehens darüber hinausgekommen, ähnlich einem Flaubert, der die Realitäten seiner Perspektiven mit der gleichen Genauigkeit studierte und trotz der materiellen Fülle aus dem Mosaik der gewählten Details versteckte Größe gewann. Die Genesis solcher Werke mag dem Spleen sehr nahe sein und wird uns stets weniger natürlich erscheinen als der Instinkt eines Manet. Der naive Betrachter wird die Verwunderung über das Abgelegene der Aufgabe — nicht ein Geschäftsbureau, sondern die Auffassung dieses Raums mit dem zufälligen Zwang gegebener Details — nicht ganz unterdrücken. Aber das Abgelegene behält nicht den Platz, der dem Genuß gefährlich werden könnte, bleibt nicht am Gegenstand haften, sondern wird zu einem Bestandteil der Subjektivität des Künstlers, mit der wir uns abzufinden haben. Die Eigenart des gelungenen Resultats drängt hier wie überall die Kritik des Einfalls in den Hintergrund.

Ähnlich geht es uns mit dem „Vicomte Lepic" derselben Zeit; einer Ansicht der Place de la Concorde mit Lepic[1], seinen beiden Töchtern und dem Windhund im äußersten Vordergrund und der Riesenfläche dahinter, die dem

---

[1] Lepic, ein mit Desboutin gemeinsamer Freund, ein Original des alten Paris, beschäftigte sich viel mit technischen Experimenten und hat an der Degasschen Graphik einen gewissen Anteil.

Betrachter eine Platzfurcht einflößt; oder mit der Reihe der aus dem Souterrain zur Bühne heraufsteigenden Tänzerinnen der Sammlung Camondo. Die verwegensten Kunststücke der Alten erscheinen plump neben der Wendeltreppe in der „Leçon de danse" der Sammlung Blanche. Die Vorstellung, daß jemand diese komplizierten Raumprobleme errechnen müßte, wäre entsetzlich. Der Tastsinn, der sie löst, scheint eine mehr intellektuelle als künstlerische Gabe. Die Sicherheit der Lösung bleibt bewundernswert. In den verschiedenen „Tanzstunden" der Elevinnen an der Oper führt der Raum, ähnlich wie in dem „Bureau de coton", nur noch großartiger, zu einer Veredelung des Motivs. In dem berühmten Bilde der Sammlung Camondo „Le Foyer de la danse", das 1872 die Serie beginnt, gibt der gelbe, üppige Saal der kleinlichen Anschauung, die aus jeder Gestalt spricht, einen Anflug von Noblesse. In dem anderen Hauptwerk der Sammlung, der sogenannten „Classe de danse" mit dem weißhaarigen Ballettmeister in der Mitte, mildert der aus kaltgrünen Wänden gebaute Raum die Buntheit der Einzelheiten.

Mehr freilich vermag dieses Räumliche, so verblüffend es ist, nicht. Gerade die beiden Bilder der Sammlung Camondo, denen sich als drittes die Variante bei dem Oberst Payne in New York zugesellt[1], haben das meiste zu dem Argwohn beigetragen, Degas habe eine Art Meissonier werden wollen. Wohl ist die Schilderung ergiebig. Kein Zug der Gesichter, keine Bewegung, kein Detail in diesem an Details überreichen „Foyer de la danse", das nicht dem Leben entstammte. Der berühmte Ballettmeister Moraine in dem weißen Leinenanzug, mit der dirigierenden Hand, neben ihm der Geiger, an den sich auch noch bejahrte Habitués der alten Oper erinnern, alles das, jede Pose der lernenden oder rastenden Tänzerinnen, ist wörtlich getreu auf die Leinwand gekommen. Generationen von Leichtbeschwingten haben den strengen, aber gerechten Père Plucque der „Classe de danse" so gestützt auf seinen dicken Ballettstock stehen gesehen. In einer Geschichte des Pariser Balletts verdienen diese Bilder einen Ehrenplatz, und sie würden mehr von dem Leben der viel gequälten armen Dinger erzählen, die mit den Fußspitzen nach dem großen Los der wenigen Begnadeten angeln, als ganze Folianten der Schreiber. Degas war hier zu Hause. Edmond de Goncourt hat ihn um diese Zeit im Atelier besucht und einen mit allen Regeln und dem Idiom der Ballet-

---

[1] Derselbe Ballettmeister, der Père Plucque, mit seinem Stock kommt auch auf einer „Classe de danse" in Breitformat aus derselben Zeit vor, auf dem sich rechts ein Klavier mit Tänzerinnen befindet (Sammlung T. Sardnal). In dem Nachlaß figurierte unter Nr. 54 der I. Auktion das frühe Bildnis des Tanzmeisters Perrot.

teusen vertrauten Fachmann gefunden. „Es war sehr drollig, wie er seine Tanz-
bilder mit choreographischen Floskeln erklärte und hier und da eine der
‚Arabesken‘ mimisch ergänzte, wie er mit gerundeten Armen in die Ästhetik des Tanzes die Ästhetik des Malers mischte, von dem weichen Braun
des Velasquez und den Umrissen Mantegnas sprach.“ Goncourt nennt ihn in
seinem Journal „un être éminemment sensitif et recevant le contrecoup du
caractère des choses“. Das ist ungemein richtig, noch viel richtiger als der
kluge Bewunderer selbst geglaubt hat. Es enthält auch die negative Kritik
dieser „Copie de la vie moderne“. Dieselbe Rückwirkung der spezifischen
Welt, die er darstellte, denselben „Contrecoup du caractère des choses“ haben
wir schon bei dem Sportmaler gefunden, der sich so tief in seine Dinge
einlebte, von ihrer Neuheit so hingerissen war, daß aus den Bildern fachmän-
nische Extrakte seiner scharfen Beobachtungen wurden. Wieder strich der
Künstler vor dem Spezialisten die Segel. Der Fall nimmt in der Schilderung
Goncourts — freilich, dem Schreiber ganz unbewußt — beinahe pathologische
Formen an. Der Realismus schlüpft aus der losen Hülle des abstrakten Kunst-
prinzips heraus und macht Ernst aus dem Spiele. Der Künstler, den wir als
Sportmaler zum Sportsmann werden sahen, wird zum Tänzer.

Nur behält er, das ist das Verführerische, dem sich keine Kritik entzieht,
das Auge einer ganz einzigartigen Objektivität und bringt damit Zwischen-
stufen des Künstlerischen zu einer nie geahnten Geltung. Der Künstler wird
mitgerissen, nicht der Psychologe. Während ihn die kühle Besinnung in den
Sportbildern, wo die besondere Art seiner Psychologie füglich nur geringe Hand-
haben finden konnte, eher hinderte und den von keiner intellektuellen Analyse
erreichbaren Teil jeder künstlerischen Darstellung — das, was wir in diesem Zusammenhang Landschaft nannten — grob vernachlässigen ließ, gibt sie ihm hier,
wo eine versteckte Menschheit zu entdecken war, glänzende Waffen. Diese
Menschheit in Gaze und Trikot war sicher schon vor Degas den mit Kulissen Vertrauten bekannt, war denkbar und verschloß sich wohl auch dem
Laien nicht, der die Bühne nur vom Zuschauerraum aus betrachtet. Nie
wurde sie in so endgültiger Weise dokumentiert. Der einfache Gegensatz
zwischen dem Vor und dem Hinter der Rampe, zwischen dem Lächeln der Grazien
und dem animalischen Gähnen der Figuranten führte zu einem wahren Er-
oberungszug im Reiche der Gebärde. Das Zündende war gerade die Einfachheit der Absicht, nur die Gebärde zu geben, wie sie gesehen wurde, ohne alle
Folgerungen, mit den Resten des zum Zuschauer gewendeten Lächelns auf

der von Anstrengung gekrampften Lippe, mit der unverhohlenen Roheit der privaten unbezahlten Bewegung, mit der Nacktheit der dünnbezogenen Glieder, in denen die Muskulatur von Straußenbeinen sichtbar wird.

Man hat diese Welt häßlich genannt. Läge die Häßlichkeit in der Absicht des Malers, so wäre die Wirkung leicht zu durchschauen und würde bald den Reiz verlieren. Vielleicht steckt eine subjektive Häßlichkeit in gewissen Bordellszenen, die Degas für seine Monotypes verwendete; Szenen, die der Welt eines Rops nahestehen und trotz der einem Rops weit überlegenen, stark vereinfachenden Gestaltung nicht den Spaß des Autors an dem Gebiet verhehlen. In den Tanzbildern ist die Objektivität gesicherter. Das Häßliche besteht nur als Fiktion neben der Fiktion des Hübschen eines Mimus, der von den Tänzerinnen verlangt, sich lächelnd auf den Fußspitzen zu bewegen und mit gerundeten Gliedern wie eine Bildsäule zu stehen.

Das Ungefesselte nach dem Fallen der Maske wird mit derselben Gelassenheit gezeigt wie das von orthodoxen Regeln bestimmte Spiel der geplagten Marionetten, das oft auf demselben Bilde zu sehen ist. Dem Stereotypen in dem Tierischen dieser Tanzmenschen fehlt nicht eine gewisse Größe, die der Tanz durchaus versagt. Es kommt zu Bewegungen wie bei Hunden, die sich kratzen, oder bei müden Rennpferden, die im Schritt nach Hause geführt werden. Der Reichtum des Gliedermechanismus wird dem wachsamen Auge auch in solchen Bewegungen und Posen nicht entgehen.

Das Häßliche, von dem man mit Recht bei vielen Degasschen Tanzbildern der frühen Zeit reden kann, liegt nicht in solchen Einzelheiten, die im Gegenteil neue Schönheitsquellen sichtbar machen, sondern wie in den Sportbildern in der mangelhaften Erfüllung der Ästhetik des Bildes. Wohl sind die Widerstände des Malers der Balletts größer geworden. Sie scheinen in demselben Umfange gestiegen, in dem der Reichtum des neuen Gebietes an hervorgeholten Details das andere Gebiet übertrifft. Aber die Differenz zwischen den Fähigkeiten des Malers und der Finderlust des Analytikers bleibt fühlbar und tritt zuweilen recht störend hervor. In dem „Foyer de la danse", von dem schon die Rede war, begnügt er sich mit der Harmonie zwischen dem Weiß der Kleider und dem Gelb der Wände. Die sehr bescheidene Palette wäre ausreichend, wenn sie von Tönen aus den verwendeten Farben genügend ergänzt würde, wenn es dem Maler irgendwie gelänge, das gar zu Ansprechende des Gegebenen malerisch zu erweitern. In der etwas späteren „Classe de danse" hat er mehr versucht. Das Bild ist viel reicher koloriert, und zwar in der Art, wie der spätere Menzel zu kolorieren pflegte, an den wieder manche Teile des Bildes, zumal der fabelhaft gezeichnete Tanzmeister, auffallend erinnern. Der Reichtum kommt nur den Details, nicht dem Ganzen zugute. Die Buntheit der an sich sehr reizenden blauen, grünen, gelben und zumal roten Schleifen ist von außen in das Bild getragen und bleibt draußen.

In dem seltsamsten Bild der Serie „Ballettprobe auf der Bühne", ebenfalls in der Sammlung Camondo, ist die Farbe so gut wie ganz unterdrückt. Das Weiß der Tänzerinnen und das Braun des Theaters geben den einzigen Kontrast. Er geht nicht über das Materielle hinaus. Man begreift nicht, warum das Bild in Öl gemalt, nicht einfach schwarz-weiß gezeichnet ist, denn das Wesentliche daran ist nur eine Zeichnung, der es lediglich auf die denkbar schärfste Präzision und Modellierung ankommt. Vielleicht ergibt dieser Mißgriff im Material den fatalen Mischlingcharakter des Bildes. Die Tänzerinnen in dem kreidigen Weiß, dem das geringe Bronzebraun in manchen Schatten nicht das Gipsartige nimmt, sehen wie plastische Puppen aus, die man auf Braun photographiert hat. Die Wirkung braucht nicht einmal unbeabsichtigt zu sein. Degas war begeisterter Anhänger des Lichtbildes, dessen Entwicklung er in der Nähe miterlebte, und hat glänzende Photographien gemacht. Gerade nach diesem Bilde gibt es eine Aufnahme, die er selbst gestellt hat. Viau besitzt einen sehr schönen Abzug. Die Photographie ist angenehmer als das Gemälde, weil sie einen vermittelnden Ton in die gemalte Plastik hineinbringt. Das Räumliche ist auch auf diesem Bilde wieder außerordentlich getroffen. Man fühlt die Tiefe der weit hinauslaufenden Szene, die Schatten der Kulissen usw., aber könnte glauben, auch diese Wirkungen seien mit einer besonders guten Photographie, die ein geschickter Retuscheur herrichtet, zu erreichen[1].

Bei den Gipspuppen versteht man Degas' Hang zur Bildhauerei. Er hat schon damals modelliert. Auf der ersten Impressionistenausstellung von 1874, an der er mit mehreren Bildern, darunter auch mit dieser „Répétition de ballet", teilnahm, gab es eine Kleinplastik, eine Tänzerin in Wachs, die er mit bunter Gaze u. dgl. kostümiert hatte[2]. Heute ist die Art hier und da Mode gewor-

---

[1] Ob er sich nicht tatsächlich in manchen Bildern der Photographie als Hilfsmittel für die Grundierung bedient hat, bleibt dahingestellt.

[2] Die Besucher der Ausstellung erinnern sich nicht an die Statuette, weil sie nur eine halbe Stunde zu sehen war. Degas hatte zwar das Piedestal von Anfang an aufgestellt, brachte aber seine Tänzerin, wie mir Renoir erzählte, gerade eine halbe Stunde vor Schluß der Ausstellung und war nicht wenig ungehalten, als man sich weigerte, die Dauer ihretwegen um einige Tage zu verlängern.

den. Das Figürchen war noch lange Jahre in seinem Atelier zu sehen und
ging dann, ich glaube während des letzten Umzugs, in Stücke. Auch der Bildhauer vergriff sich im Material, indem er fremde Stoffe zur Belebung heran-
zog, anstatt sich allein auf den Druck seiner das Wachs modellierenden Finger
zu verlassen. Später hat sich Degas auf bessere Methoden besonnen, und er
soll sehr reizende Statuetten modelliert haben. Ich habe nie eine gesehen und
man wird wohl auch später nie eine zu sehen bekommen. Eine gute Büste
hat er, wie mir einer seiner Bekannten erzählte, nach einem Maler gemacht,
der eine Zeitlang eine Art Schüler bei ihm war. Sie wurde nicht vollendet,
weil dem Dargestellten trotz aller Verehrung das Modellstehen zu viel wurde.
Der Gießer Hébrard hat vor Jahren vergeblich versucht, den Meister
zum Guß eines seiner Modelle zu bestimmen. Heute sollen von der
ganzen Degasschen Plastik, die ihn seit Jahren, seitdem die Augen nach-
ließen, fast ausschließlich, beschäftigt hat, nur noch wenige vollendete Stücke
neben zahlreichen Fragmenten erhalten sein.

Von der „Ballettprobe auf der Bühne" gibt es eine stark veränderte Variante von annähernd derselben Größe, die sich jetzt in einer amerikanischen
Sammlung befindet. Sie kann kurz vor dem Bild der Sammlung Camondo
entstanden sein, vielleicht auch etwas später. Die Bühne ist annähernd dieselbe,
nur kürzer abgeschnitten, so daß vom Proszenium nur die Säule vor der
Bühne, nicht mehr die im Bogen vorspringende Rampe sichtbar ist. Vor der
Avantszene sitzt derselbe Regisseur im Zylinder rittlings, aber hat einen Nach-
bar bekommen, der sich mit lang ausgestreckten Pedalen in typischer Pose
auf dem Stuhl breitmacht. Verschiedene Tänzerinnen rechts und links sind
in den gleichen Stellungen wie auf dem Hauptbild. Auch die Bank ist da. Vor
ihr aber steht der Ballettmeister, der mit beiden Händen die Pas einer Figur
regelt. Im linken Vordergrund wird eine Reihe von Tänzerinnen von dem
Rahmen des Bildes zerschnitten, und ganz vorn ragen die Hälse von zwei Baßgeigen über den Boden der Bühne hinaus. Das Bild ist schneller gemalt als
das andere, ohne Betonung des Plastischen. Die Tänzerinnen haben nicht das
gipsartig Puppenhafte, die Szene scheint viel bewegter, trotzdem die Bewegung
der Einzelheiten nicht größer ist. Man könnte geneigt sein, den Unterschied
auf eine stärkere Ausbildung des Malerischen zu schieben, und sicher wirkt
das Bild malerischer als das andere. Doch hat der Pinsel wenig oder nichts mit
der Veränderung zu tun, auch nicht die unausgesprochene Farbe. Die Wirkung beruht auf dem höchst seltsamen Ausschnitt des Bildes. Er erscheint

willkürlich. Ein Betrachter, der unmittelbar vor der Rampe neben den ungeheuerlichen Hälsen der Baßgeigen auf dem Bauch läge, sähe vielleicht so die Szene, wenn seine Halswirbel beweglich genug blieben. Oder ein Apparat, der irgendwo zufällig in der Ecke steht, nähme sie so auf. Doch gelingt dieser Willkür, den Eindruck unwiderstehlicher Wahrscheinlichkeit zu erwecken. Man ist versucht, sie hoch zu bewerten, da sie eine Lebendigkeit, die den Puppen fern bleibt, gibt. Kommt es in der Kunst auf neue Sichtbarkeit eines greifbaren Objekts an, so haben wir hier einen Künstler. Die Entscheidung wird von der Antwort auf die Frage abhängen, was diese Sichtbarkeit gibt; ob sie uns mit dem Objekt etwas Wesentliches von dem Darsteller erschließt oder uns nur stärker auf das Dargestellte hinweist. Objektive Eigenschaften sind immer vergängliche Aktualitäten.

VI

Liebermann hat in seinem Aufsatz über Degas einen springenden Punkt gut getroffen. „Degas' Bilder", schreibt er, „machen zuerst den Eindruck einer Momentaufnahme. Er weiß so zu komponieren, daß es nicht mehr komponiert aussieht... Von weitem schon erkennt man jeden Degas an dem originellen Ausschnitt aus der Natur. Kühn läßt er hier nur den Kopf, dort nur die Hinterbeine eines Rennpferdes sehen; plötzlich durchschneidet er das Podium der Bühne durch eine Baßgeige mit einem so sicheren Gefühl gerade an der richtigen Stelle, daß wir meinen, es müßte geradeso, es könnte überhaupt nicht anders sein ..."

Degas hat eine Einsicht, die uns durch die Momentphotographie wurde, mit Scharfsinn vorweggenommen. Seine Bilder haben immer irgendwie, auch wenn sie verfehlt sind, eine ans Unheimliche grenzende, anatomische Sachlichkeit, die ihren Eindruck nie verfehlt. Es sind Dokumente. Für diesen Eindruck ist der Ausschnitt sehr wesentlich. Eine messerscharf arbeitende Linse scheint ihn zu bestimmen. Das scheinbar Rücksichtslose der Begrenzung bestärkt uns in dem Gefühl, etwas auf mathematischem Wege Entstandenes zu sehen, das deshalb wahr sein muß. Diese Wirkung paart sich mit einem ornamentalen Effekt, der den Ausschlag gibt. Die Art war damals ganz neu und widersprach allen Gepflogenheiten, brach zumal mit den Vorschriften der klassischen Tradition, von der Degas ausgegangen war, jener streng architektonischen, nach einem ohne weiteres erkennbaren Mittelpunkt gerichteten Komposition. Die Neuheit wurde Europa von dem Orient geschenkt. Degas war unter den ersten Empfängern.

Der Einzug Japans in unsere Kunst hat den sechzigsten Jahrestag gefeiert. Der Radierer Braquemond, der Freund der Manet und Degas, fand, wie Léonce Bénédite erzählt[1], eines Tages im Jahre 1856 bei seinem Drucker

---

[1] Gazette des Beaux-Arts, Band 34, S. 142. Vgl. auch den Aufsatz desselben Verfassers über Braquemond in „Art et Décoration", Februar 1905. Im allgemeinen wird der Beginn der künstlerischen Erschließung Japans etwas

Delâtre ein kurioses Buch, dessen Seiten mit fremden Schriftzügen und bunten Bildern bedruckt waren. Auch die Bilder waren wie fremde Schriftzüge. Da sah man ein halbes schnurriges Boot, das scheinbar aus einem Stück gebogenen Geländes hervorwuchs, die Spitze eines Kegels, auf dem ein paar strahlige weiße Kleckse lagen, Brücken, die von irgendwoher über eine glatte blaue Fläche, die endlos schien, gingen. Braquemond ließ Delâtre keine Ruhe, bis er das Buch hatte, und trug es seitdem wie einen Talisman bei sich. Er zeigte es allen Freunden und interpretierte ihnen die krausen Bilder. Das Boot bewegte sich, der Kegel war ein Berg, die strahligen Kleckse waren Schnee, und die Brücke dehnte sich, zum Greifen deutlich, über stillem Wasser. Er wußte sogar den Namen des Autors: Hokusai oder so ähnlich: ein weiser Mann in Japan, der ungefähr hundert Jahre alt geworden war und davon neunzig der Zeichnung gewidmet hatte. Er war erst vor kurzem gestorben, als er gerade gelernt hatte, mit einem einzigen Strich ganze Gesichter zu zeichnen, Ovale ohne Mund und Augen, die lebendiger waren als alle Bildnisse der Pariser Pompiers zusammengenommen. Man erzählte sich phantastische Geschichten. Aber wie es nun auch um sie stand, die Blätter, die man in der Hand hatte, waren unwiderleglich. Die sachte Art dieser Zeichnungen enthielt eine Kritik des ganzen europäischen Kunstapparats, seiner Motive, seines gefühlvollen Pathos, seiner komplizierten Technik. Wozu der Lärm? schienen sie zu sagen. Man konnte mit einem Bruchteil der Materie mehr erreichen. Das Individuelle lag nicht, wie so oft in europäischen Bildern, wie grobes Etikett auf den Bildern, steckte am wenigsten in den Motiven, die ungeübten Augen gleichartig wie die Madonnen der Sienesen erschienen, sondern war mit jedem Druck des winzigen Pinsels wie eine Handschrift verbunden. Wenn man länger darauf sah, entdeckte man in diesem Hokusai Ähnlichkeiten mit den Zeichnungen Rembrandts. Langsam kamen andere dazu, an denen man anderes entdeckte, die Grazie eines Harunobu, den stolzen Umriß Utamaros, das Ebenmaß Kiyonagas. Neben dem Impressionismus der Neueren stand die Arabeske der Vorgänger, die auf einmal ganz neue Möglichkeiten der verpönten Linie erwies. Man erkannte nicht ohne Beschämung, daß diese Bescheidenen so gut wie wir

<hr>

später, von der Weltausstellung in London, von 1862, datiert, auch von Seidlitz in seiner Geschichte des japanischen Farbenholzschnitts (Dresden 1897, S. 26). 1862 gab es bereits, wie Chesneau (vgl. Bénédite) bestätigt hat, einen japanischen Laden in der Rue Rivoli, wo die Künstler Buntdrucke fanden. Er hieß, wie mir Braquemond erzählte, „La Porte chinoise" und wurde von einem Händler namens Soye geführt. Hier trafen sich Braquemond, Whistler, Burty, Manet, Duret usw. Es ist nicht unwichtig festzustellen, daß auch diese Eroberung von Künstlern ausging, wie alle großen Entdeckungen im Bereiche der Kunst.

ihre Kunstreaktionen durchmachten, aber auf sachlichere, stillere, ökonomischere Art. Probleme, um die man in Europa Blut schwitzte, wurden da drüben mit einem Lächeln gelöst.

Wenn plötzlich eine Verbindung mit den Bewohnern des Mars hergestellt würde und man dort Menschen unserer Art entdeckte, könnte die Überraschung kaum das Staunen der Pariser Künstler jener Tage, der wenigen, die eingeweiht wurden, übertreffen. Das Ethnographische, das die Masse zurückhielt, war den Freien keine Fessel. Man erkannte den Parallelismus gewisser Tendenzen, die gerade in dem Augenblick, als man das neue Land entdeckte, die Fortschrittler am meisten bewegten, und schloß daraus auf ihre Gültigkeit.

Japans Kunst konnte immer nur von Paris erschlossen werden. Nur hier waren die Bedingungen dafür gegeben. Paris erblickte in dem neuen Lande unter anderem die Möglichkeit einer leichteren Gangart, die seinem Geiste besser entsprach als die Schule von Fontainebleau oder die Massigkeit Courbets. Die vornehmsten Sammler und literarischen Verteidiger des damals noch immer verkannten Dixhuitième, die Brüder Goncourt, gehörten zu den ersten Schildträgern Hokusais und seiner Vorgänger. Für den revolutionären Teil des Impressionisten-Programms war der Einfluß entscheidender als alles, was Monet und Pissarro in London vor den Turners erlebten. Die Kritiker des Impressionismus Burty, Astruc und Théodore Duret wurden die „Avantgarde" Japans. Duret ging 1871 mit Cernuschi auf seine japanische Reise und legte damals den Grund zu seiner schönen Sammlung. Umgekehrt berief sich Zola in seinem Aufsatz über Manet auf die „Élégance étrange" und die „Taches magnifiques" japanischer Holzschnitte, um den Freund zu verteidigen[1].

Japan half Manet und seinen Freunden, die Ausführlichkeit der Landschaft von 1830 einzudämmen und die Zähigkeit der überlieferten Materie zu lockern. Überhaupt ein Lockern war bei vielen Anhängern der nicht immer unbedenkliche Einfluß. Die Beweglichkeit, die Japan der Komposition gab, das Asymmetrische und Flächige brachte manchen, z. B. Whistler, auf Abwege. Bei anderen löste es gerade entgegengesetzte Wirkungen aus. Die Abneigung gegen das Schema des Klassizismus fand durch Japan gleichzeitig Zuwachs und Milderung. Die Furcht vor dem festen Umriß trat bei den einen in ein gemäßigteres Stadium, wurde bei anderen zum Prinzip. Um den Umfang der Befruch-

---

[1] Der Aufsatz, geschrieben 1866, erschien zuerst in der „Revue du XIX. Siècle" in der Nummer vom 1. Januar 1867. Im selben Jahre als Broschüre bei Dentu. Die zitierte Stelle (in der Broschüre S. 74) dürfte die erste kritische Nutzanwendung Japans in der europäischen Kunstgeschichte sein.

tung in Frankreich zu bezeichnen, muß man alle Künstler von Jongkind bis Bonnard zitieren; unter ihnen so starke Gegensätze wie Degas und seine Schüler, zu denen man noch Gauguin und van Gogh rechnen mag, nebst den letzten Ausläufern des Neo-Impressionismus. Das Medium des Einflusses, das so allgemein werden konnte, war die farbige Fläche Japans, die Freude der fremden Holzschnittkünstler an reinen oder wenigstens unverhüllten Kontrasten. Auf diesem Wege gelangte man zu einer intensiveren Einsicht in die Farbenlehre Delacroix'. Es ist ein kurioses Faktum der Kunstgeschichte, daß das bedeutendste objektive Resultat Delacroix' erst sozusagen durch den Japonismus den Nachfolgern geläufig geworden ist.

Mein Freund Jäger, der auch eine kleine Rolle in der Geschichte der Einführung Japans spielt — er hatte seine zum Teil wundervollen Blätter, von denen später viele zu Bing kamen, nicht in Japan, noch bei den großen europäischen Händlern, sondern in der Massenimportware der Magasins du Louvre gefunden —, hatte sich Anfang der neunziger Jahre in den Kopf gesetzt, von Degas empfangen zu werden. Das war schon damals einem Fremden nicht leicht. Er machte eine Wette, daß er nicht nur mit Degas plaudern, sondern alle Zimmer der an Schätzen reichen Behausung sehen würde, und gewann sie. Degas empfing ihn wirklich und behielt ihn ein paar Stunden im Allerheiligsten. Eines Tages gestand mir Jäger seinen Trick. Er hatte zwei Mappen mitgenommen. In der einen lagen ein paar Zeichnungen von Ingres, die er sich ausgeborgt hatte, in der anderen ein Dutzend seiner besten Japaner. Mit den Ingres kam er in die Wohnräume der Rue Victor Massé, mit den Japanern ins Atelier.

Keinem tat Japan so not und so gut. Bei Renoir, Cézanne, selbst bei Manet ist der Beitrag ein Teil unter vielen. Sie verleugnen auch diesem Einfluß gegenüber nicht die breite Konstitution. Degas, und zwar der reife Degas, wäre ohne die Mitgift Japans unmöglich. Sie ist in seinem Oeuvre ebenso unverkennbar wie das, was ihm Manet gab, und scheint ihm nur Vorteile gebracht zu haben. Während das Malerische Manets jahrelang ein fremder Bestandteil in ihm blieb, absorbierte er das exotische Element wie eine in seinem engsten Bereich gewachsene, langgewohnte Frucht. Es kam seiner zeichnerischen Anlage entgegen, straffte die ingreske Linie, vertrieb die flaue, moreauhafte Phrase, machte, so scheint es, den Ingresschüler zu einem modernen Künstler. Gerade dieser Einfluß bringt — unverhältnismäßig mehr als alle anderen Beziehungen, die wir bisher beobachten konnten — die edelsten Widerstandskräfte des Menschen ans Licht. Die Auseinandersetzung war von Anfang an ganz geistiger Art. Nie kam Degas den Banalitäten des modischen Japonismus nahe. Nie gelangte ein ethnographischer Bestandteil der fremden Rasse in die Bilder. Sein Freund Whistler dekorierte die seinen mit japanischen Fetzen, wie ein wenig anspruchsvoller Reisender sein Chambre garnie, machte einen neuen Makartstil daraus, der die Snobs entzückte, und verriet, wie tief ein verkappter Präraffaelit unter einem verkappten Ingresschüler steht. Degas machte es mit Japan wie Manet mit Spanien. Seine Liebe verlor sich nicht in die Verliebtheit niederer Sinne. Er behielt Abstand, krümmte sich nicht zu irgendeiner, auch der geringsten Nachahmung, sah die Fremdlinge wie eine Natur an, aus der man Erfahrungen gewinnen konnte, und gewann das allgemein Gültige. Sein Scharfsinn blickte in alle Winkel ihrer versteckten Mathematik. Er erkannte ihre Kompositionsregeln, das Gesetzmäßige in der scheinbaren Willkür ihrer wie hingestreuten Massen, das reiche Schema ihrer farbigen Wirkungen, aber blieb Herr seiner Bestimmung. Das gewonnene Resultat war sein Eigentum, und es steht auf einem anderen Niveau. Derselbe Künstler, der wie kein anderer bei uns den Wert der flinken Lehrmeister erwies, erlaubt uns, die Grenzen ihrer Welt zu erkennen.

Solange die Sammlung Camondo noch in dem Hause nahe der Oper war, mußte man, um zu dem Degas-Saal zu gelangen, ein Vorzimmer mit japanischen Holzschnitten durchschreiten. Da lagen und hingen wohlgeordnet die seltensten Harunobu, Utamaro usw., die schönsten Schauspielerköpfe Sharakus, die früher Manzi besaß, der kluge Berater des reichen Sammlers. Diese Folge der Räume war sicher nicht unbeabsichtigt. Das Vorzimmer mit den Japanern sollte auf den Saal vorbereiten. Man blieb gern in den beiden Räumen; jeder war ein Unikum; aber man nahm nichts von dem einen in den anderen mit. Das Arabeskenspiel an den Wänden und auf den Basttischen des Vorzimmers war eine Welt für sich von seltsamer Stille. Obwohl viele Künstler beisammen waren, die in ihrem Land kein Kind miteinander verwechselt, die auch wir ohne Mühe zu unterscheiden gelernt haben, herrschte seltsame Stille. Es fehlte den vielen Linien verschiedener Art nicht an Bewegung. Eigentlich regte sich alles, was man sah, in zierlicher Schwingung, aber die Bewegung war gewissermaßen platonischer Art. Das eine widersprach nicht dem anderen, noch widersprach das Ganze dem Betrachter. Das Bewegte hatte nichts Angreifendes, lockte höchstens mit freundlichem Lächeln, blieb als Schmuck an den Wänden. Kam man in den Degas-Saal, so verloren die vielen Japaner des Vorzimmers ihre Verschiedenheiten und wurden, wenn man überhaupt an sie dachte, zu einer Einheit. Dagegen wandelte sich der Saal mit den Werken eines und desselben Künstlers zu einem Kampfplatz vieler Empfindungen, als seien hier zahlreiche Menschen im Streit miteinander. Bilder, die auch ihre Stille hatten, zwangen uns mit ihrer Bewegung zur Teilnahme, forderten Zustimmung oder Widerspruch. Die Blätter des Vorzimmers waren vielleicht innerhalb ihrer Art besser, erfüllten vollkommen ihre begrenzte Bestimmung. Es gab nicht die grellen Unterschiede zwischen Gelungen und Mißglückt. Graf Camondo hatte die reichste, für die Entwicklung des Meisters wichtigste, nicht die beste Degas-Sammlung. Sie verhüllt nicht die Klippen, die Degas bedrohten, und läßt neben den berühmten Bildern, die heute im Louvre den Nimbus der Chauchatschen Corot-Sammlung teilen, den unbestrittenen Siegen des Meisters verhältnismäßig wenig Platz. Trotzdem fesselte sie den Besucher Camondos in ganz anderer Weise als die reizenden Dinge des Vorzimmers. Man ahnte Anstrengungen, die nie die Stirn eines Japaners verfinstert haben, begriff, daß Degas schwanken mußte, weil das Ziel so hoch war. Die Art steht höher. Die Ökonomie der Wirkungen eines Harunobu ist bewunderungswürdig. Das Resultat aber berührt kaum die Peripherie des Kreises, in dem sich die Aspirationen eines Degas bewegen, und den wir als die unserer Vergangenheit einzig würdige Sphäre eines Meisters ansehen. Mögen gewisse Züge der Handschrift eines Hokusai Teile der Handschrift Rembrandts enthalten, mag einen Edmond de Goncourt die Kalligraphie der Japaner an Michelangelos Linien erinnern, mögen unsere Primitiven mancherlei Schriftvergleiche anderer Art nahelegen, alles das hebt nicht den tiefen Unterschied zwischen den Inhalten der Schriften auf. Es kennzeichnet die Freizügigkeit des Ästheten unserer Tage und den Niedergang unserer Gesittung, daß sich viele Freunde und Forscher der Kunst von ihrer uferlosen Bewunderung Asiens zu einer Verwechselung der geistigen Werte beider Kulturen hinreißen lassen und die Unterschiede mit materiellen Dingen z. B. mit dem Umstand erklären, den Asiaten sei die Ölmalerei verschlossen geblieben. Eine Konsequenz dieses Liberalismus ist die Berufung unserer Jüngsten auf die Zeichen primitiver Völker, die Freiheit, das für erlaubt zu halten, was Negern und Kaffern nicht verboten war. Man vergißt den Unterschied zwischen Vorzimmer und Saal. Den Künstlern Japans blieb der Zwiespalt zwischen den Künsten, den unsere Kultur mit sich brachte, erspart. Daher ihr großer handwerklicher Vorteil in Malerei und Plastik und das hohe Niveau ihres Kunstgewerbes. Daher konnte ein Netsuke-Schnitzer, dessen Familie schon seit Generationen kleine Mäuse schuf, allen Ernstes einem

Reisenden, der ihn bei der Arbeit traf und das fast fertige Opus kaufen wollte, erklären, er habe noch für zwei Jahre an seiner Maus zu tun, da er nur selten den richtigen Schwung der Inspiration verspüre. Die japanische Kunstgeschichte ist reich an solchen Anekdoten. Dagegen fehlt ihr bis heute die große allmenschliche Erscheinung, die sich allen handwerklichen Geschichten entzieht. Wir verdanken dem Unterschied nicht nur den Zwiespalt in unseren Künsten, sondern auch die Schöpfung der größten Symbole unseres Menschentums. Er ist Ausdruck für unser Verhältnis zum Kosmos, das dramatischer, zerrissener, tragischer sein mag als asiatische Lebensweisheit, aber als Schoß eines größeren Begriffes menschlichen Heldentums unvergleichlich höher steht. Selbst wenn unsere Kunst schließlich an den Folgen des Zwiespalts zugrunde gehen sollte, wäre keine andere Entwicklung zu wünschen.

Degas erscheint uns mit Recht oder Unrecht als der typische Europäer unter den Modernen. Er erlangte seltsamerweise die schwer zu begrenzende Summe von repräsentativen Eigentümlichkeiten, die wir unter seinem Europäertum begreifen, erst, nachdem er von dem Einflusse Japans getroffen worden war, und gerade das, was eine kunstwissenschaftliche Analyse den Folgen des Einflusses zuschreiben könnte, rechnen wir zu den Merkmalen unseres Repräsentanten. Japanisch ist der Ausschnitt seiner Bilder. Nichts scheint uns heute so europäisch, deckt so vollkommen unser Empfinden. Diese Ansicht wird nicht lediglich von einer rückwärtswirkenden Suggestion, einer Gewöhnung an die fremde Form bestimmt, sondern von psychologischen Momenten, die neben der Form als primär erscheinen, die erst die Form entstehen ließen. So ausgeschnitten ist heute alles, was wir sehen, alles, was wir erleben. In solchen Ausschnitten müssen wir sehen und leben, wollen wir nicht von der Fülle verschlungen werden. Unsere Nerven verlangen die Art. So ausgeschnitten stellt unsere Literatur die Bilder, die ihr wert scheinen, dar, mit einem scharfen Strich, der uns sofort mitten in die Handlung versetzt, mit einem Schnitt am Ende. So unkomponiert dem Anschein nach, so unabsichtlich und bis zum Äußersten sachlich wollen wir unsere Dramen, damit die Idee wie elementares Organ der ganzen Menschheit wirke und der Mensch, der allerpersönlichste, als Glied einer von uns erdachten Kette von Welten erscheine. Und so undramatisch wie die Gesten eines Degas, in denen wir einen Reflex Japans spüren, so wenig sentimental, so gelassen in dem Unvorhergesehenen, so ausgeschnitten möchten wir uns geben. Die, denen es gelingt, halten wir für gute Europäer.

Am merkwürdigsten war der Einfluß Japans auf das Räumliche des Franzosen, das eine Zeitlang wie seine seltenste Sonderheit erschien. Nichts widersprach seiner Erziehung, vielleicht auch seiner Anlage mehr als das Flächige der Fremdlinge, das Manet so willkommen war. Nie hätte man dem Ingresschüler ein Nachgeben in diesem Punkte zugetraut. Als seinen Kameraden längst die Notwendigkeit dieser wichtigsten Schwenkung der Malerei zum Bewußtsein gelangt war, als Claude Monet schon von der Auflösung der Dinge im Licht schwärmte, vergaß Degas noch über der fiktiven Körperlichkeit seiner Gestalten alles andere und ließ sich von dem Hang zum Plastischen den Pinsel aus der Hand winden. Es dauerte lange, bis er diesen letzten Rest des Akademischen, für ihn ein Symbol teuerster Erinnerungen, hinwegtat, und vielleicht hat der hartnäckige Widerstand den Linien seiner reifsten Zeit die Stärke gegeben. Er wurde flächig, nicht wie Manet, nicht wie Monet, nicht als Maler, sondern als Zeichner. So absorbierte er auf seine Art auch diese Eigenschaft der Fremdlinge, die uns seit langem zum roten Faden der europäischen Entwicklungsgeschichte geworden ist, und brachte damit seine wechselvolle Laufbahn zum Ziele.

VII

Eins konnte Degas von den Japanern nicht lernen: mit der Ölmalerei fertig zu werden. Während sich Komposition und Zeichnung rapid entwickeln, bleibt das Malerhandwerk auffallend zurück. Schon die Tatsache, daß wir überhaupt zwischen diesen Dingen in den Gemälden unterscheiden können, spricht gegen den Maler. Man spürt in fast allen gemalten Bildern die Widerspenstigkeit eines Materials, dem Degas zu wenig oder zu viel Aufmerksamkeit schenkte, für das sich seine ganze Art offenbar nicht eignete. Wo seine Geschicklichkeit über die Geschwindigkeit triumphiert, gelingt es in der Regel nicht zum Vorteil des Künstlerischen.

Es lag nicht an mangelhaften manuellen Fähigkeiten, auch nicht an einem unzureichenden Sinn für technische Probleme. Er war im Gegenteil einer der raffiniertesten Techniker der modernen Kunst, fand sich spielend mit dem Handwerklichen zurecht, war auf allen Gebieten der bildenden Künste zu Hause. Sein graphisches Oeuvre, das leider noch wenig erforscht ist — hier wartet des trefflichen Loys Delteil eine dankbare Aufgabe —, öffnet Aussichten auf technische Fähigkeiten, die den Maler in überraschender Weise ergänzen. Während für alle führenden modernen Meister die Graphik in einem Nebensatze steht, der neben den Bildern überlesen werden kann, enthüllt Degas seine reinsten künstlerischen Absichten zuerst als Radierer und Lithograph. Die Radierungen liegen meist in zu früher Zeit, um eine entscheidende Rolle zu spielen, verraten zum großen Teil noch die Abhängigkeit von anderen Meistern oder von gegenständlichen Suggestionen. Mit dem Strich auf den Stein wird Degas zum Meister. Die Lithographien sind selten. Ich kenne nur die wenigen, die Doucet, Beurdeley und Roger Marx gesammelt haben. Doucet hat generöserweise seine kostbare Sammlung der Degasschen Graphik, die wohl die vollständigste sein dürfte, seiner öffentlichen Bibliothek zugeführt und dadurch allgemein zugänglich gemacht. Es gibt mehrere Lithos mit dem beliebten Degas-Motiv „Nach dem Bade"; ein nacktes Mädchen, das sich abtrocknet. Auf dem einen Blatt erscheint die Gestalt in ganz losen, nur die Schattenteile gebenden Schattierungen. Im Hintergrunde steht, noch leiser angedeutet, die behäbige femme de chambre mit dem Bademantel. Eine hauchartige Darstellung. Die gestaltenden Elemente beschränken sich auf das feingekörnte Grau der Druckerschwärze und geben alles; nicht nur die materiellen Dinge, die Menschen mit ihren Physiognomien, das Nackte, die Stoffe usw., sondern das, was Degas so oft entging, die eigene Atmosphäre. Alles Materielle, auch die Fiktion des allzu Wahren, wird beiseitegedrängt, und eine höhere, viel gesichertere Existenz enthüllt. Degas war in keinem seiner farbenreichen Gemälde malerischer als in diesem Steindruck und hat in keinem Gemälde glänzender komponiert. Hier schweigt der Unterschied zwischen Farbe und Zeichnung, und es ist unmöglich, das Räumliche, das scheinbar von selbst entsteht, auf Kosten des Zusammenhangs zu loben. Volumen und Arabeske sind eins. Man vergleiche mit dem Blatt den schönsten Harunobu. Der Vergleich liegt nahe. Solche Motive findet man auch in den Buntdrucken. Kein Vergleich liegt ferner. Die Harmonie aller Wirkungsfaktoren ist hier wie dort erreicht. Nichts fällt auf dem Harunobu aus dem Gleichgewicht, nichts stört die Atmosphäre des Franzosen. Nur sind die Faktoren bei dem Japaner, die perfekte Technik, die Grazie, das Dekorative, plumpe Begriffe neben den Eigenschaften des Europäers. Sie lassen sich, könnte man sagen, mit der Wage messen, wenn die Wage fein genug ist. Auch die Empfindung hat teil daran. Wie sollte sie nicht? Empfindung ist ein grobes Wort, das vieles sein kann. Die Empfindung hat den Anteil, der bei unserem Meister und allen großen Meistern der perfekten Technik zukommt. Das heißt: Die Rollen sind umgetauscht. Auf der einen Seite Organe empfindender Handwerker, auf der anderen Organe der Empfindung, die allein schöpferisch sind und alles schaffen, auch das notwendige Handwerk.

Auf einer anderen Lithographie, die fast wie ein späterer Zustand der vorigen aussieht und das nackte Mädchen ohne die Dienerin gibt, sind alle Wirkungen vergrößert. Die Farbe ist tiefer, in den dunkelsten Schatten vom Sammet in den Streifen eines lithographierten Panthers Delacroix'. Der Körper ist weich modelliert, wieder nur mit Flächen, aber viel breiter und mächtiger. Ein dicker Strich bildet den Umriß, der auf dem anderen Blatt wie gehaucht schien; das Haar fällt als schwere schwarze Masse. Der Steindruck verliert das Körnige, wird fett und leuchtend und nähert sich einem Vernis-mou. Degas empfand das

Bedürfnis nach einer neuen Technik. Die Tiefe des Steindrucks genügte ihm nicht. Auch wollte er ein flüssigeres Material, das mit der Festigkeit eine aquarellhafte Beweglichkeit verband und vor allem noch toniger wirkte. So kam er zu seinen Monotypes.

Ich weiß nicht, ob Degas allein als Erfinder dieses Verfahrens gelten darf, das nach ihm von seinem Schüler Forain und anderen Graphikern häufig benutzt worden ist. Wahrscheinlich hat ihm Lepic dabei geholfen[1]. Jedenfalls machte er sich ein eigenes höchst raffiniertes Werkzeug daraus. Die Technik ist sehr einfach. Er nahm eine oxydierte Zinkplatte und trug darauf die Farbe, ein rußiges Schwarz, auf. Die Platte wurde dann, ohne vorher geätzt zu werden, durch leichten Druck auf das Papier gebracht. Da die Zeichnung nicht das Metall angreift, ist immer nur ein einziger Abzug möglich, der nicht die Bezeichnung Druck verdient, sondern als Original zu gelten hat. Das technische Raffinement liegt in der Art des Auftrags. Degas variierte ihn auf alle erdenkliche Art. Er wischte die Flächen mit dem Daumen oder mit der Handfläche, strich die Umrisse mit einem Streichholz oder dem Fingernagel auf, nahm den Pinsel zur Hand, wo es ihm paßte. Damit nicht genug, griff er, wenn die Schwärze stand, zum Pastellstift und fügte hier und da Farben hinzu. Manchmal deckte er das ganze Blatt mit Pastell und erreichte damit die undurchdringliche Wirkung, die den Fachmann frappiert[2]. Oder er begnügte sich mit dem denkbar einfachsten Verfahren. Die „Toilette" der Sammlung Doucet, das untersetzte Mädchen vor Tub und Waschtisch, das sich mit einem unsichtbaren Tuch den Rücken reibt, sieht wie ein über der Lampe gerußtes Papier aus, in dem zufällig ein paar weiße Flecke entstanden. Die gespenstische Clair-obscur-Wirkung ist nichtsdestoweniger ein Kunststück, freilich, auch nicht mehr. Auf einem anderen Blatt derselben Sammlung, „Admiration", gibt dasselbe Schwarz alle möglichen Materialien bis auf das viehmäßige Antlitz des vor der Badewanne hockenden Admirateurs, das man gern entbehren würde. Wenn die Technik gar zu bequem wird, kommt auch das Billigste zum Vorschein. Viele Blätter, die dem Aquarell näher bleiben, sehen wie vereinfachte Guys aus. Die meisten geben Bordellszenen und dergleichen. Der zarte Guys verschwindet unter einer Karikatur von zuweilen wüster Roheit. Aus den Dirnen werden Apparate mit vergrößerten Mauseköpfen und käferartigen Bewegungen. Was

---

[1] Vgl. Lemoisne S. 55.

[2] Auf der II. Nachlaß-Auktion figurierte eine Serie von „Impressions en couleurs retouchées par Degas" (Katalog 361–383) und ebenso einige „Impressions en noir" (384–386). Ich habe nicht feststellen können, um welche Technik es sich handelt.

Lautrec, der dem Graphiker Degas nachging[1], aus dergleichen gemacht hat, wurde von Witz und Humor gemildert. Seine Groteske ist leichter zu ertragen, als diese kalte Sachlichkeit. Unter dem obligaten Gaslüster sitzt ein halbes Dutzend Weiber auf dem obligaten Mittelsofa. Die Köpfe, zusammengeheftet wie Gaslampen eines Lüsters, bilden ein Bukett. Ein paar Flecke, kaum Striche, geben die Gesichter. Jedes repräsentiert Generationen von Dirnen. Aus einem grauschwarzen Wust über den Köpfen entsteht das Haar jeder einzelnen. Man könnte die Frisuren beschreiben. Das Ganze plastisch wie ein Tempelkapitäl.

Man hat den Karikaturisten mit Daumier verglichen und ihn sogar größer genannt. Das gibt ihm zu viel. Er steht über Forain, über Lautrec und über allem, was in diese Klasse gehört, nicht über, noch neben Daumier, der nicht dazu gehört. Daumier ist Molière, Degas ein Goncourt. Selbst wenn man von den Malern in beiden absehen wollte, was nicht angeht, bliebe Daumier der Riese. Sein Lachen — nicht gutmütiger etwa, eher hochmütiger — hatte tiefere Töne. Es konnte Pathos sein und Grausen erwecken wie das Lachen Shakespeares, blieb immer Klang. In den Windungen seiner Fratzen steckt ein reicheres Spiel von Licht und Schatten, eine andere Möglichkeit plastischer Wirkungen, in seiner Anschauung weitere Erfahrung, in seiner Kultur größere Tradition. Delacroix war sein Genosse. Über zahllose Blätter gebeugt, die ihm die Not bestellte, erschien ihm im Winkel seines winzigen Ateliers der Schatten Michelangelos. Degas' Größe in den Dingen, die wir Karikaturen nennen können, vergrößert nicht den Umfang seiner Welt. Sie hat das Negative alles Absonderlichen. Man stößt bei den Bordellszenen und ähnlichen Dingen auf einen Mangel, der dem Worte nach derselbe ist, auf den sich die Einwände gegen die Sport- und Theatergemälde gründen: Mangel an Atmosphäre. Das Wort ist grob für die Nuance, die gemeint ist. Der Mangel stellt nicht den wesentlichen Wert in Frage, beschränkt nur die nicht geringe Wirkung. Wenn ich ihn mit der Atmosphäre in Zusammenhang bringe, meine ich diesmal nicht den Zusammenhang des Bildhaften. Diesen wahrt das lose Gewebe der Monotypes. Man sieht die Begebenheit aus Flecken entstehen, und es ist nichts gegen

den Organismus zu sagen. Aber diese Einsicht befriedigt nicht alle Ansprüche
des Betrachters. Mit unserer primitiven Formulierung des Schönen ist eigentlich nur das Negative nachzuweisen, grobe Dinge. Höhere Forderungen, z. B.
den Unterschied zwischen Japan und Europa, stellt kein abstrakt formulierbares
Gesetz, sondern die Wägung an unserem fließenden Fundus von Erfahrung
der Empfindung. Die Gesetze sind leicht zu erfüllen, wenn sie auf keinen gewich-
tigen Inhalt stoßen, wenn die Persönlichkeit an der Oberfläche bleibt. Vielen
Monotypes fehlt es an Widerständen, die das Flüchtige ihrer Art bedeutend
machen könnten. Degas gelang es, das, was ihn lockte, vollkommen erschöpfend
mit einigen Strichen zu geben. Zu wenig lockte ihn, und daher erscheint die
Wirksamkeit der Striche weniger groß als summarisch. Die Atmosphäre der
Dinge, die ihm vertraut war, ist immer getroffen, nicht ebenso sicher der Unterschied zwischen ihr und seiner Geistigkeit; ein Unterschied, jenseits aller Partei-
nahme für oder gegen das dargestellte Milieu, den keine Sachlichkeit verbietet
und den große Gestalter als Ausgleich zwischen Sonderfall und Allgemeinheit
erfinden. In der Dichtkunst nennt man ihn Humor. Das fehlte Degas. Sein
Artistentum verbot tiefere Anteilnahme, stand zwischen Mensch und Welt,
war Schwäche. Man könnte jenen Humor auch als den umfassenden Trieb des
Politikers erkennen, wenn man unter Politik die staatschaffende Kraft versteht.
Und damit wird dann am allgemeinsten der Unterschied bezeichnet, der den
revolutionären Staatsmann Daumier von dem parlamentarischen Dialektiker
Degas trennt.

Ein exotischer Ton haftet den Monotypes an. Das Interesse an der Zoo-
logie der Bordelle drängt zuweilen die Freude an dem Spiel der Formen zurück. Degas behielt in diesen ausgefallenen Dingen den Rest eines verwegenen
Bourgeois, der sich eine Debauche leistet, und näherte sich Rops, der dem
Kloster der guten Sitte entlief. Constantin Guys fand das alles weniger wichtig und sicherte seine Form, indem er die bürgerliche Scheidewand außer acht
ließ und bei seinen Dirnen zu Hause war.

Die Monotypes verschwinden in dem ausgedehnten Oeuvre und spielen
bei der Wertung nur eine geringe Rolle, aber interessieren als Symptom den
Forscher, sind Station in der Entwicklung des Degasschen Typs, seines Stils,
seines Ornaments, bereiten eine Schwenkung vor, stehen zwischen Malerei
und Zeichnung, gleichzeitig zwischen Jugend und Reife, geben eine bedeutsame
Stufe fortschreitender Subjektivität; ein letzter, nicht einwandfreier Ausweg
des Suchenden, bevor er zum Ziele schreitet. Sehr lange haben sie ihn schwer-

lich gefesselt. Die Geschmeidigkeit des Materials, die der Hand nahelegte, Zufallsbildungen zu malerischen Zwecken zu benutzen, mag ihm bald unbehaglich geworden sein. Schließlich verschloß ihm die Technik der Monotypes, so reich ihre Möglichkeiten waren, gerade das Gebiet, nach dem ihn am meisten verlangte. Während er sich mühte, dem Schwarz Töne abzuringen, bedeckten sich die Paletten der Genossen mit leuchtenden Farben. Er hatte eine Weile dem Aufflammen der Koloristik Claude Monets und aller anderen gelassen zugesehen. Er brachte den Schlagwörtern, die seit der ersten Ausstellung der neuen Schule die Luft erschütterten, unverhohlenes Mißtrauen entgegen, fühlte sich durchaus nicht zu der Gruppe, zu irgendeiner Gruppe gehörend, und lehnte den Titel Impressionist mit aller Entschiedenheit ab. Aber sein Verstand erkannte, was außer der Aktualität in der Neuheit Brauchbares, für seine persönlichen Zwecke Verwendbares steckte.

Sicher hat ihn am wenigsten die Naturschwärmerei seiner Genossen zu einer Teilnahme bewogen. Dafür war er zu kühler Artist. Die rücksichtslose, mit Opfern verbundene Konsequenz einer elementaren Erkenntnis war nicht seine Sache. Eher könnte ihn ein ästhetisches Problem bestimmt haben: die Vereinigung Ingres' mit dem Gegenpol Delacroix. Renoir, der enthusiastische Jünger Delacroix' und Bewunderer Ingres', hatte mit der Palette der Femmes d'Alger die malerische Form seiner frühen Bilder erreicht und suchte in den achtziger Jahren mit Hilfe Ingres' ihren Bau zu festigen. Degas war damals mit ihm befreundet. Mag ihn nicht Enthusiasmus, sondern Reflexion auf parallelen Weg getrieben haben: als er eine Weile, ledig des veralteten Apparates, gegangen war, schlugen aus dem kühlen Betrachter leuchtende Flammen.

VIII

Als Degas sein erstes Pastell vollendete, schlug seine Stunde[1]. Das klingt nach allem, was voranging, verdächtig. Wir können uns die glückliche Wendung in der Entwicklung eines Meisters nicht gut von einem lediglich materiellen Moment abhängig denken und mißtrauen bei einem Degas, den wir schon wiederholt auf der Suche nach solchen Surrogaten technischer Art statt nach Klärung der Anschauung fanden, mit Recht. Könnte man sagen, Degas sei durch den Griff zum Pastell auf die Höhe gelangt, so würde uns seine Größe wenig gesichert erscheinen. So war es nicht. Das Pastell scheint nicht Anlaß, sondern Folge. Es folgt dem Verzicht auf die Malerei, zu dem sich Degas gegen Ende der siebziger Jahre entschloß. Er hat seitdem nur noch ausnahmsweise den Pinsel in die Hand genommen. Der Verzicht ist das Wesentliche. Ein Künstler, der hinter technischen Komplikationen seine Schwäche verbirgt, entbehrt der notwendigen Einsicht in die Ethik eines vorbildlichen Werdegangs. Jeder Verzicht auf einen als Fiktion erkannten Besitz ist Zeichen der Reife und kann zu Fortschritten führen. Wir vermögen uns ohne Mühe einen Künstler zu denken, den der von außen gegebene Zwang einer seiner Anlage nicht angemessenen Technik an der Entfaltung hindert, und der sich befreit, sobald er die Technik verläßt. Schwerer wird uns, den mit den Jahrhunderten gewordenen Komplex, den wir Malerei nennen, die Gestaltung, die mit dem Pinsel zustande kommt, nicht als das gegebene Gebiet des Malers zu betrachten, weil allen großen Meistern der Pinsel zur Wünschelrute geworden ist. Doch bleibt der Pinsel, wie man ihn auch drehen und wenden mag, ein Stiel mit Borsten, dessen sich jeder Anstreicher bedient. Für Degas hatten sich die diesem Werkzeug zugänglichen Wirkungen als unzugänglich erwiesen. Er

---

[1] Gemeint ist das moderne Pastell. Degas hat auch schon früher zuweilen pastelliert. Es gibt sogar zu einem der frühesten Gemälde, der „Semiramis", ein Pastell, das auf der I. Nachlaß-Auktion unter 219 figurierte und im Katalog abgebildet ist; ein ganz schemenhaftes Blatt, das an gewisse flaue Turner erinnert.

verband nun einmal mit der Malerei den unerfüllbaren Ehrgeiz, wie Ingres zu malen. Das ist weniger sonderbar als die Idiosynkrasie eines Dichters, dem der Verzicht auf die gewohnte spitze Feder schwerste Opfer kostet. In der Kunst ist der Anteil des Schriftzeugs an der Gestaltung des Gedankens so groß, daß der Irrtum entstehen konnte, die geschickte Verwendung des Stiels mit Borsten gebe bereits den Künstler.

Degas brauchte mehr als zwanzig Jahre, bis er zu der Trennung schritt. Der Entschluß konnte einem so konventionell erzogenen Künstler nicht leicht werden. Vor Jahren, als er jungen, ratsbedürftigen Künstlern noch zugänglich war, pflegte er die Bilder, die sie ihm brachten, erst mit dem Finger abzutasten. Nur wenn er keine Unebenheiten spürte, nahm er die Brille. Alles Spachteln und dergleichen grobe Mittel waren verpönt. Die glatte Fläche allein verbürgte den Bestand. Ein Bild, das nicht den Jahrhunderten standhielt, versagte auch schon in der Gegenwart. Wie schwer mußte es solchem Handwerkssinne werden, sich mit einem Material zu begnügen, dem jede Erschütterung Verderben bringt. Einen Constantin Guys hatte die Beschränkung auf das Aquarell zu einer obskuren Rolle verdammt. Daumier blieb trotz aller seiner Bilder immer nur der Lithograph und hatte sein Leben lang zu darben. Nun gar ein Pastellist! Pastell war Dix-huitième. La Tour hatte es für alle Zeiten mit seiner Süßlichkeit gezeichnet. Es galt für das Metier der Damen.

Doch mögen alle diese Erwägungen wie Spreu im Winde vergangen sein, als Degas seine erste Serie von Pastellen vor sich sah. Es waren dieselben Gestalten, die er oft auf die Leinwand gebracht hatte, Zeugen heißer Qualen. Gemalt waren sie bemalte Leinwand geblieben, und die Farbe, mit der er sie lebendig zu machen versucht hatte, war ihnen eine Last geworden. Nun schwelgte er in Akkorden. Den Enthaltsamen traf die Wollust des Rhythmus. Die Jockeis leuchteten in der Sonne, die Tänzerinnen bewegten sich bei dem Flimmer der Rampe, keine Halbwesen mehr, die er einem Theater entführt hatte, Heldinnen seiner eigenen Bühne. Er war nur Zeichner. Die Umrisse der Gestalten wurden das unverhohlene Geäst der Bilder. In großen Linien trat alles, was dem Wesen des vereinfachenden Strichs zugänglich war, hervor: eine kühne Anatomie, die wie ein zauberischer Röntgenapparat das bildlich Wirksame des Knochenmechanismus bloßlegte. Erst jetzt kam der Erfinder zur Geltung. Nicht der Psychologe ersah die geheimen Regungen der Frau, die sich allein glaubt, die Bewegungen der Tänzerinnen, wie sie einem hinter der Kulisse postierten Beobachter erscheinen. Nicht der Gegensatz zwischen Schein und Sein drückte ihm den Stift in die Hand. Er entdeckte jenseits von den Gegensätzen, die ihn früher gereizt hatten, seine Elemente des Ausdrucks. Die Einfachheit der Absicht kam dem Ausdruck zugute. Die Badende, die mit verdrehten Armen die eine Stelle des Rückens mit dem Schwamm zu erreichen sucht, gab, in das Viereck des Bildes gebracht, auch wenn alles Beiwerk wegfiel, eine lebendige Arabeske. Eine Tänzerin konnte, nur als ein sich bewegender Körper erfaßt, restlose Schönheit äußern, sobald alles, nicht dem einen Zweck dienende Füllsel ausschied. Der Stift erleichterte das Opfer. Nicht um die Umgebung, um einen Hintergrund zu schildern, sondern um das Linienspiel ausklingen zu lassen, entstand das Gespinst kleiner Striche um die großen herum. Ohne an Malerei zu denken, malte er mit dem Stift, besser als je mit dem Pinsel, die Schwingung, die zur Atmosphäre wird. Sobald er nicht mehr das Dinghafte zum isolierten Ziel nahm, entstand ein lebendiges Etwas aus Farbe, das seine Umgebung zu einer Kulisse, zu einer Badewanne, zu einem Tisch mit Haufen von Dingen werden ließ und immer noch Strich blieb. Ein System von parallelen Strichen gab den Rücken. Wo die Schatten ansetzten, bereicherten es Querstriche der Komplementärfarbe. Weniger regelmäßige Flecken gaben Stoffe, dünne Quadrierungen das Fernere.

Endlich hat der raffinierte Techniker sein Feld. Er beherrscht es wie kein anderer vor ihm. Es wird ihm zur Domäne, wo selbst Manet seinen Überwinder findet. Hier wird Degas der Geber, Manet Empfänger. Wo immer man die Pastelle der beiden zusammensieht, wie in der Sammlung Bernheim in Paris die berühmte „Femme dans un tub", eins der allerbesten Blätter Manets, neben den „Danseuses roses", triumphiert Degas mit seiner rauschenden Farbe. Manet wird leer, sobald er nicht den Widerstand der Ölfarbe unter den Fingern spürt, leer und banal wie manches Ölbild von Degas, dem der Widerstand zu groß war. Degas erfindet ein Pastell wie Cézanne eine Malerei erfand. Er vervielfacht die überlieferten Möglichkeiten. Sein Pastell besteht aus vielen Schichten von Pastellen. Jede Schicht stellt einen gewissen Habitus dar, wird fixiert und, wenn der Moment günstig ist, mit neuem System überzogen. Alle möglichen anderen Techniken, die sonst dem Pastell fremd sind — wir erwähnten schon das Monotype — helfen mit, um die Mannigfaltigkeit zu vergrößern. Das Geheimnis war, trotz dieser Mischung den Anschein von Durchsichtigkeit zu erhalten. Auch da, wo zehn Schichten übereinander liegen, bleibt die Struktur des Strichwerks deutlich. Dadurch vermied er die verblasene Dunstigkeit der Pastelle des achtzehnten Jahrhunderts, die selten über eine geschickte Reproduktion hinausgehen, brachte Kadenzen, gewaltige Fugen in den Dunst. Er kam erst allmählich hinter das Geheimnis. Seine frühen Pastelle sind noch ungegliedert und wirken daher trotz der leichten Hülle materiell und kleinlich. Die vermeintliche Duftigkeit der berühmten „Danseuses à la barre", in Wirklichkeit – d. h. in der Wirklichkeit des Bildhaften—gestaltlos, kommt auch im Pastell wieder und erinnert hier wie dort an die Irrtümer Whistlers. Freilich sind selbst die frühen Pastelle mit gewählteren Äußerlichkeiten geschmückt. Die Illustration wird sublim. Sie ist in Bildern der Übergangszeit wie in dem Café des Luxembourg-Museums kaum noch zu spüren. Niemand wird den Verführungen des Blattes mit der Solotänzerin in derselben Sammlung widerstehen, wenn auch hier noch der Reiz mehr auf der fabelhaften Geschicklichkeit eines Interpreten als auf den sicheren Griffen eines Schöpfers beruht. War doch mit dieser Technik das ideale Material für die flimmernden Lichter der Bühne gefunden.

Die Entwicklung des Pastellmalers geht rapide. Sehr bald gewinnt er Einsicht in die Wohlfeilheit eines Symbolismus, der Leichtes mit Leichtem darzustellen sucht. Die gegebenen Eigenschaften eines Materials sind bedeutungslos, solange sie nicht überlegener Wille in kontrastierende Äquivalente verwandelt. Es lockt ihn, das gebrechliche Material mit ungeahnten Widerständen zu wappnen, in die Willkür des farbigen Duftes Ordnung zu bringen, mit dem Staub der Blumengefäße Wucht, Schwere, Größe zu erzeugen. So wird das Leichte zum Wunder. Aus den Spuren eines das Papier kaum berührenden Stiftes, aus Flächen, die der Atem verweht, entstehen pathetische Klänge. Wir sind nahe daran, alles Technische zu vergessen. Aus der Essenz unzähliger Analysen baut der Psychologe seine Anschauung auf, auch sie in grellem Widerspruch zu allem Lieblichen und Leichten. Grimmiger Trotz spricht aus der Anatomie. Keine Kalligraphie, keine tänzelnde Linie, nichts von Japan, nichts vom Dix-huitième. Wo wirklich einmal eine ganz gerundete Form das Auge besänftigt, kann man sicher sein, gleich daneben Risse und Klüfte zu finden. Im Rausch prunkender Farbe schält sich der Klassizist. Bürgerliches Biedermeiertum sinkt zu Boden, aufsteigt die Gotik. Steile Gotik, ohne gotische Linie, straffer, gezackter, düsterer, als je einer der Primitiven Frankreichs, in denen immer ein Lächeln versteckt bleibt. Gotik ohne Inbrunst. Selbst im Rausch ist er kalt. Er entfacht flammende Farben, aber bleibt unberührt bis zur Grausamkeit. Schon in Ingres ahnt man zuweilen unter lauem Haremsduft die Kälte, unter weichen rundlichen Formen gefühllose Härte. Degas stößt alles Weiche von sich. Er faßt das Gelenk, nicht das Fleisch. Die Puppen, die sich bei Ingres wollüstig aneinanderschmiegen, tanzen bei Degas an strammen Fäden, und die Bewegung ist Totentanz. Kein Laut kommt aus den mumienhaften Gesichtern. Knochen grimassieren, Rücken beugen sich ächzend, Arme schreien, Beine winseln, während der dumpfe Mechanismus der Bewegung weitergeht. Frauen mögen sich vor Degas fürchten, wie jede vor Renoirs Bildern vertraulich lächeln wird. Ein anderes Bild des ewig Weiblichen. Doch strotzt der Hasser von Fruchtbarkeit. Der Schmerz der stumpfen Kreatur lodert in Farbe. In greller Nacktheit leuchtet das Menschentier. Das Finstere wird Tiefe mächtigen Akkords.

Die Farbe rührt von keinem seltenen Pigment her, sondern ist feuriger Fleck. Wohl doch ein Delacroixhaftes in diesem Ingres-Schüler. Sie verschönt nicht, glättet nicht, heuchelt nicht, will keine Wirklichkeit täuschen. Das Unwirkliche wird Erscheinung. Wohl eine Anatomie, aber eine aus visionären Knochengerüsten, aus nichts weniger als anatomischen Teilen, aus gehäuften Gegensätzen. Es gleißt in den Klüften und Rissen wie verwittertes Gestein mit blinkendem Erz, wie ungeheure Flügel tropischer Falter, in deren Staub Sonne nistet, wie die gefleckten Zungen geschlängelter Orchideen, wie Haut der Tintenschnecke und Haar der Samtraupe. Mikroskopischen Pilzen ähnlich, riesige Flächen bedeckend, wuchern Blau, Violett, Purpur, das Orange, das helle Grün, das Rosa. Ein Fäulnisprozeß zersetzt sie zu seltenen Tönen. Aus dem prunkenden Morast tönt flehend die trunkene Versucherin des heiligen Antonius an den Tod: Féconde ma pourriture!

Die Ornamentik mildert und erhöht. Der Eindruck weitet sich, verschlingt das Kleine. Wo wäre noch Platz für die Winzigkeiten des Malers? Das Milieu der Puderdosen und Schminknäpfchen sinkt in die Unterwelt, und heraufsteigt eine aller Mobilien ledige Bühne, mit Farbenwellen als Kulissen. Nun erst wirkt das Schematische der Bewegung und der Ausdruck der Geste, der früher im luftleeren Raum verpuffte. Aus aufgerissenen Mäulern und gespreizten Gliedern werden Gefäße der Pracht. Das, was sie früher waren, als sie abgelegene Stellen modernen Lebens schilderten, gleicht dem Metall, aus dem ein Bildhauer Symbole des Kults gestaltet. Nun erst gewinnt der Parallelismus der Gliederreihen vervielfachende Kraft. Die Wiederholung ist notwendig, um uns die Macht des Typs ertragen zu lassen. Es gibt späte Pastelle mit Tänzerinnen, die wie Fragmente enormer Friese wirken. Man könnte sich ein Pantheon so geschmückt denken. Die Balletteusen hören auf, Tänzerinnen zu sein, wie die reitenden Krieger des Pantheonfrieses ihre Gegenständlichkeit aufgeben und zu Dienern der Gottheit werden. Die vier Leisten des Rahmens um die Wesen unseres Zeitgenossen vergrößern noch ihre Mystik. Es gibt drei große Pastelle bei Durand-Ruel, jedes mit drei Tänzerinnen in verschiedenen Stellungen. Das eine rosa, feuerrot und smaragdgrün, das zweite blau, violett und hellgrün, das dritte orange und violett. Alle drei also ganz verschieden voneinander. Dazu hingen sie nicht zusammen. Bilder von Renoir und anderen trennten sie. Trotzdem machten sie den Raum zu ihrem Eigentum. Wenn man halb die Augen schloß, schien jedes Bild zu wachsen, die Tänzerinnen vermehrten sich, die einen umschlangen die anderen. Die Wände wuchsen, und das ganze Zimmer wogte im Takt der Tänze. Dabei sah man in den Bildern kaum etwas von einem eigentlichen Tanze, kaum von den Tänzerinnen. Es waren mehr farbige Gebärden als Menschen. Das Fleisch — das, was man als Fleisch nehmen mußte — bestand aus abnormen Poren, ähnlich der Borkenrinde von Bäumen im Urwald. Die Kleider — der Begriff der Kleidung kommt mir erst jetzt — waren Schuppen der Feuersalamander. Nichts Menschliches bot sich dem Vergleich. Doch hatte die exotische Farbenpracht an dem seltsamen Eindruck nur mittelbaren Anteil. So erhaben mußten sich diese Gebärden schmücken. Diese waren das Hinreißende. Sie wurden dem Auge vertraut, ohne sich deuten zu lassen. Alle gewohnten seelischen Beziehungen schieden aus. Das Vertraute war eher das Seelenlose der Gebärde, in der sich die unsere erkannte. Die Pracht gab unserer Seelenanmut hieratische Feierlichkeit.

IX

Das letzte Jahrzehnt Degasschen Schaffens, das etwa die Jahrhundertwende umfaßt — die letzten Lebensjahre hat er nicht mehr gearbeitet — bringt noch eine Wendung. In der Jugend des Malers regierte das zeichnerische Element auf Kosten des Farbigen, und der Despotismus hinderte den Klang. In den Pastellen, in den besten, ist Zeichnung und Farbe eins, und die Vision vollkommen; alle Hemmungen werden von dem Farbigen gelöst. In der Schlußperiode tritt die Farbe wieder zurück. Die letzten Pastelle haben nicht die phantastische Pracht der Blätter vom Ende der achtziger und vom Anfang der neunziger Jahre, sind Zeichnungen, die der Farbenstift hier und da spärlich schmückt. Aber die Einwände, die früher gegen die ungleiche Verteilung sprachen, haben jetzt keine Geltung mehr. Den mit Strichen gegebenen Ausdruck vermöchte kein Pigment, kein Raffinement des Technikers zu erhöhen. Die Fülle der Erscheinung gibt ihm das Farbige. Wir nehmen die wenigen Flecke von Grün oder Gelb oder Rot, die zuweilen neben dem Schwarz stehen wie Reste einer Bemalung, die in früheren Zeiten einmal Antiken, als sie noch intakt waren, deckten, freuen uns an dem Reiz des Überbleibsels, aber denken nicht weiter daran. Die Macht der Formen verschlingt sie. Das Einfache dieses Degas übertrifft den Symphoniker. Es ist schön, daß er uns auch die andere Art schenkte. Vielleicht bedurften wir der Lockung seiner märchenhaften Bühne, um ihm auf dem letzten Stück zu folgen. Von hier aus gesehen, verliert die Bühne ihren Glanz. Die farbenreichsten Pastelle erscheinen neben den letzten Blättern wie Träger eines Rausches, der uns verwirrte, schwächte. Wir fühlen uns in höherer Wirklichkeit.

Vollard besaß noch vor kurzem eine Serie von Pastellen und Zeichnungen aus der Zeit zwischen 1895 und 1905. Die Tänzerinnen sind unbekleidet. Es ist eine Danseuse à la barre darunter in fast genau derselben Stellung, wie die zur Rechten stehende Balletteuse des berühmten Bildes bei Rouart. Auch eine

Répétition de danse mit splitternackten Figuranten in den bekannten Posen, und eine jener Gruppen von Tänzerinnen, die auf den Bildern nahe bei einer Kulisse zu stehen pflegen, ebenfalls nackt. Mit dem Flitter fehlt viel, sogar etwas von der Degasschen Grazie. Die Hand des Alten ist nicht mehr geschmeidig, das Auge unscharf, und die Lust an dem Spiel hat nachgelassen. Das Nackte hat etwas von den Blößen eines alten Mannes. Manches Harte kommt zum Vorschein. Das Fragmentarische verbirgt sich nicht mehr. Man ahnt die Sprödigkeit eines Temperaments, das sich an vielen Widerständen rieb, die Armut einer im Grunde immer unfrohen Seele. Aber in den Blößen spricht der Stolz eines Menschen, dem die Welt nicht mehr wert genug ist, um ihr eine stolze Allüre vorzuspielen. Man denkt an einen Büßer in härenem Gewand. Die groben Striche der Kohle sitzen wie Striemen der Geißel auf dem Weiberfleisch, das ihn einst versuchte. Rembrandt gewann aus den Gebrechen des Alters die Formen geistiger Macht.

Die mäßigen Bilder aus der frühen Zeit sind berühmt. Die Werke der Reife haben keine Namen. Ich erinnere mich, ein großes Bild mit Tänzerinnen Mitte der neunziger Jahre bei Degas gesehen zu haben. Zu dem gehört die mit wenig Farbe erhöhte Zeichnung mit den vier oder fünf nackten Halbfiguren bei Vollard. Sie ist wohl etwas später entstanden, wenigstens wirkt sie wie ein Extrakt des Bildes. Es wimmelt in der Gruppe von Köpfen und Armen, die sich übereinanderstellen, von gespitzten Ellbogen, gezackten Profilen. Nichts Weiches und Rundes im Detail, keine schöne Phrase. Eine Steinmetzhandschrift. Und wunderbar, wie der Rhythmus das Spitze und Abgehackte rundet, wie die kühnen Wölbungen der Leiber durch dieses Gewirr hindurchgehen, aus den Verschränkungen und Verschlingungen vieler Körper ein einziger sich bildet, ein rätselhafter, eine zitternde, sich bäumende, schwebende Masse; ein Ornament, voll von der Mystik räumlicher Gebärden wie in Domen alter Epochen, wo Mosaiks mit Heiligen zwischen Pfeilern und Spitzbogen fragen, und glühende Fenster, vom Gebälk des Tabernakels durchschnitten, Antwort murmeln. Eine Architektur, befreit von allen stilistischen Floskeln. Kein Glied, kein Umrißbruchteil wird dem Abstrakten geopfert. Nichts Flächiges drängt die Fülle zurück. Man hat alle Dimensionen vor Augen. Die Reihe dringt in die Tiefe und schwingt gleichzeitig als Flächenornament. So wird das alte Bild, das ein Loch in die Natur war, überwunden.

Es bedarf nicht der Reihen. In einem Körper werden Raum und Fläche zu Vielheiten mannigfachster Art, die sich im Fluge einen. Das sich kämmende

Mädchen der großen Zeichnung, in der Sammlung v. Friedländer, Berlin, scheint von dem Schwunge eines Bogens geboren. Es kämmt sich wirklich, obwohl es einem von einem fernen Stern fallenden Geschöpfe gleicht, dessen Linien von der Bewegung des Falls zusammengedrängt werden, kämmt sich wie jede Frau, obwohl es ganz irreal ist, ein Tropfen im Raume.

Der Glanz des Zieles vergoldet den Kampf, der darum geht. Die unvollkommenen Resultate des noch schwankenden, noch ringenden Degas werden von dem Nimbus seiner Höhe getroffen, auch die allzu fertigen Bilder der siebziger Jahre, deren Vollendung nie die Größe der Fragmente erreicht. Zurückblickend erkennt man in manchen Bildern, in denen das Genre überwog oder der Materialismus den Umfang beschränkte, Vorbereitungen für die Reife. Die zahllosen Tänzerinnen und Jockeis erhalten nachträglich einen Sinn. Sie dienten der Ausbildung des Typs. Die ganz flach gemalten Wäscherinnen mit den Tragkörben, von 1879, zwei kongruente, nur entgegengesetzte Gestalten, sind eine Station auf dem Wege zu einer modernen Flächendekoration. Sie könnten als erstes modernes Plakat vor der Schrift gelten. Die Serie der „Plätterinnen" enthält ähnliche Hinweise. In dem Bild bei Durand-Ruel, das aus 1882 stammen soll, führt der verhaltene Stil über den Realismus hinweg. Die beiden Frauen bügeln ihre Herrenhemden seit Jahrhunderten. Der große Tänzerinnenfries bei Max Liebermann ist bereits Dekoration nicht gewöhnlichen Grades.

Diese Eigenschaft seiner Kunst enthüllt eine letzte Klippe. Degas hatte im entscheidenden Moment die heute universelle Alternative vor sich: Naturalismus oder Mache des Dekorateurs. Die Entscheidung bedrohte alle Meister seiner Zeit, als der Impressionismus aus der Tradition hinaus ins Freie trat. Nur die Dekoration konnte Maler, die einem physiologischen Phantom nacheilten, abhalten, sich ganz in Flecken aufzulösen, und sie schien ihnen in diesem Augenblick so neu wie vorher die Sonne. Außerdem konnte sie ihnen die Ablösung der Ansprüche der Allgemeinheit bedeuten, über die man bis dahin rücksichtslos hinweggegangen war. Die Landschafter im Kreise Monets hielt die Doktrin zurück. Sie hatten keine Linien für das notwendige Gerüst der Dekoration, und ihr Pantheismus verbot ihnen, sie zu suchen. Renoir und Cézanne waren gefährdeter, und wir wissen, daß das Problem ihnen schwere Kämpfe bereitete. Die Stärke ihrer Vision trug den Sieg davon. Für Degas war die Linie Ausgang und Resultat. Keinen hatte wie ihn das eng begrenzte Objekt gefesselt. Um so lockender mußte dem Befreiten die Lösung erscheinen. Der Greis durchschaute die Gefahr und verzichtete auf den Farbenrausch.

Über dem Dekorativen war das Monumentale. Sein Letztes war der Griff nach dem Höchsten. Es ist Griff, ein Voluisse in magnis, geblieben. Wie könnte Artistentum, und wäre es noch so geläutert und diszipliniert, der Mensch ohne Gott, den heiligen Tempel errichten!

Viel Verzicht ist in dem Werke, viel Suchen, viel Irren. Es endet, wie es begann. Ein paar schwarze Linien enthielten das versteckte Versprechen des Ingres-Schülers, ein paar schwarze Linien bringen die Erfüllung, aber die letzte Erfüllung bleibt auch nur höheres Versprechen, Greifen nach einem Unerreichbaren, geschleuderte, gebrochene Gebärde. Gilt das Resultat viel oder wenig neben dem der großen Genossen? – Die Frage beantwortet sich, bevor sie gestellt wird. Es ist vor allem anders. Der Outsider erreichte alles, was mit Intellekt und Willenskraft zu erreichen war. Die gewachsene Rundheit eines auch in schwachen Teilen gesunden Organismus blieb ihm versagt. Seiner Welt fehlen Jahreszeiten, Klima. Der Vorteil des Einzelnen schmälert das Ganze. Es hat zu wenig dem Ausgleich dienende Teile. Die Anstrengung füllt sich aus früherer Anstrengung mit krampfhaften Impulsen und läuft auf schmalem Pfade in eine gebogene Spitze aus.

Im Menschen Degas wirkte das Urbild alten Meistertums. Er sah so aus und hat immer so gehandelt. Sein Anstand, den wir heute, gereinigt von aller Zufälligkeit, erblicken, hatte Linie. Nie vermochte vorzeitige Berühmtheit, mit der seine Epoche ihn vor allen anderen auszeichnete, sein Auftreten zu bestimmen. Er blieb geflissentlich im Hintergrund, weniger aus Bescheidenheit als aus Stolz, aus unbestechlicher Einsicht in die Unzulänglichkeit des Forums. Seine Selbstkritik war fanatisch wie das Urteil über seine Mitwelt. Wenn immer im Alter frühere Werke in seinen Bereich kamen, tat er alles, um ihrer habhaft zu werden, und ließ es auf das Schlimmste ankommen, um zu behalten oder zu zerstören, was sich nicht mehr verbessern ließ. Als ihm nach der Vente Rouart ein Bekannter zu dem beispiellosen Erfolg Glück wünschte, stach sein gespenstisches Lachen den Verdutzten nieder. Die Forderung einer bis zum Krankhaften gesteigerten Noblesse, die sich unter den Launen verbitterten Junggesellentums verbarg, vertrieb die Menschen aus seiner Nähe. Er hat die Forderung in einem exemplarischen Dasein erfüllt.

Den blanken Ehrenschild eines alten Meisters hält ein im Grunde ausschließlich auf seine Zeit gestellter Künstler. Das ist seine Tragik. Er haßte seine Epoche, weil er ihr Zeichen auf seiner Stirn spürte, weil sie ihn, gerade ihn, der nichts von ihr wissen wollte, zum Zerstörer der Vergangenheit wählte.

Mehr als die anderen, deren Art loser erscheint, ist er der Neue. Neuheit ist immer Fragment und Übergang. In Manet und Renoir, selbst in dem konsequentesten von allen, in Cézanne, umgibt die Tradition das Eigene dichter als die Schale den Kern. Alles ist alt in ihnen, alles ist neu. Das Traditionelle tritt, je tiefer wir in sie eindringen, immer deutlicher hervor, während es in Degas, der sich krampfhaft daran klammerte, nahezu verschwindet. Er war bestimmt, gegen das zu kämpfen, was anderen Schutz und Heimat war. So entging ihm der Segen des Erfinders, der mit dem eigenen Wert viele andere Verschüttete erweckt. Degas entdeckt das absolute Novum der Zeit. Wir können bei Manet und Renoir sagen: so möchten wir sein. Cézanne rettet einen Hauch des hochgemuten Idealismus Delacroix' in seine Mystik. Den Landschaftern färbt ein Optimismus die Bilder. Bei Degas heißt es: so sind wir. Damit sei nicht sein Objekt gemeint, sondern sein Stil. Die Schärfe, mit der er unsere Nacktheit durchdringt und vergrößert, ist Teil unserer selbst. Unerbittlich wie die gerade Linie, der Delacroix widerstand, die Baudelaire, als er Delacroix pries, fürchtend voraussah, die Degas siegen ließ, steht sein Bekenntnis vor uns.

Eine neue Kunst zieht mit ihm herauf. Zu Füßen des Denkmals, das ihm zu errichten wäre, sitzen die seltsamen Gestalten der Forain und Lautrec, der van Gogh und Gauguin, jeder umgeben von zahlreicher Menge. Ein Picasso und andere krause Aktualitäten sind in der Schar. Die einen lernten von Degas die Kurzschrift ihrer Prosa, mit der sie von Paris aus Tagesgeschichte schrieben. Ihnen wurde die Aktualität zur Schranke. Die anderen, zuweilen waren es dieselben, verallgemeinerten das geradlinige Geäst und formten aus der eisigen Brunst des Verächters neue, heiße Symbolik. Schätze kamen dabei zum Vorschein. Wer stände nicht gebannt vor einer Arleserin van Goghs, dem fast gelang, das neue Heiligenbild zu formen, der sich mit rasendem Griff an Daumier, Delacroix hielt, um nicht von Neuheit aufgebrannt zu werden? Wen verlockte nicht Gauguins mystischer Taumel? Kein Nachfolger aber überwand vollkommen die Dürre des Bodens, der den Anfang gebar. Streng, wie er selbst war, haben wir zu sichten. Alle Folge ist flächig und linear. Mittelbar oder unmittelbar hängt jedes Ornament unserer Zeit, das sich nicht auf Archaismus stützt, mit Degas zusammen. Zu leicht löst sich der Kern aus der Schale. Wenn sich einmal der Glaube an den Ertrag unserer Dekorationsgelüste als Fiktion erweist, wird man die Ungerechtigkeit begehen, dem Einsamsten unter den Meistern unserer Zeit, der den profanen Vulgus haßte, vorzuwerfen, für die vielen geschaffen zu haben. Auch das ist seine Tragik, wie es van Goghs Tragik ist, von keinem der Einfältigen und Armen, von denen er sich Erneuerung der Menschheit versprach, für die er Bilder neuen Glaubens errichten wollte, begriffen zu werden und wiederum nur, heißer Liebe voll, für die weitere Erkaltung des Erdballs geschaffen zu haben. So gut wie einst die Dampfmaschine kam, mußte einmal ein Degas kommen. Er war der strengste Hüter der Tradition in unserer Zeit und ist ihr fruchtbarster Zerstörer geworden. Noch erregt uns das Ungewohnte seiner Genesis. Die Starrheit hat noch den Preis der Skepsis, des Verzichts, den Nimbus männlicher Selbstüberwindung. Doch sehen wir heute schon aus jenem Samen in dürrem Boden ein Kunstgebaren entsprießen, an dem der Klassizismus des abtrünnigen Ingresschülers verspätete Rache nimmt: ein letztes Akademikertum, das mit der kurzen Rechnung des Intellekts die ideologischen Reste der Vergangenheit verdrängt und die Form in Mechanik verwandelt.

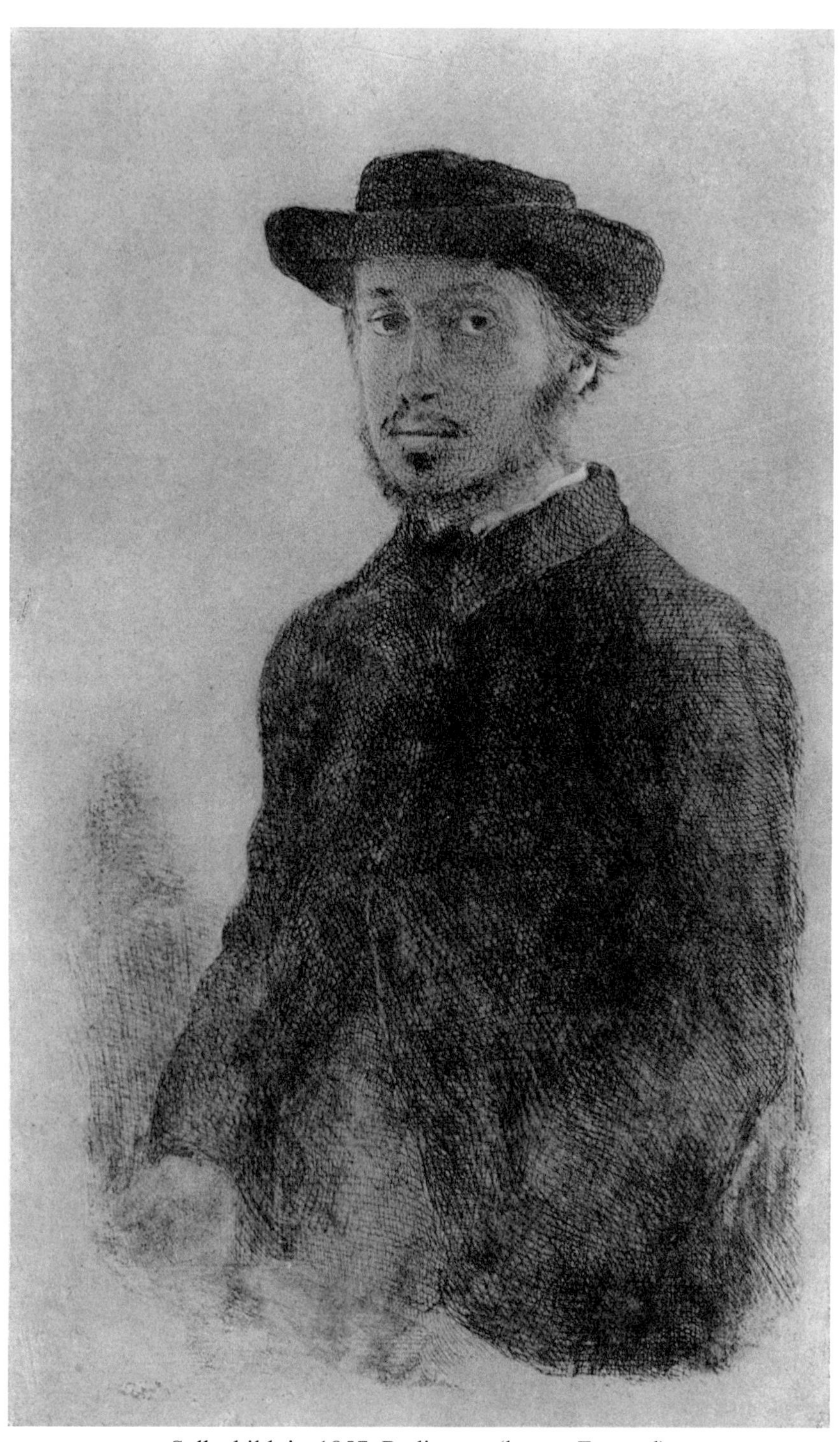

Selbstbildnis, 1857. Radierung (letzter Zustand)

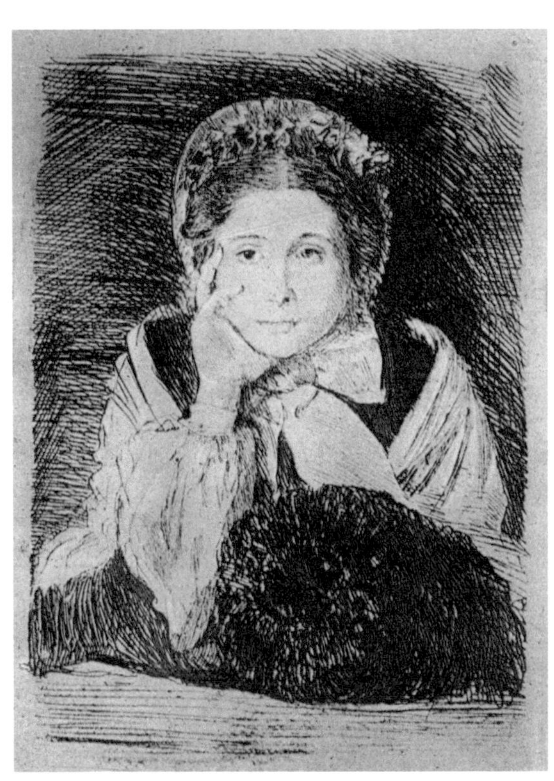

Jeane Demarsy, 1857. Radierung

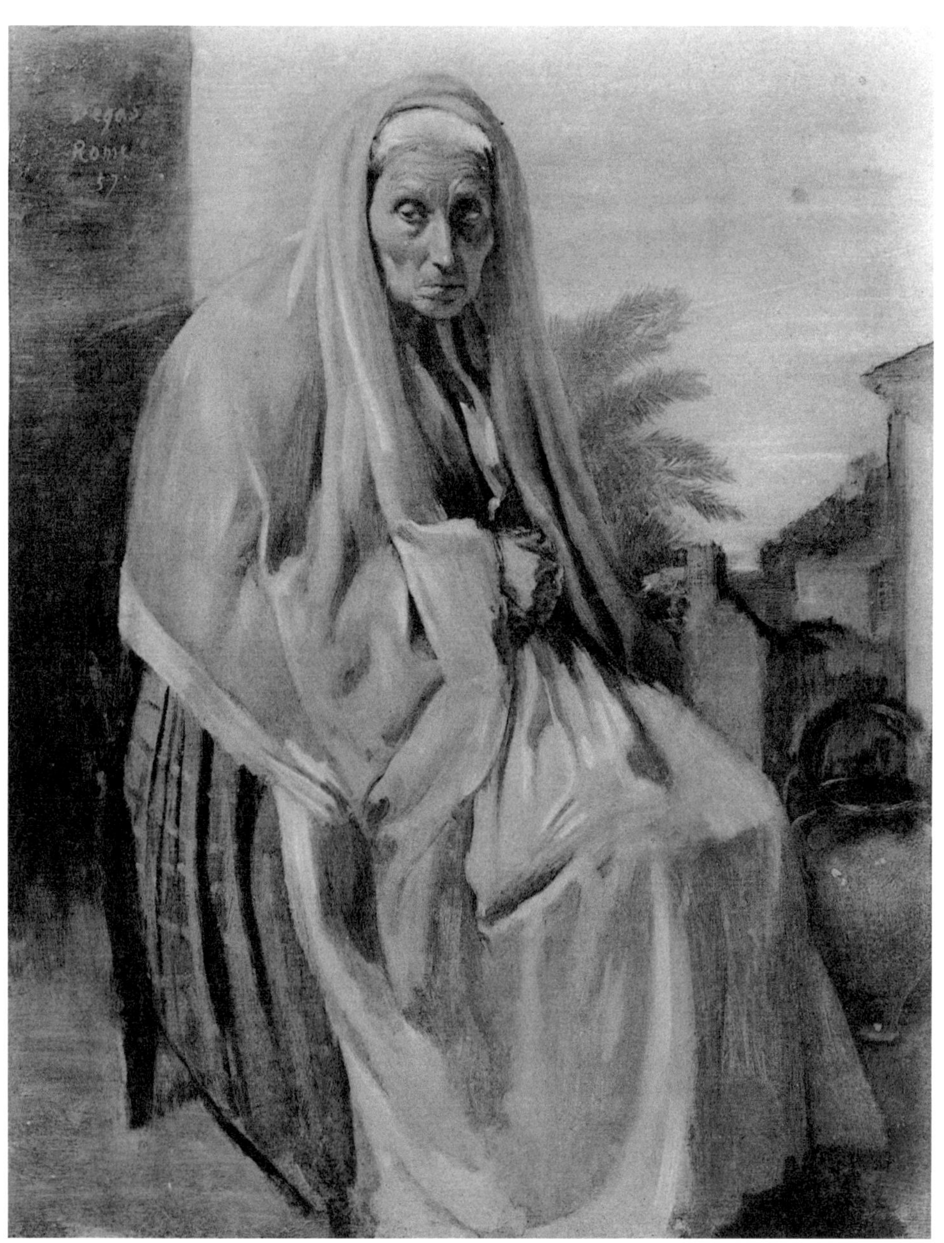

Die Frau mit dem gelben Tuch, 1857. Öl. 0,57 zu 0,61

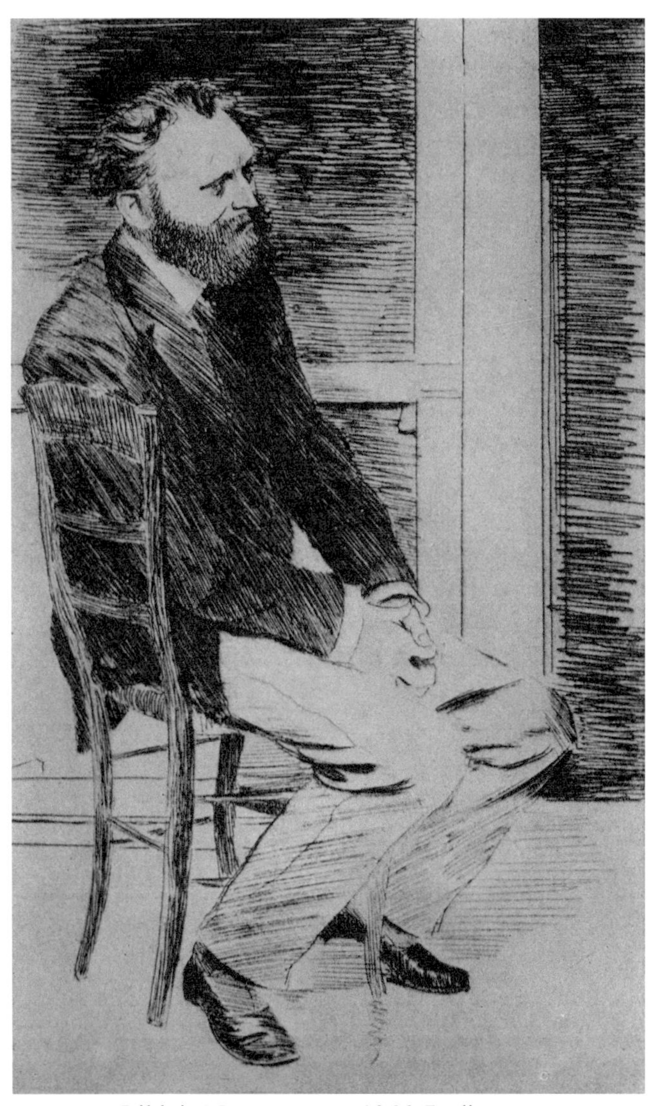

Bildnis Manets, gegen 1866. Radierung

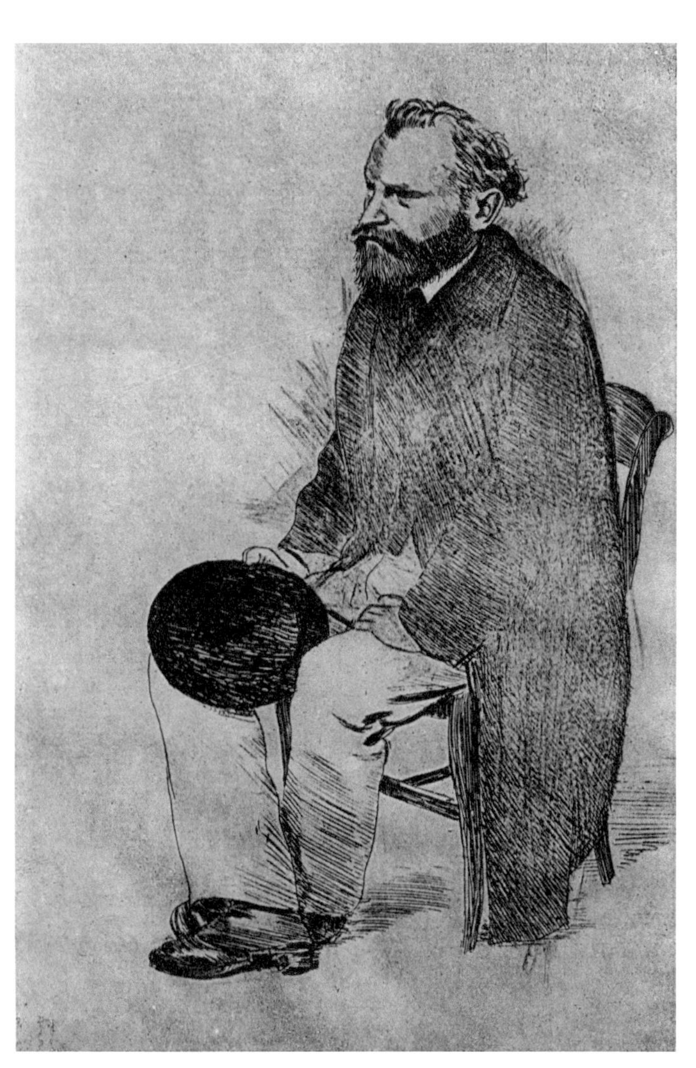

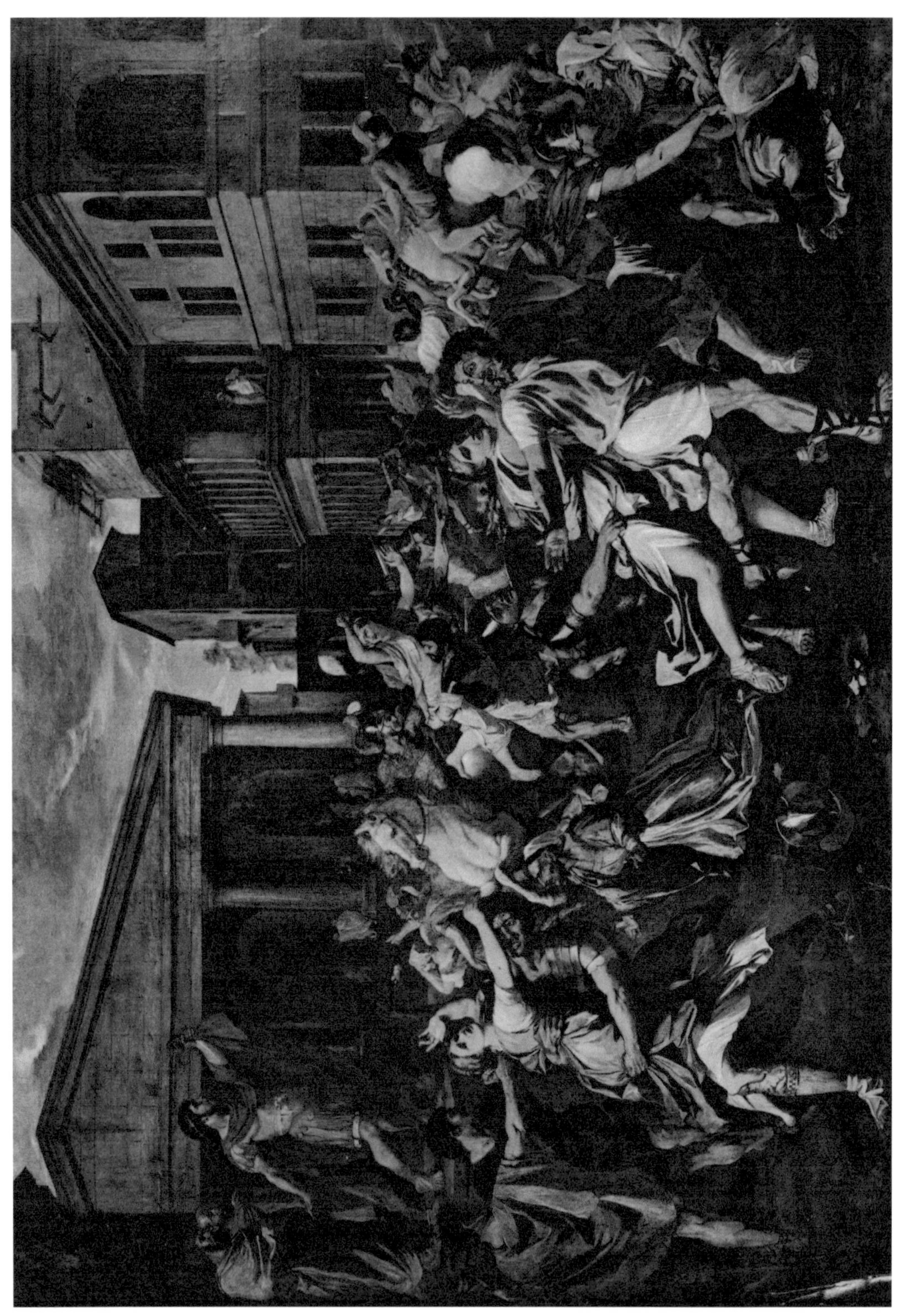

Kopie nach Poussins Raub der Sabinerinnen. Original im Louvre. Gegen 1870

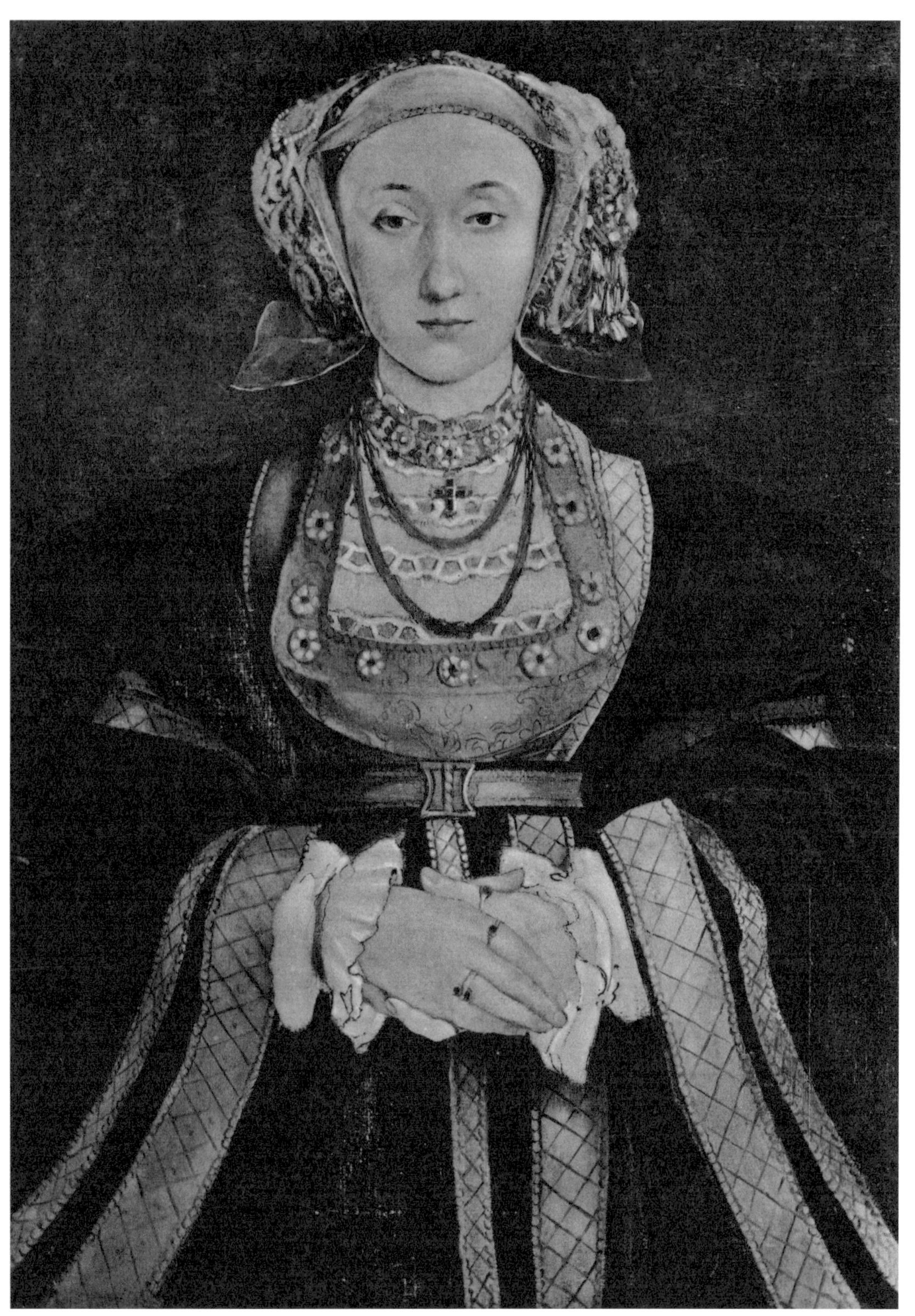

Anne de Clèves, nach Hans Holbein. Gegen 1860

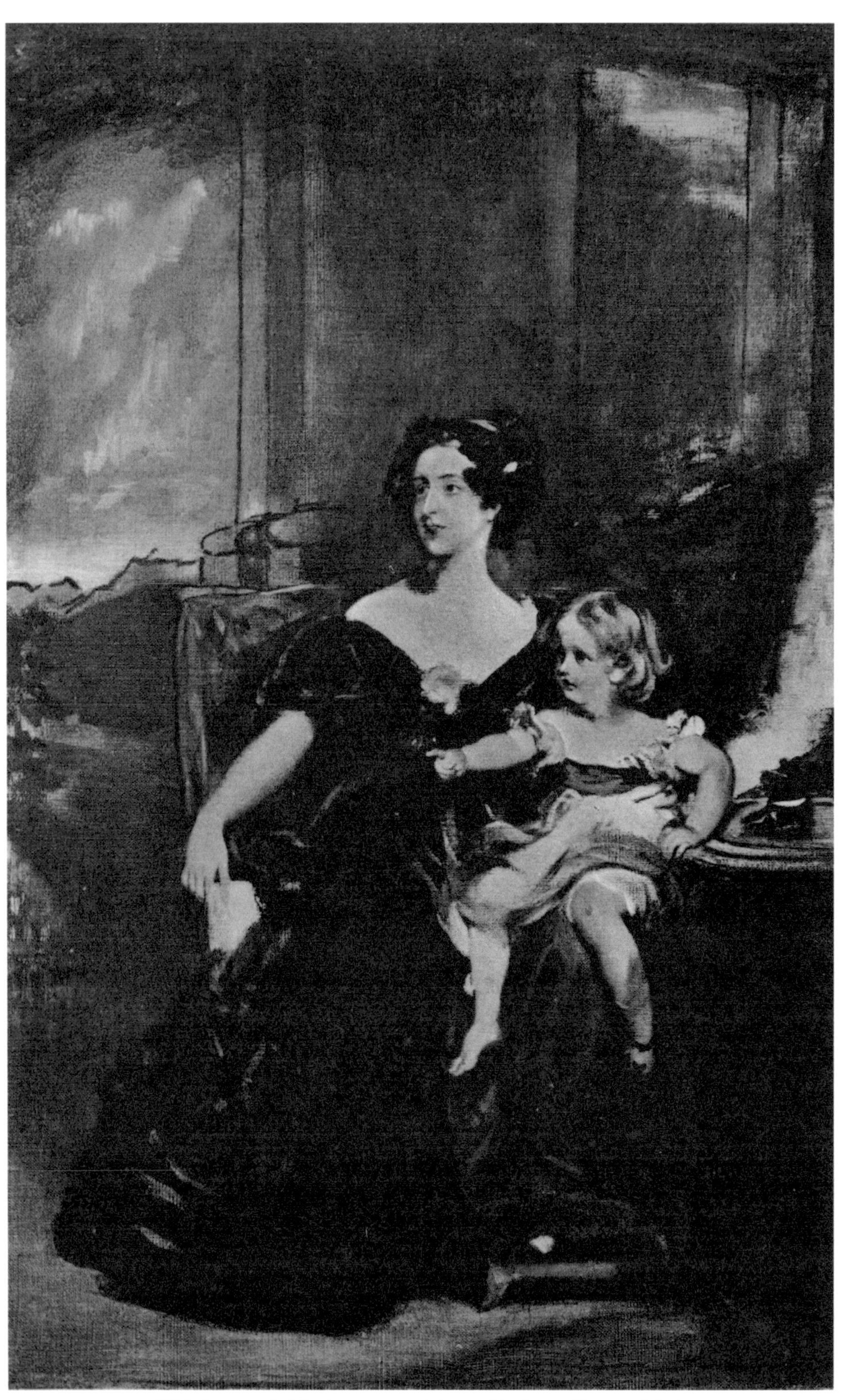

Bildnis der Gräfin Gower und ihrer Tochter. Gegen 1879

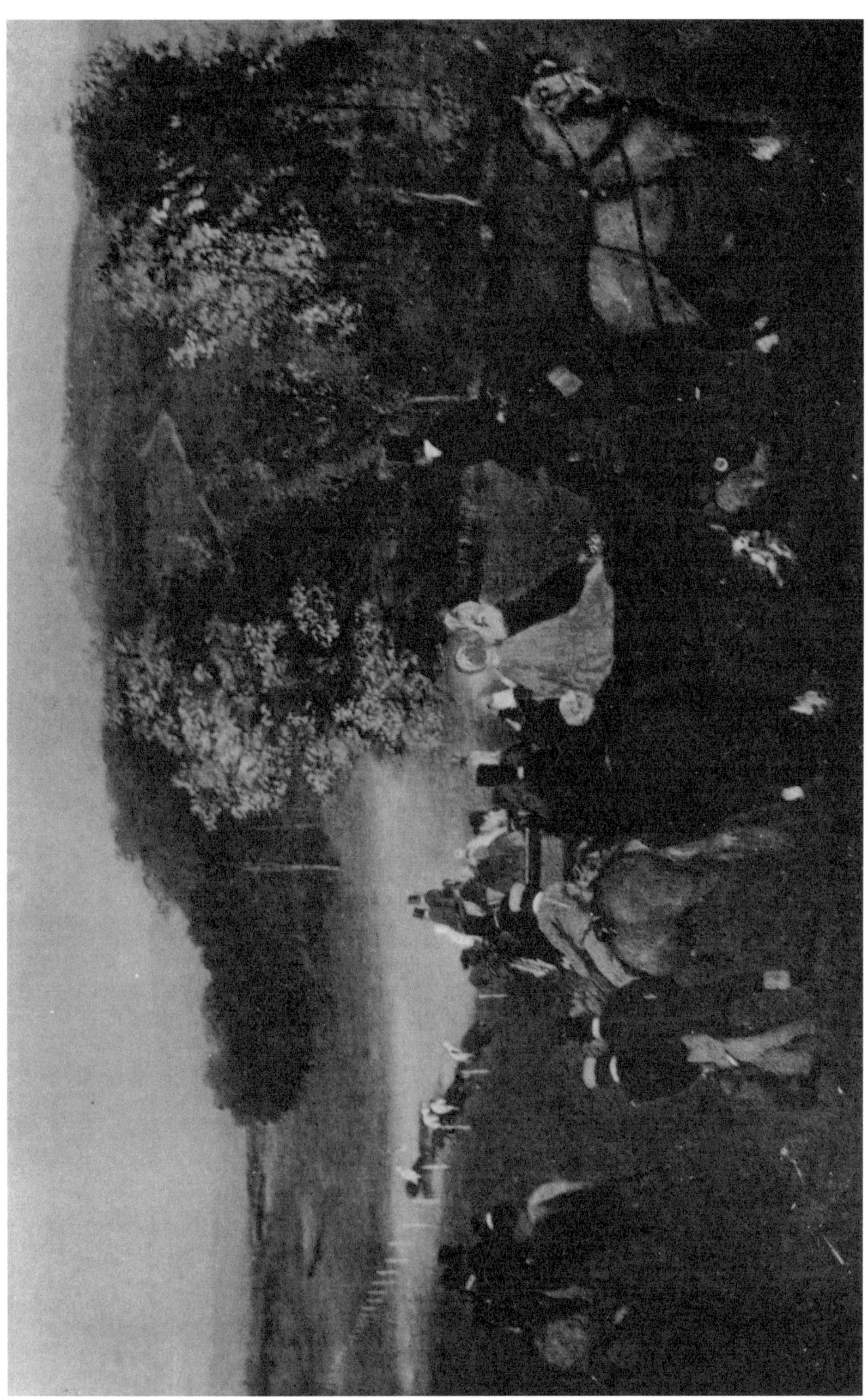

Das Rennen, gegen 1870. Öl. Kleines Format

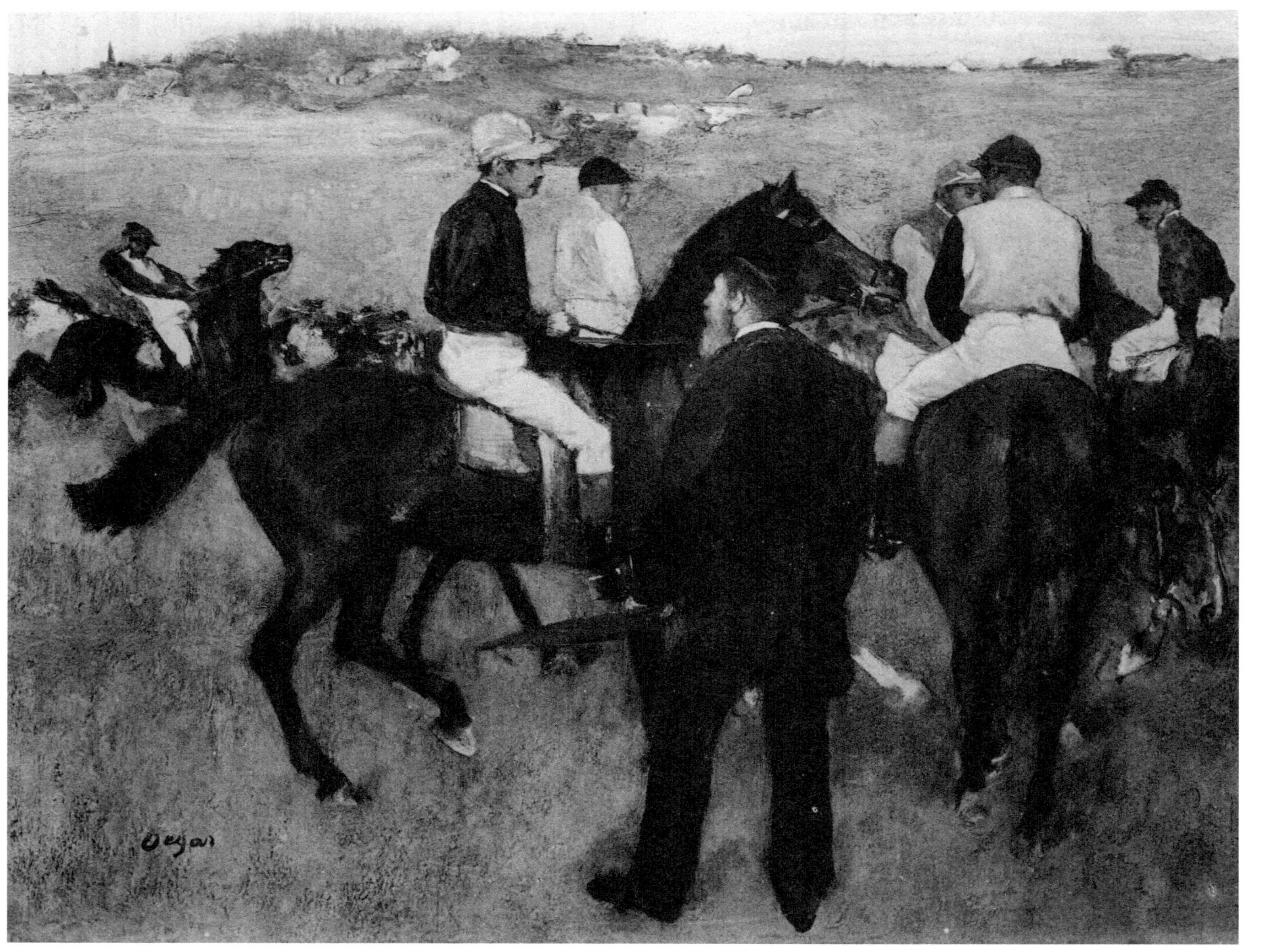

Rennpferde, gegen 1872. Öl. 0,32 zu 0,41

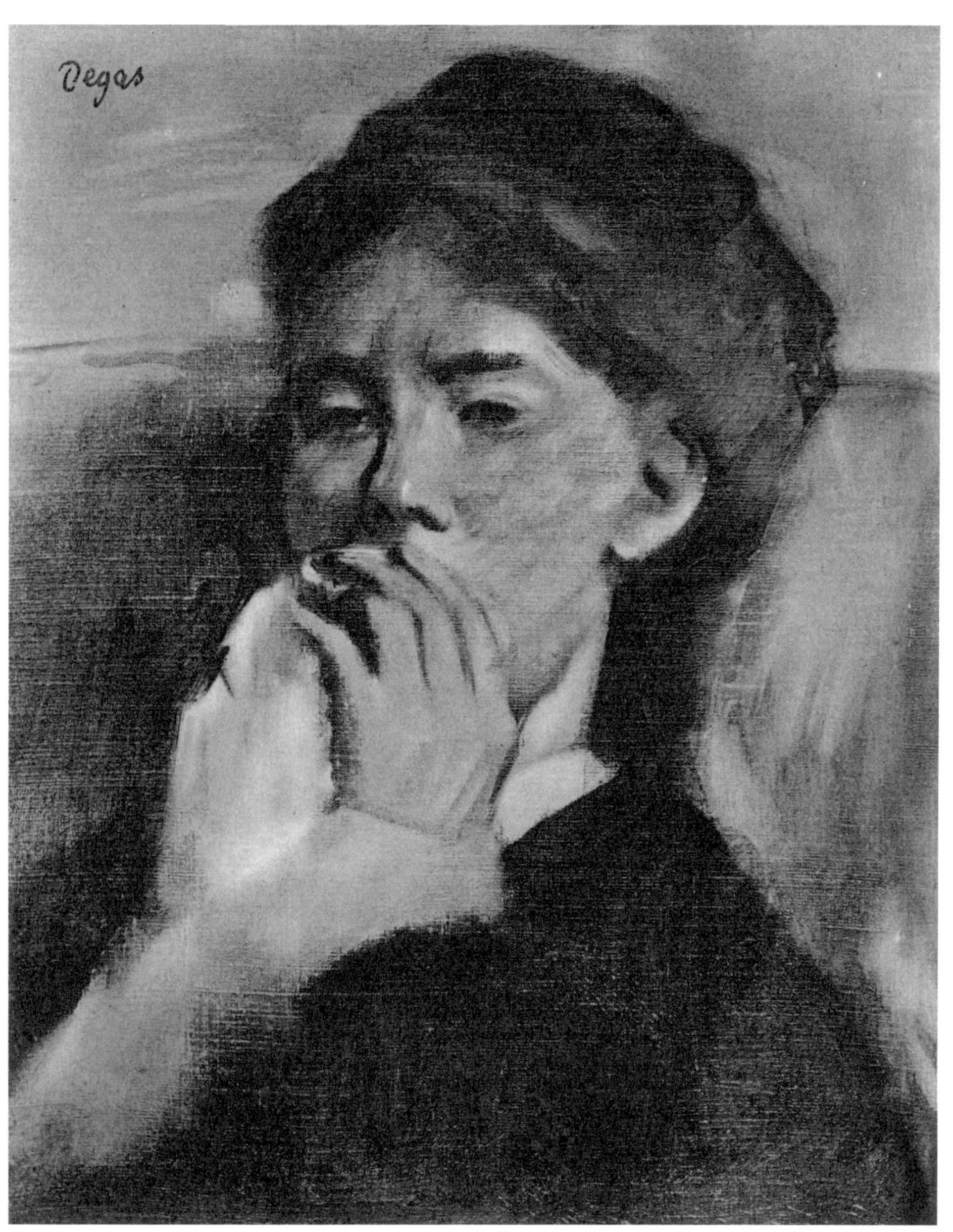

Studie, gegen 1872. Öl. 0,41 zu 0,32

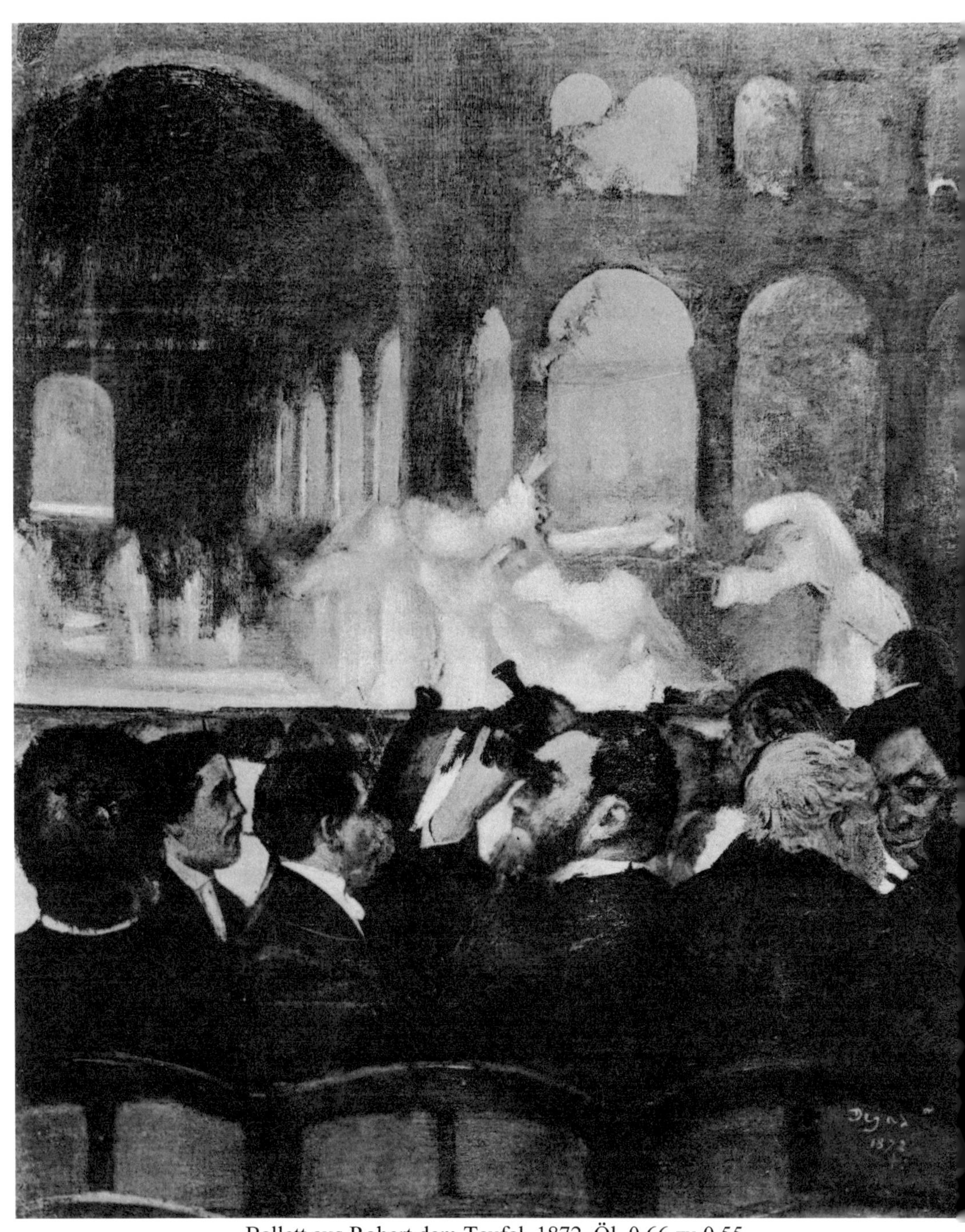

Ballett aus Robert dem Teufel, 1872. Öl. 0,66 zu 0,55

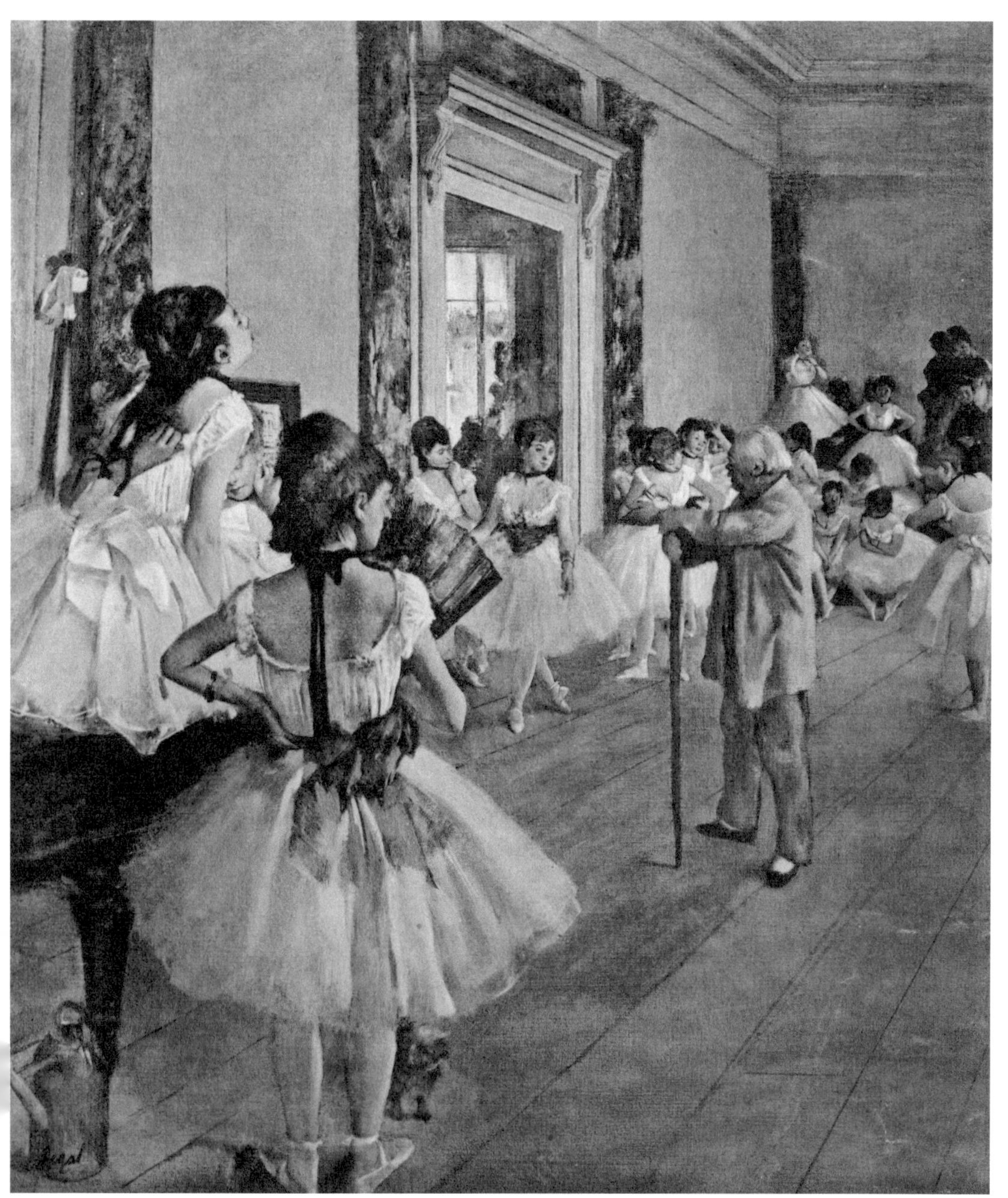

La classe de danse, 1872/73. Öl

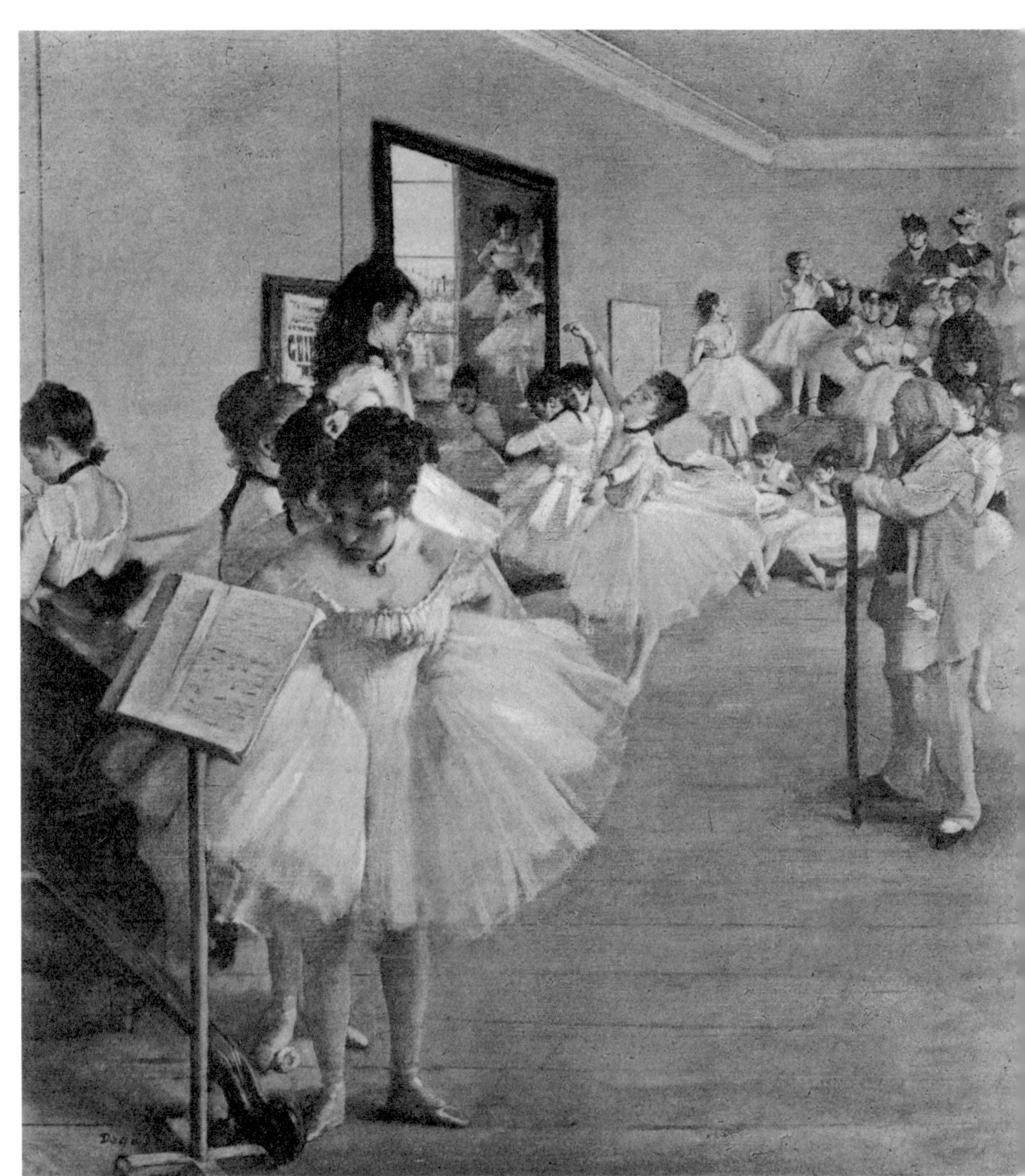

Die Tanzklasse 1872/73. Öl. 83 zu 76

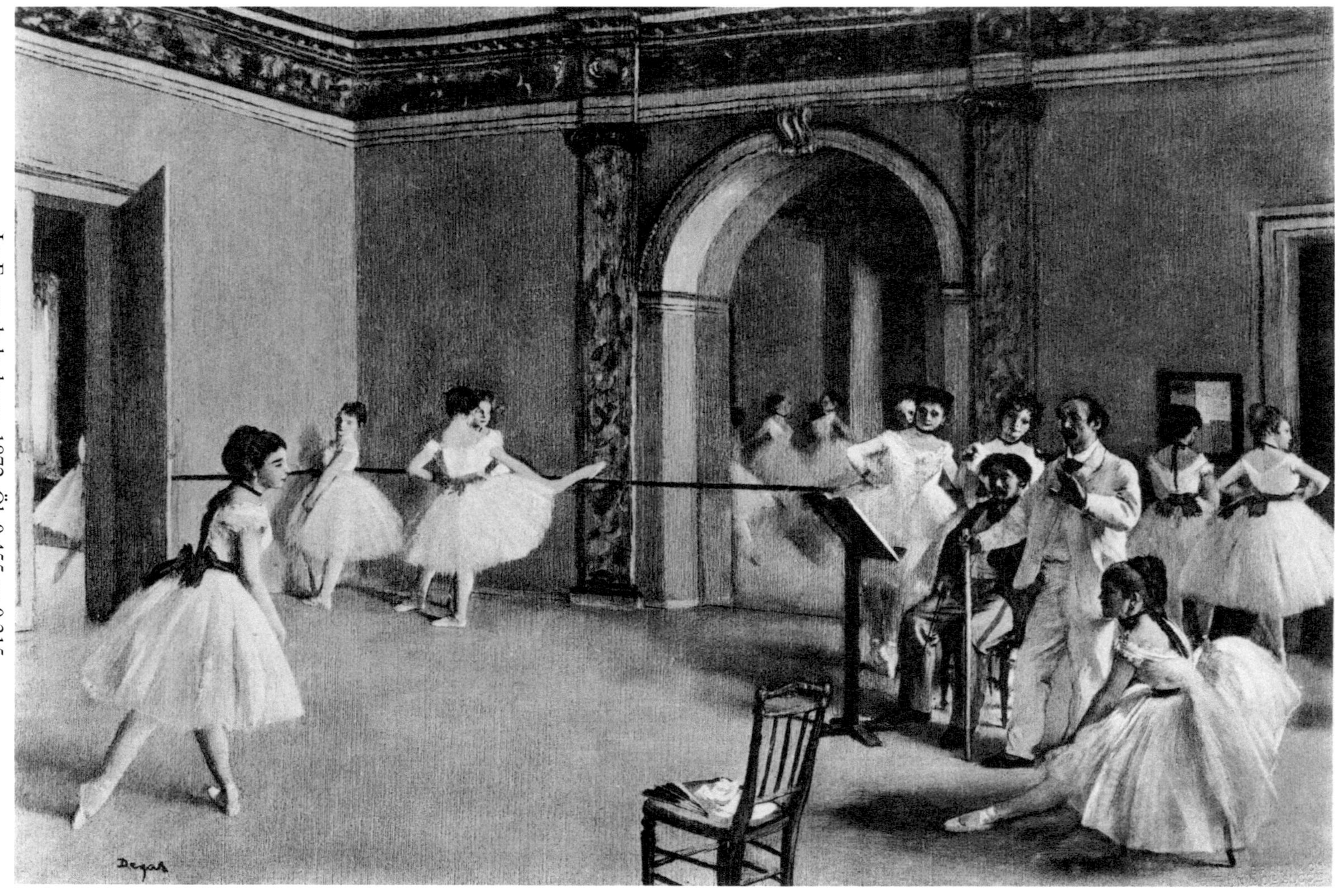

Le Foyer de la danse, 1872. Öl. 0,455 zu 0,315

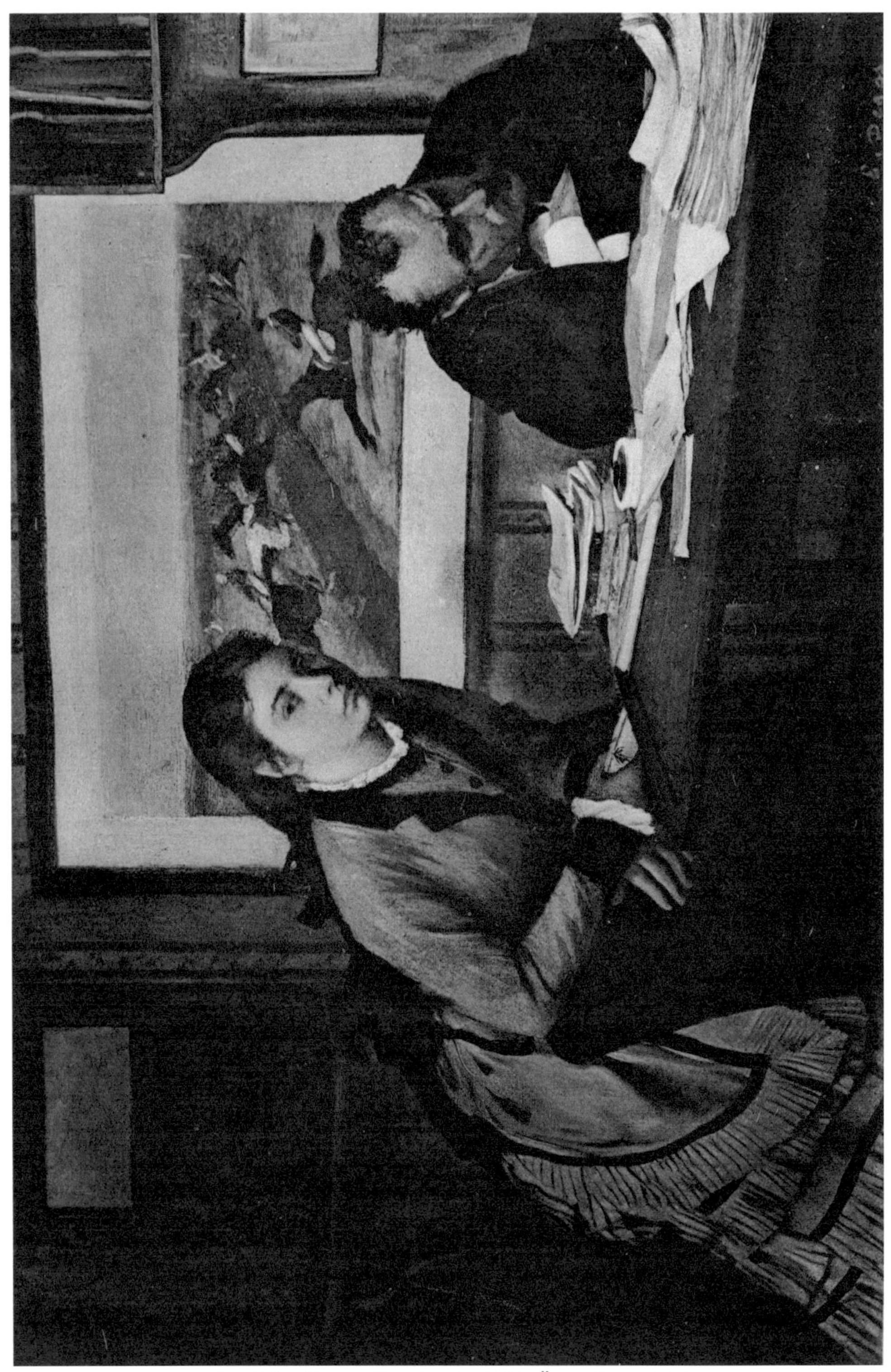

Häusliche Szene (Bouderie), 1872. Öl. 0,32 zu 0,46

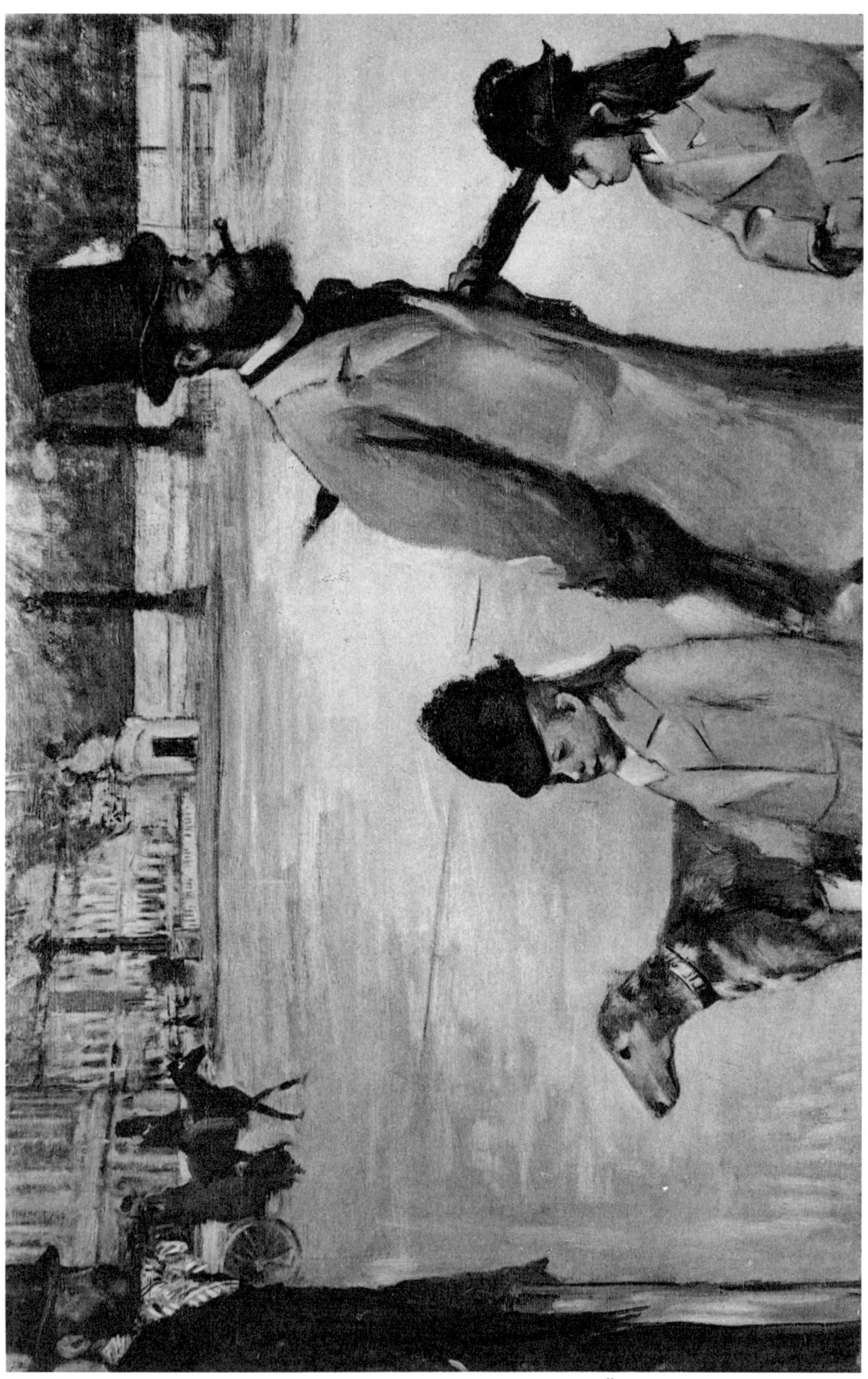

Place de la Concorde mit dem Cte. Lapic, 1873/74. Öl. 0,79 zu 1,18

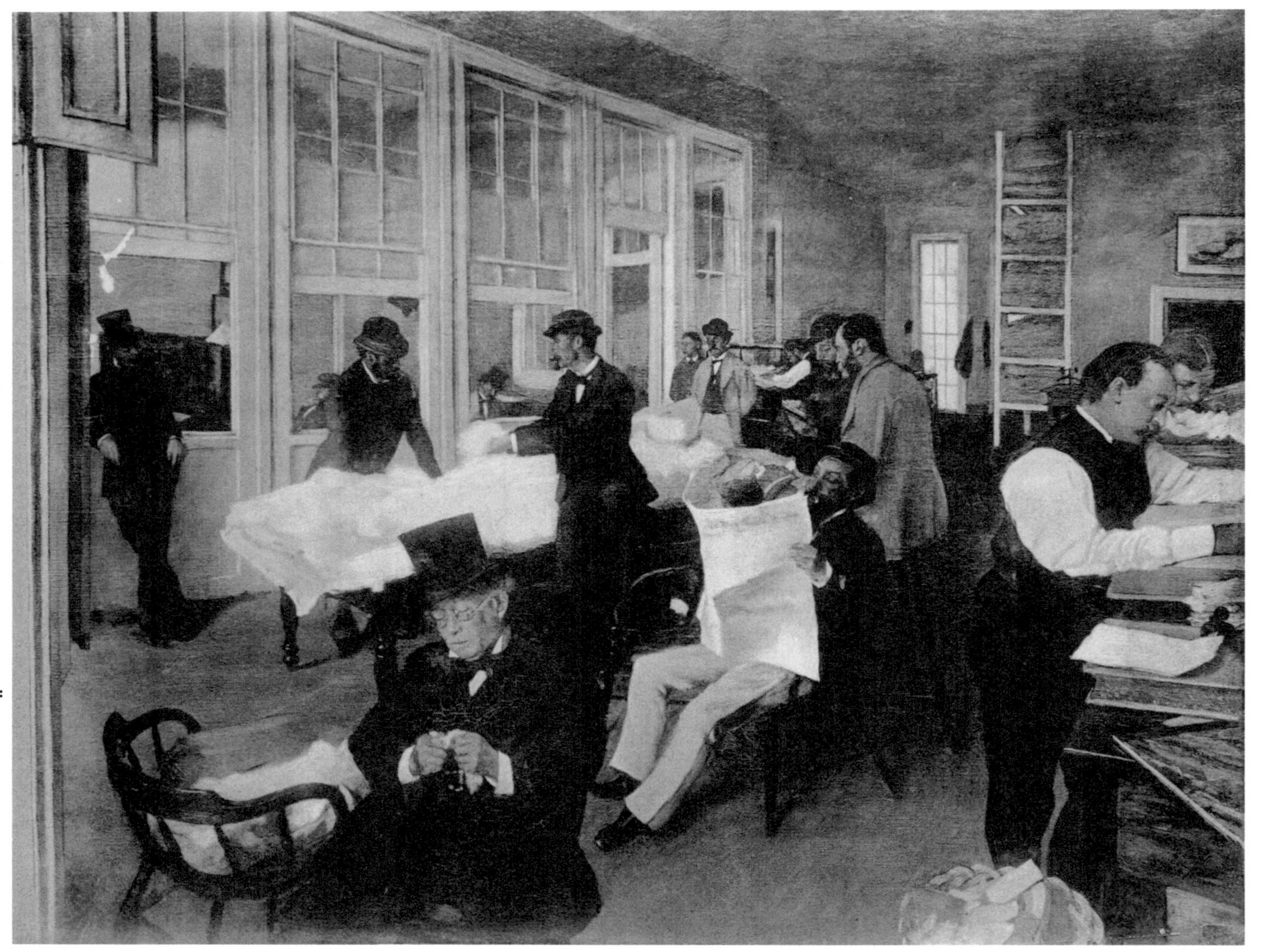

Die Baumwollfaktorei in New Orleans, 1873. Öl

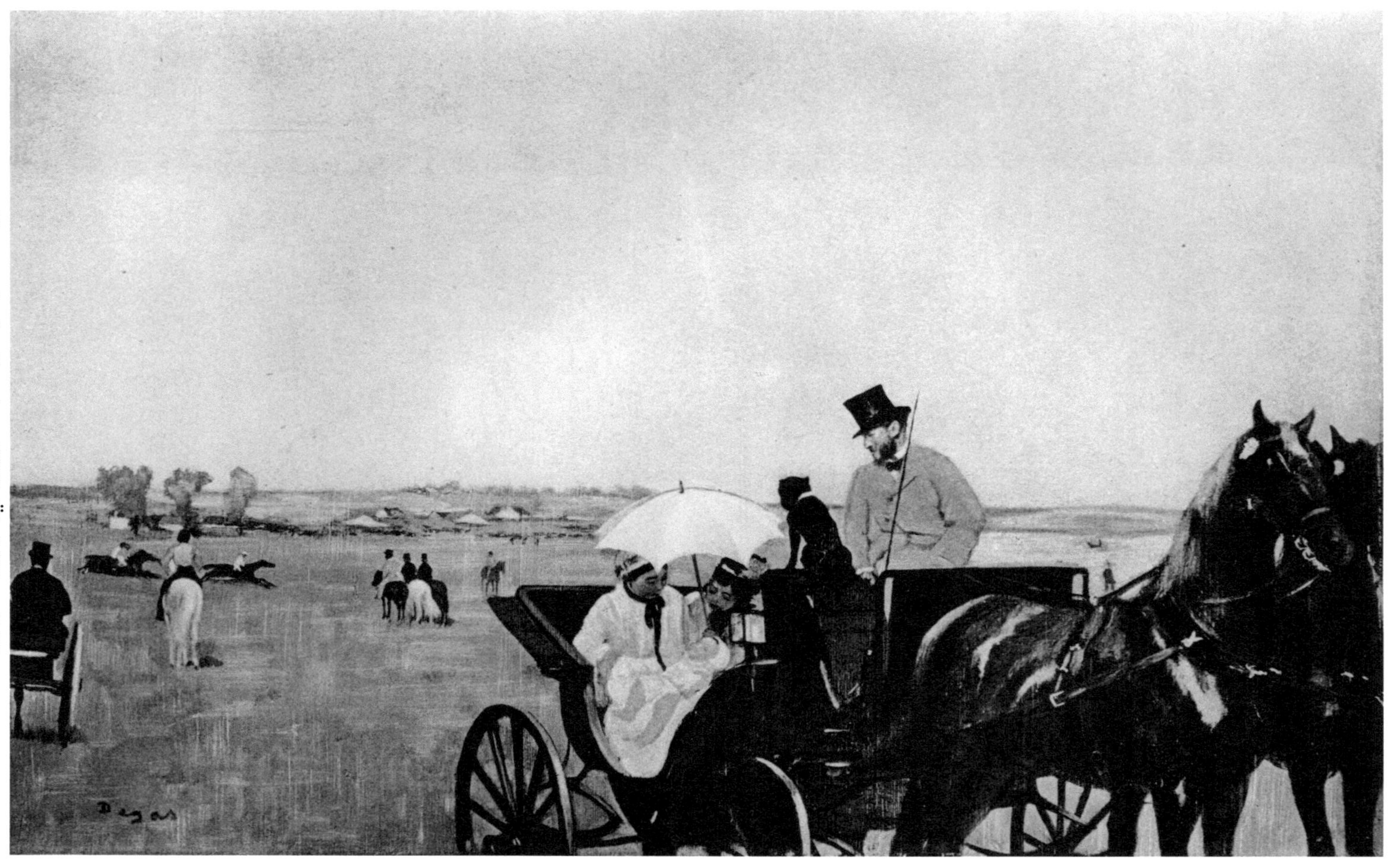

Rennen in der Provinz, 1873. Öl. 0,36 zu 0,55

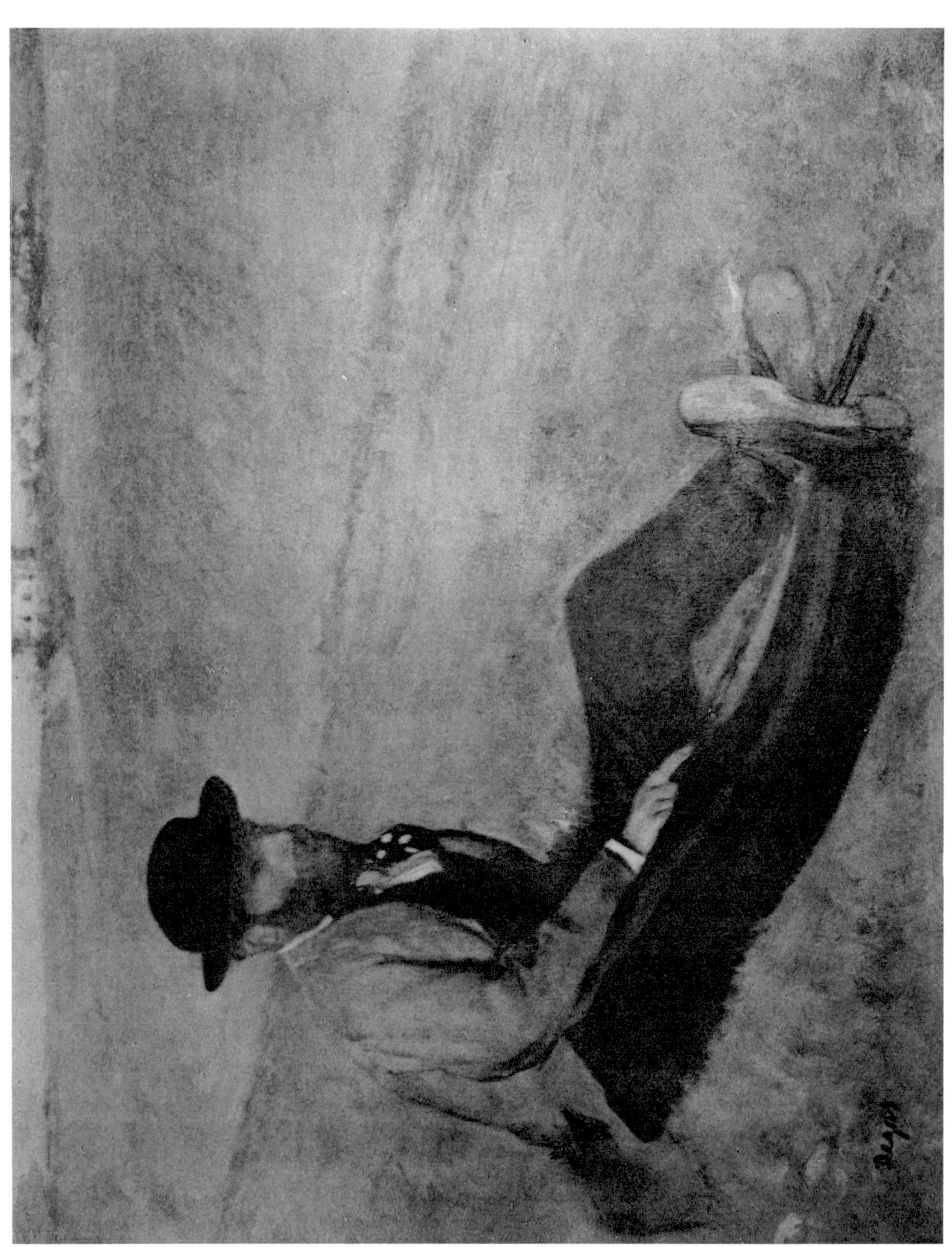

Bildnis Eugène Manet, 1873. Öl

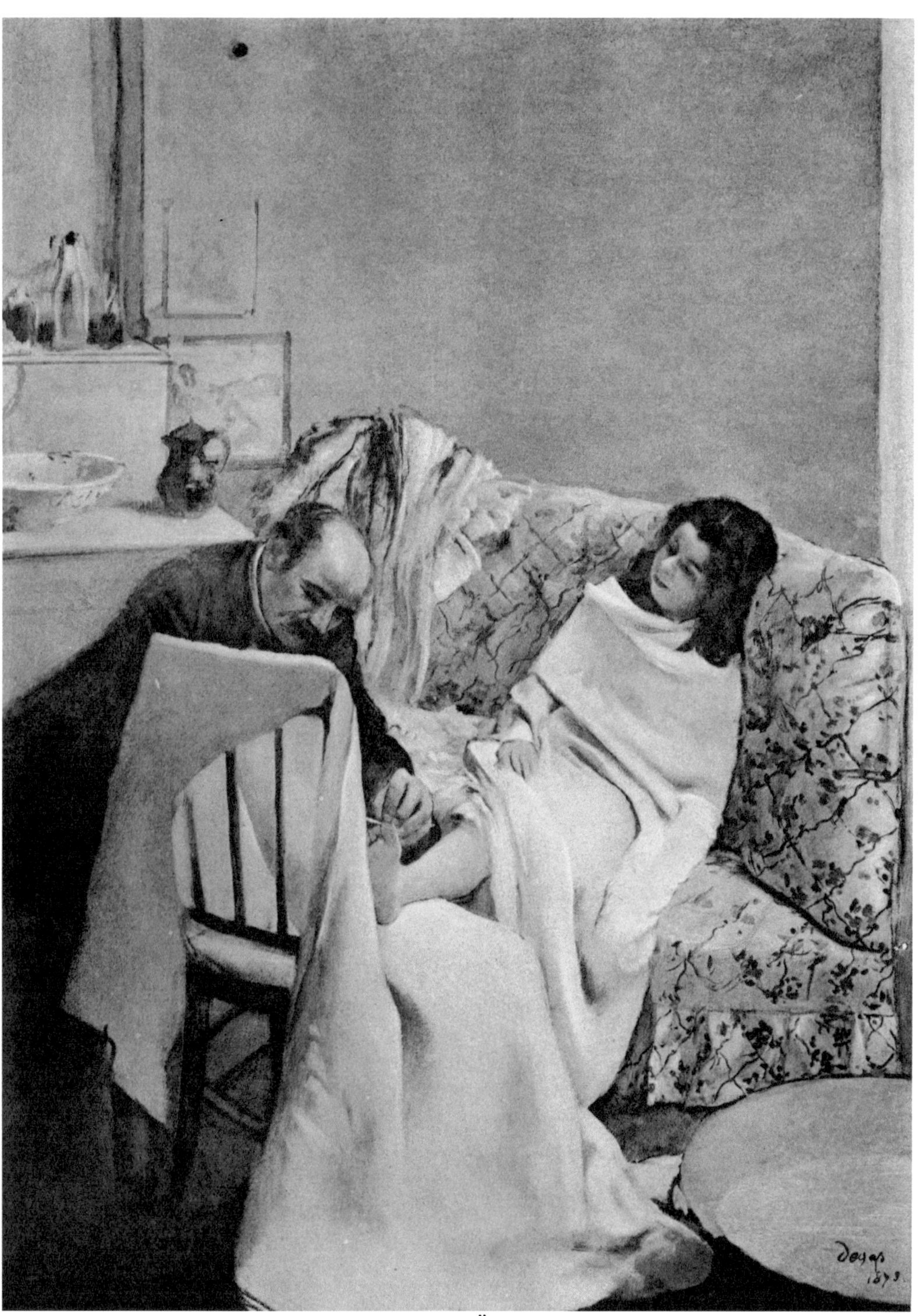

Der Pedikur, 1873. Öl. 0,61 zu 0,46

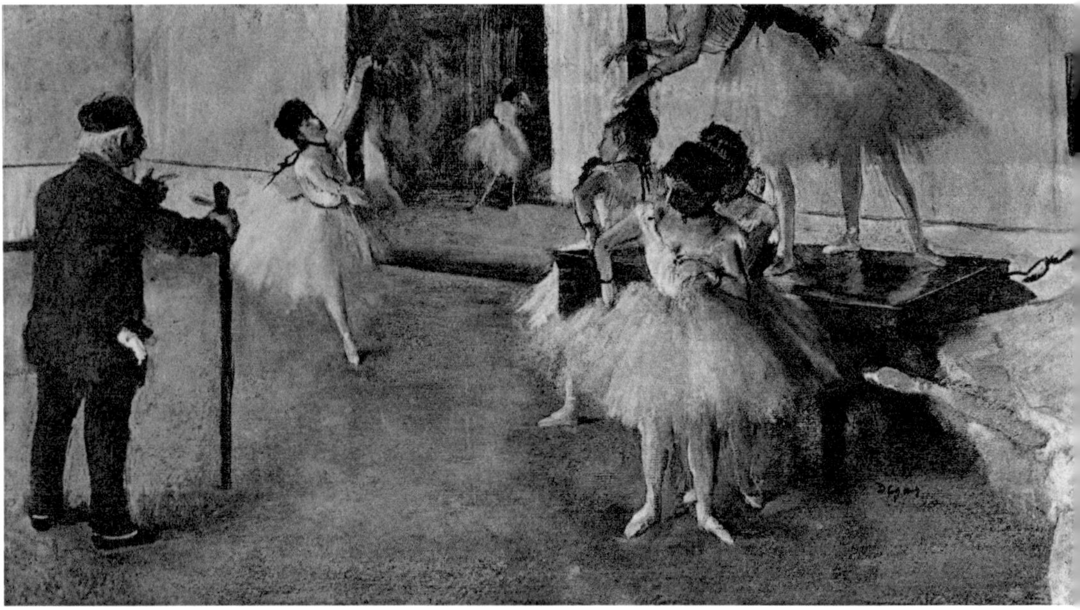

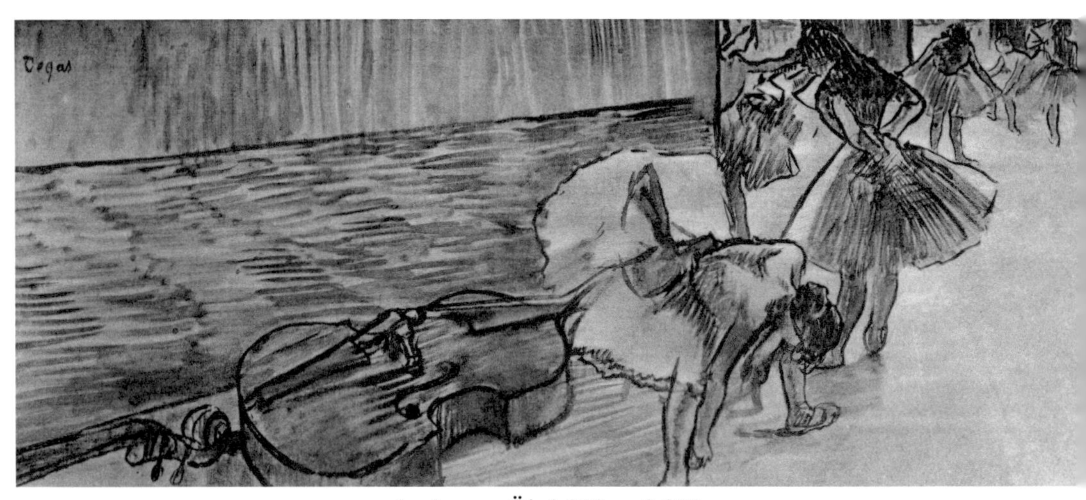

Die Tanzstunde, gegen 1874. Pastell. 0,79 zu 0,43

La Leçon. Öl. 0,375 zu 0,875

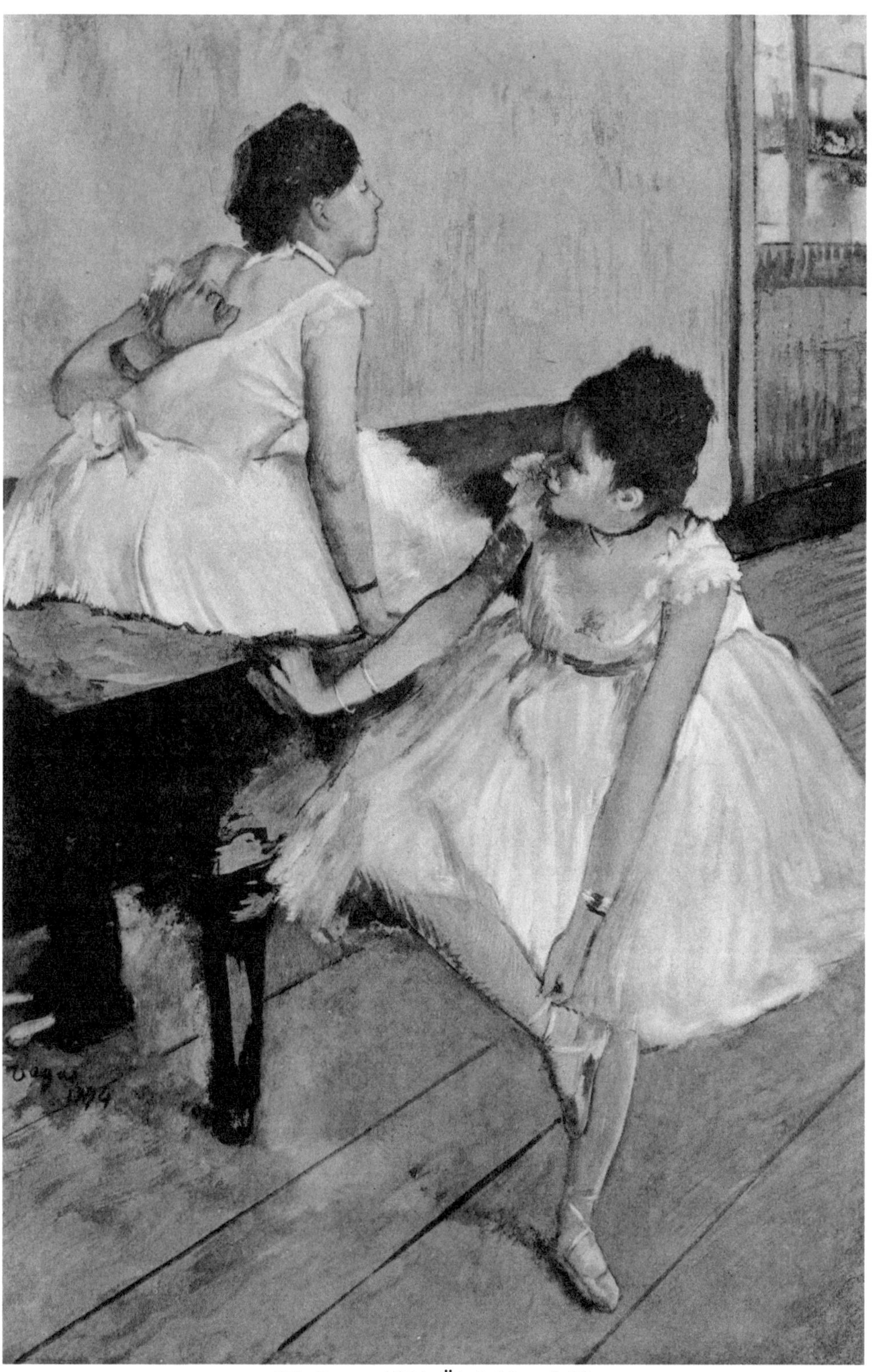

Die Pause, 1874. Öl. 0,46 zu 0,32

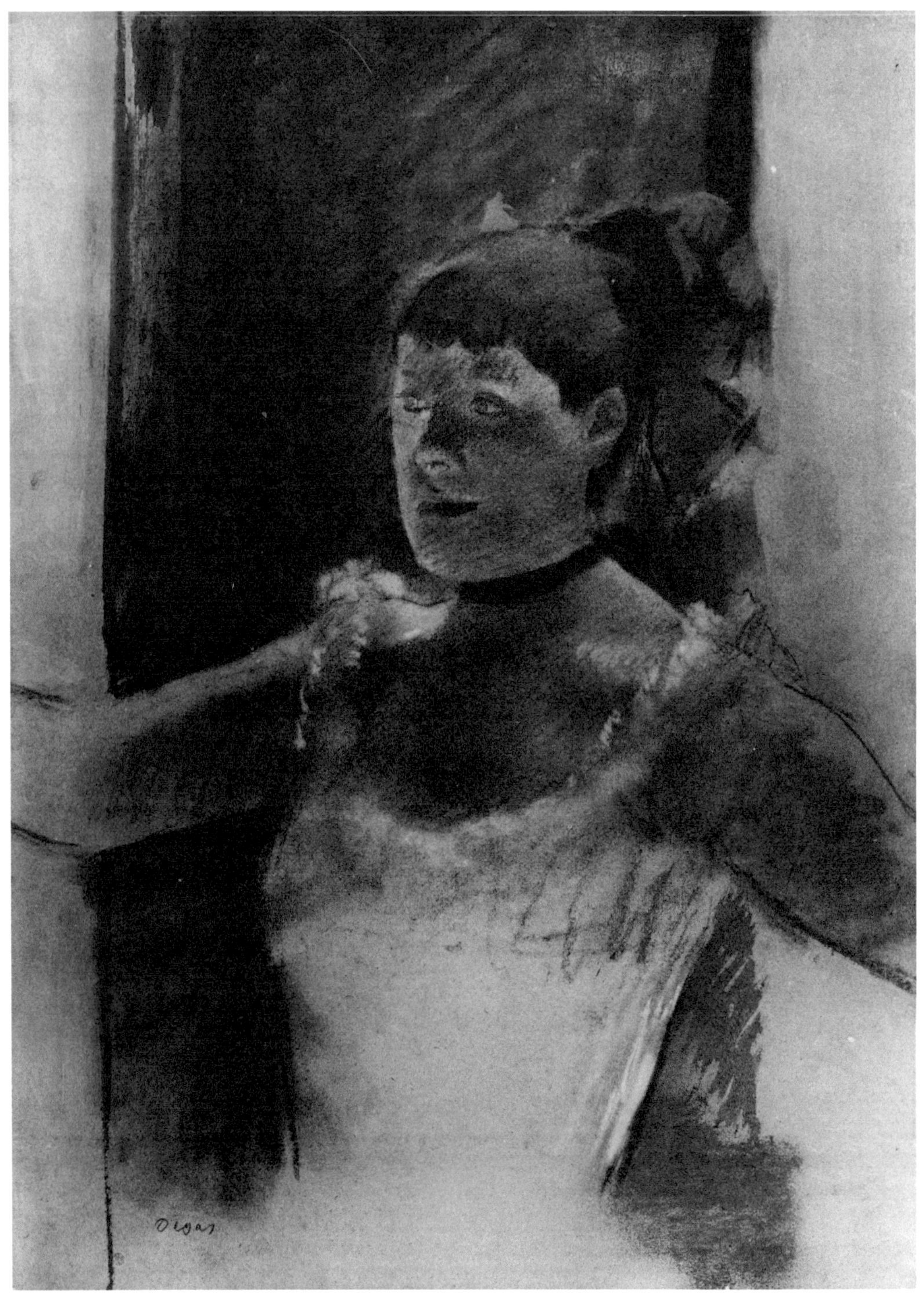

Sängerin

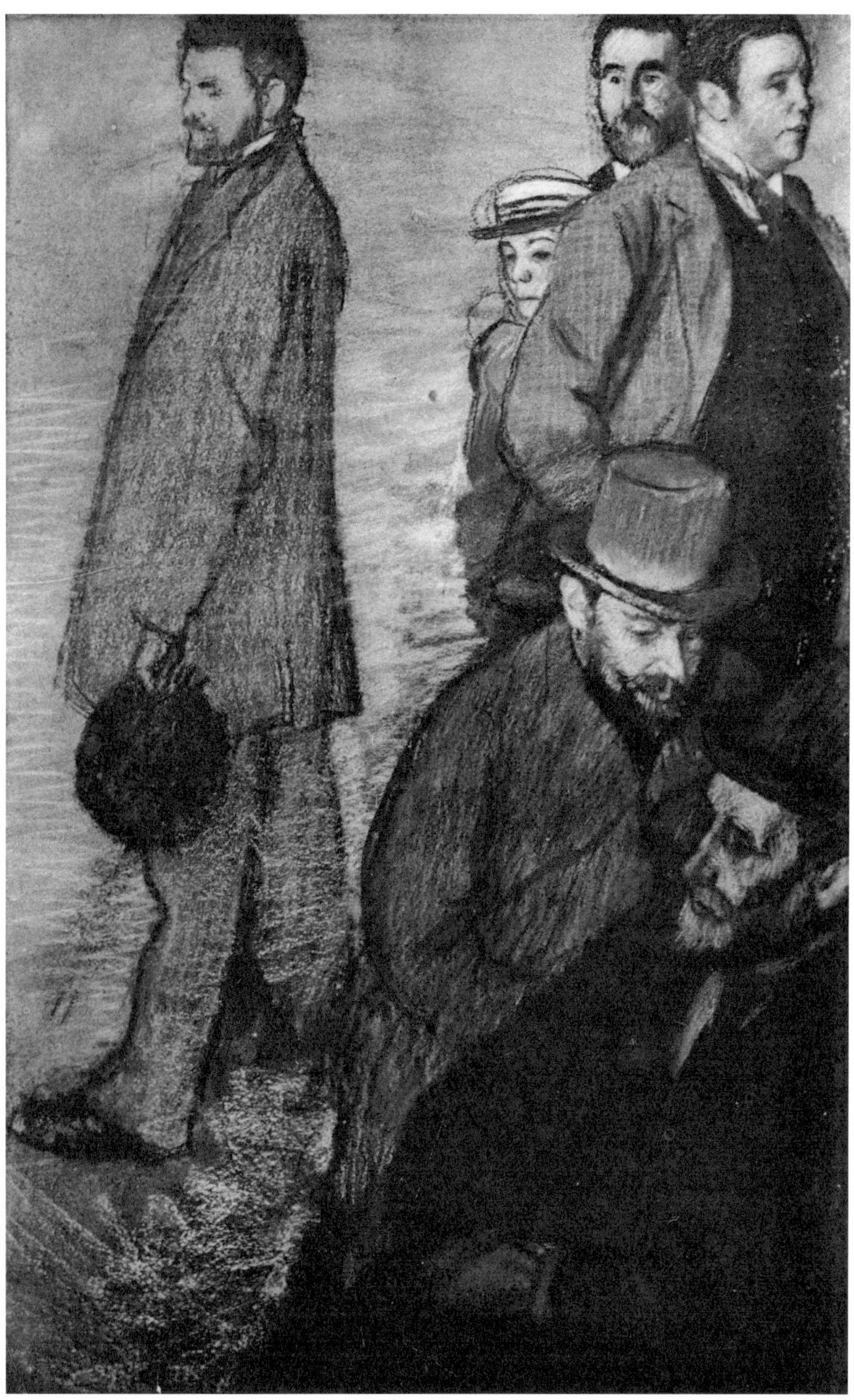

Bildnis Pastell

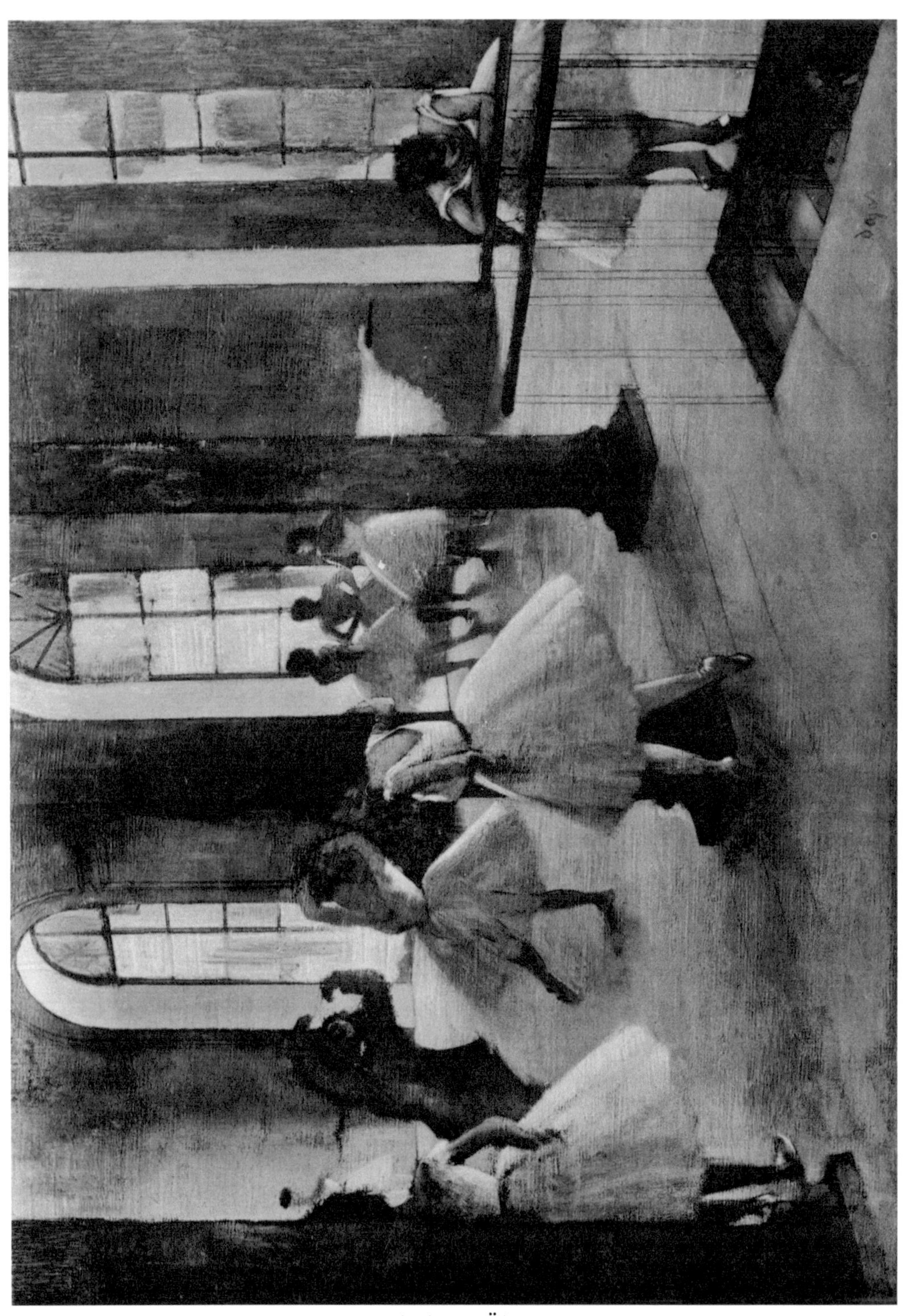

La Leçon de danse. Öl. 40 zu 54

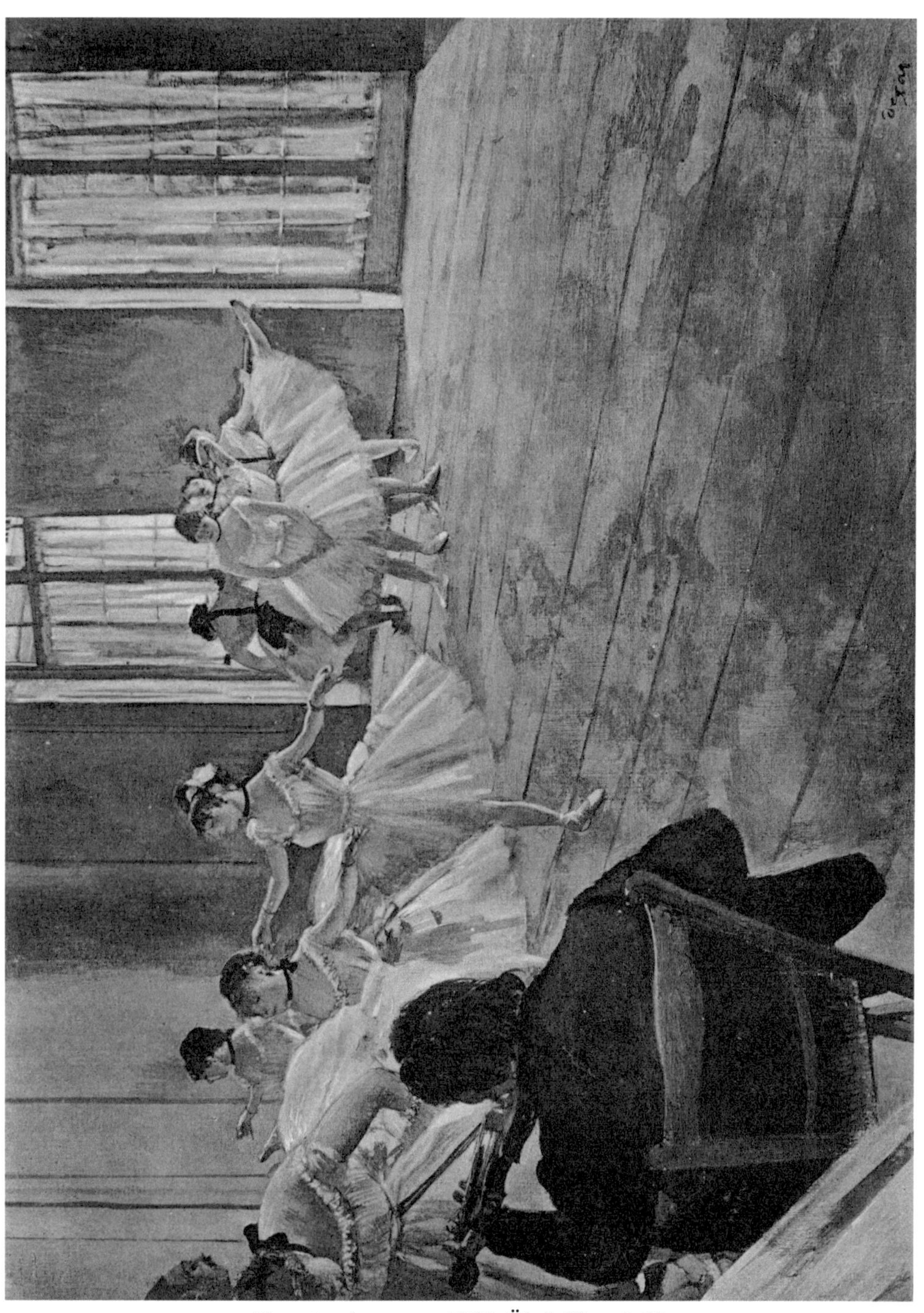

Tanzstunde, gegen 1875. Öl. 0,45 zu 0,60

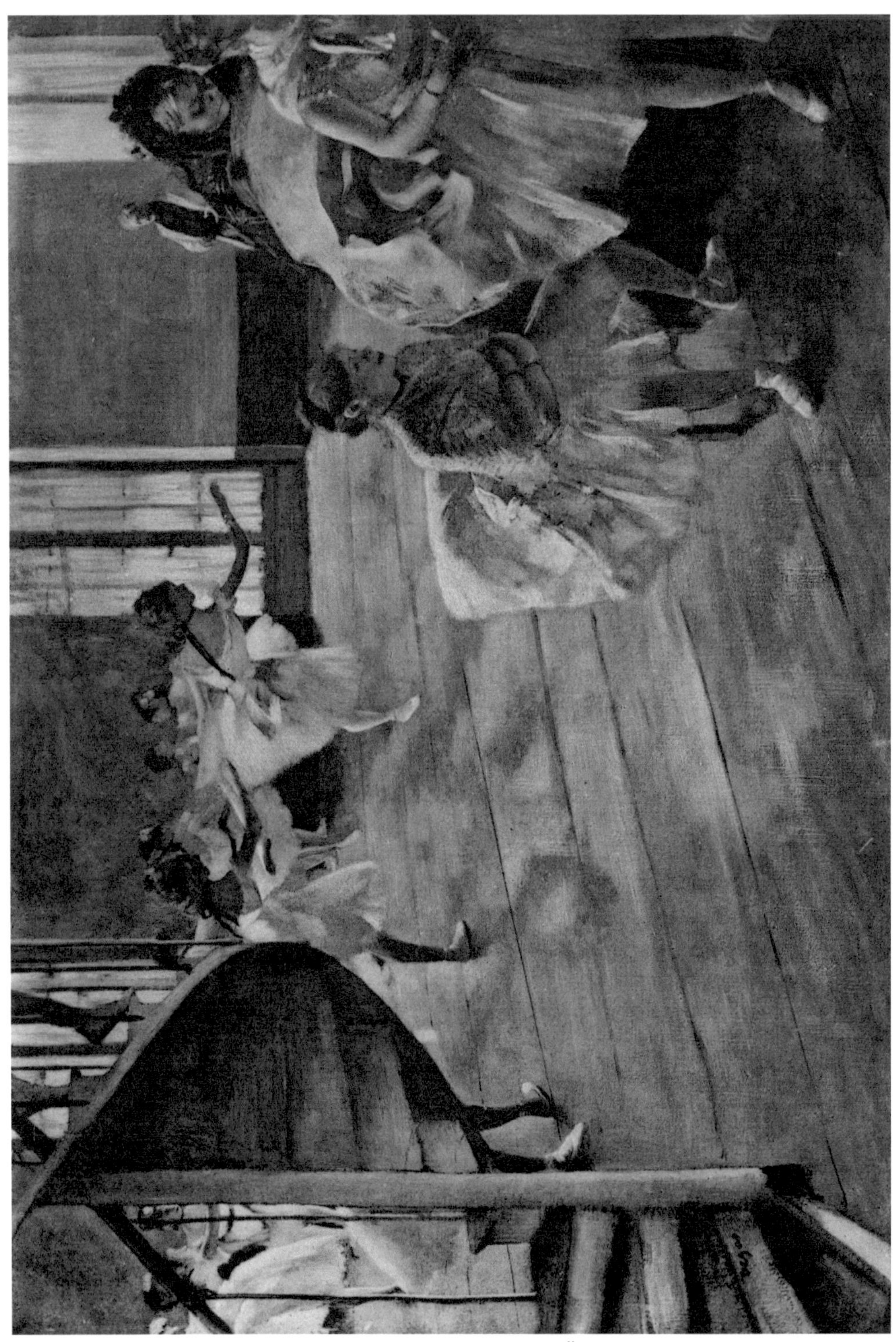

Tanzprobe (Wendeltreppe) gegen 1875. Öl. 0,55 zu 0,46

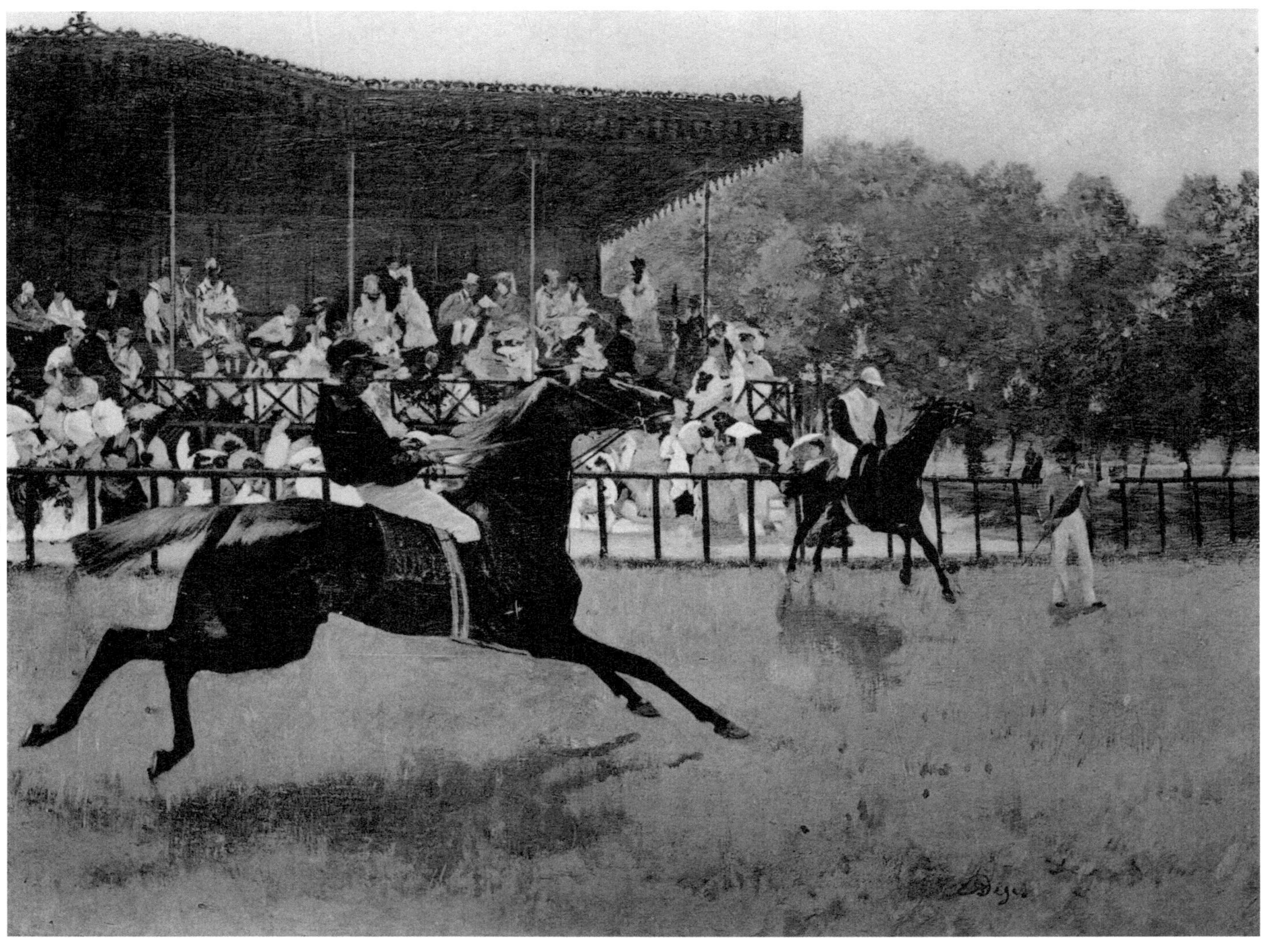

Das Rennen, gegen 1875. Öl. 0,32 zu 0,41

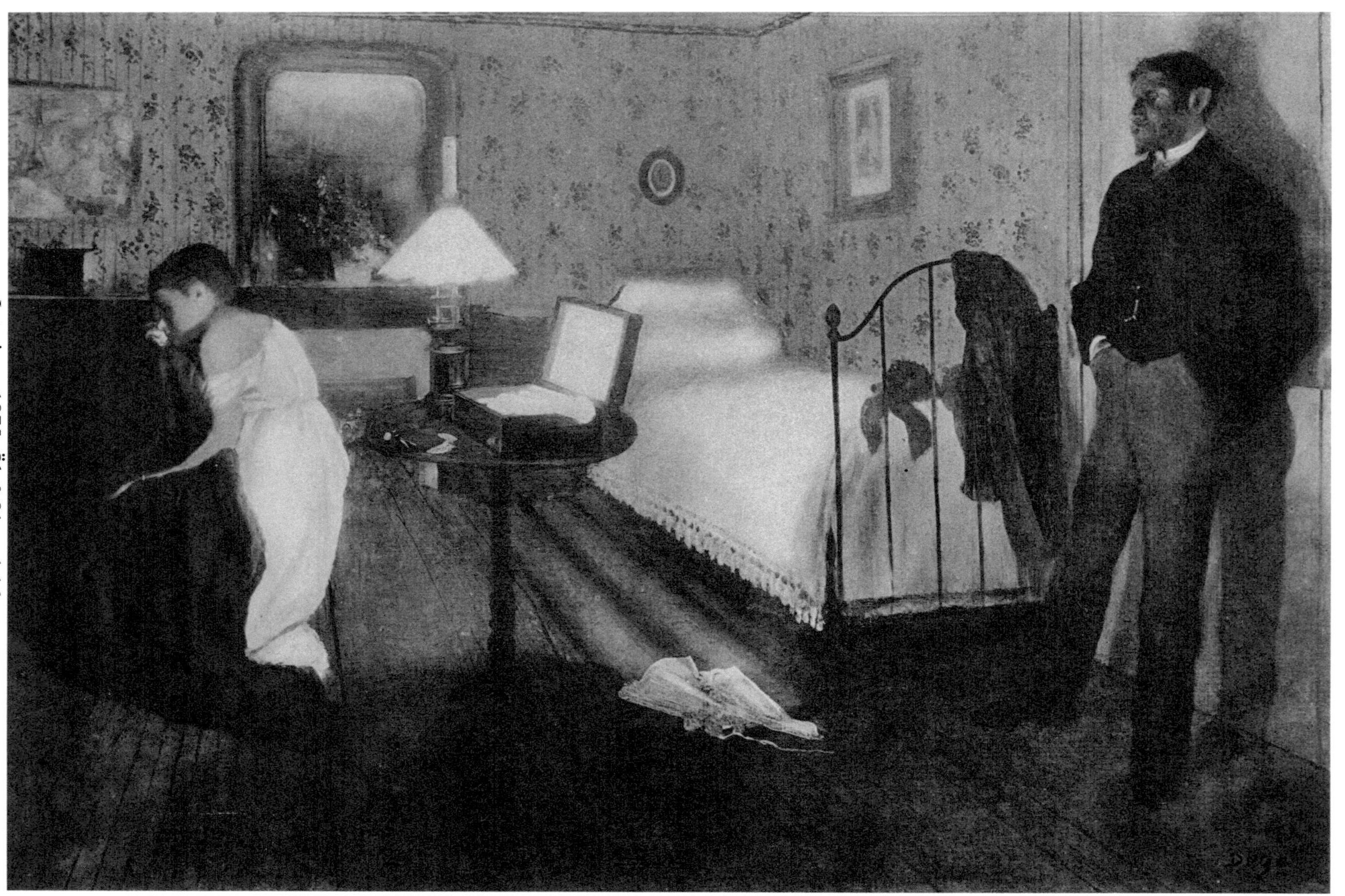

Interieur, 1875. Öl. 0,81 zu 1,16

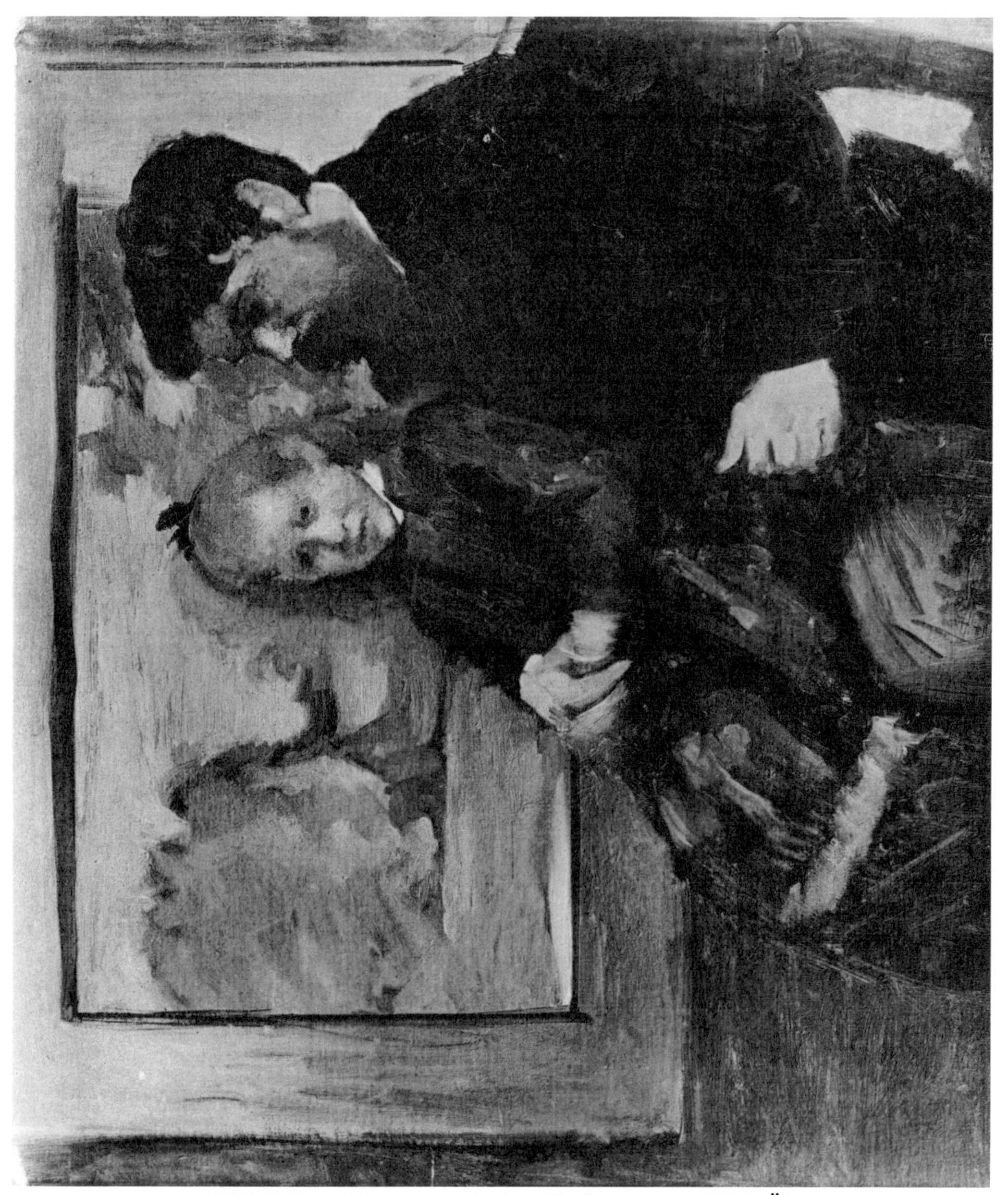

Bildnis Henri Rouarts und seiner Tochter, gegen 1875. Öl

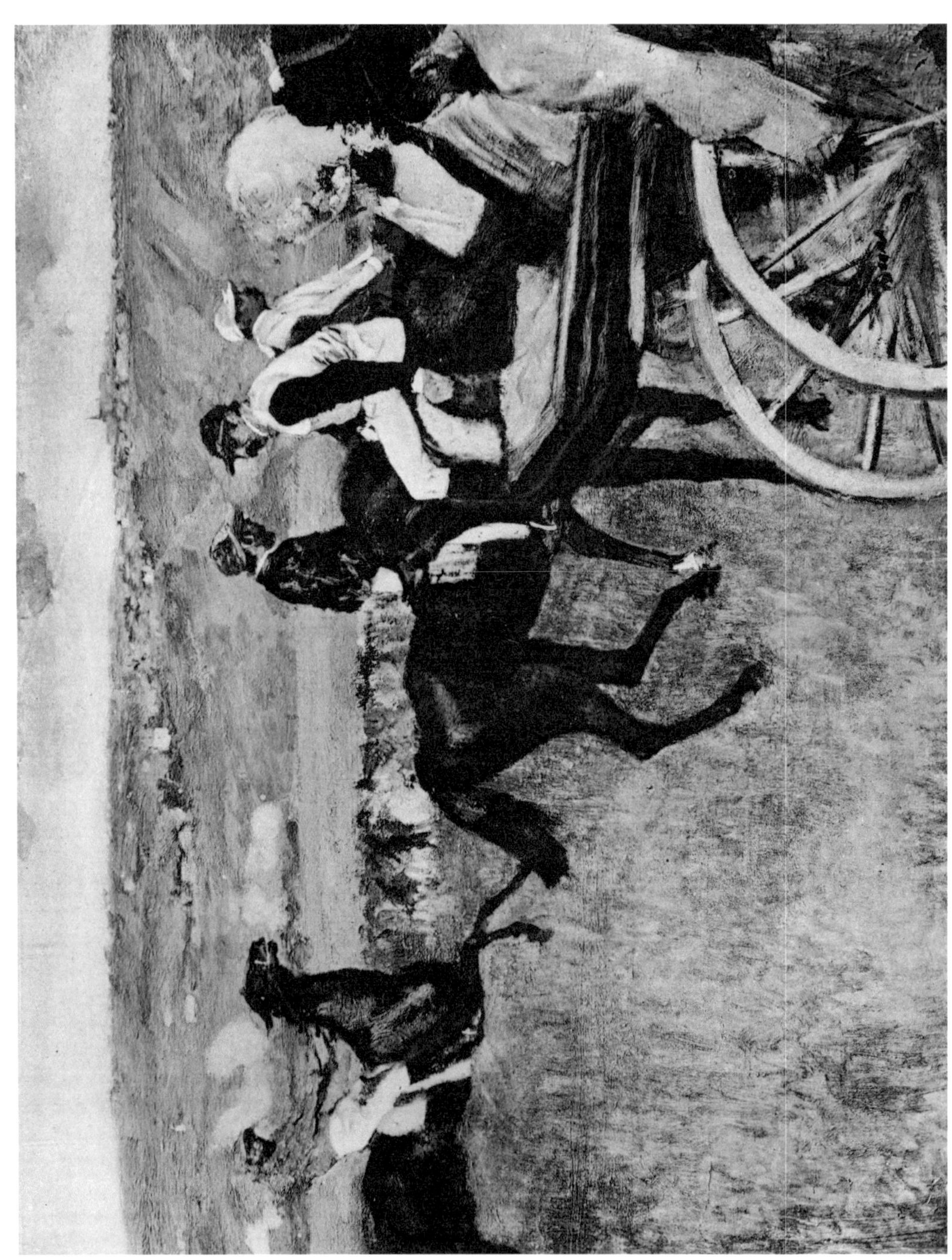

Les Courses, gegen 1875. Öl. 0,65 zu 0,81

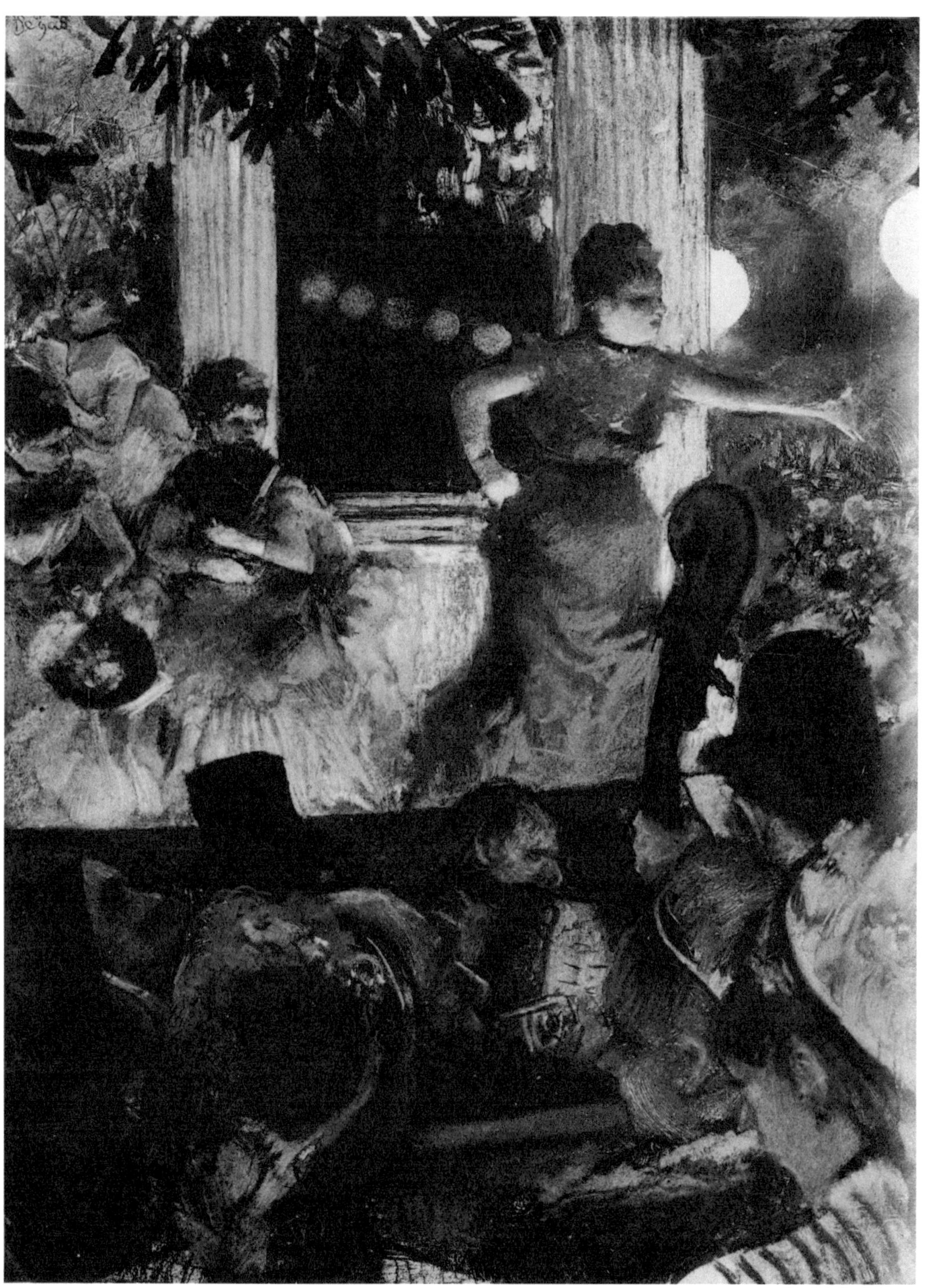

Café-Konzert bei Les Ambassadeurs, gegen 1876

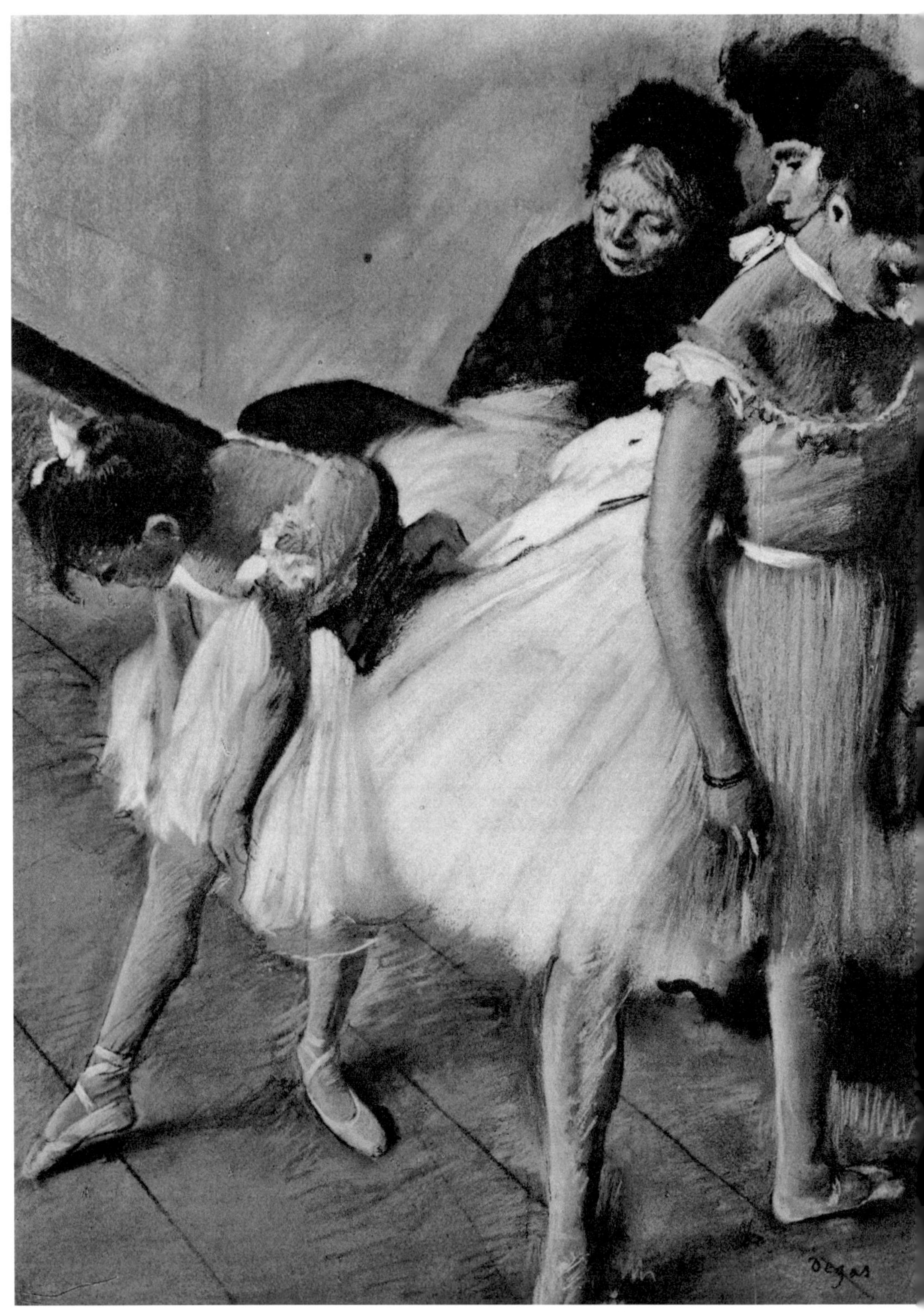

Tänzerinnen beim Anziehen, gegen 1876. Pastell. 0,63 zu 0,48

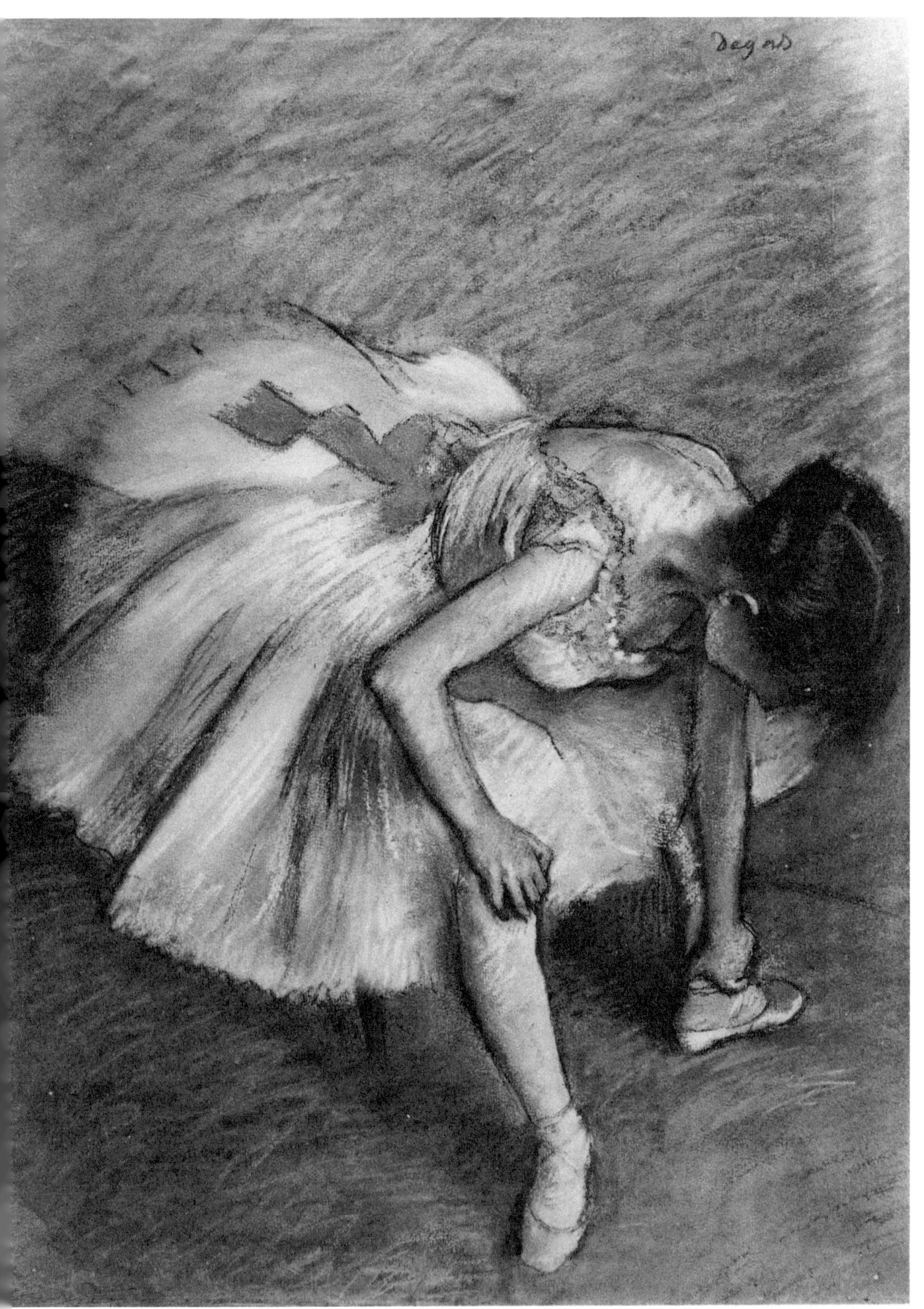

Tänzerin. Pastell

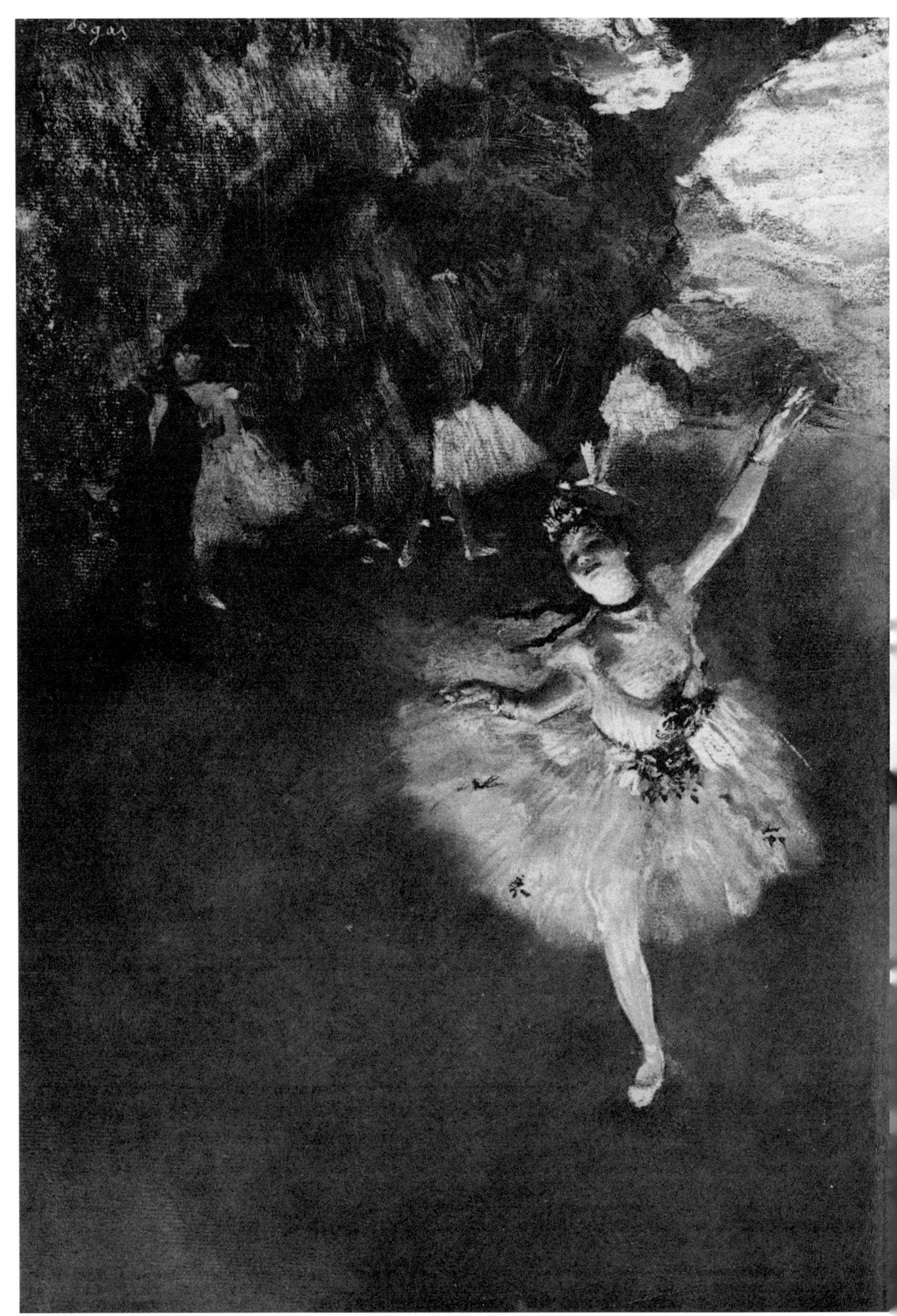

Der Dank ans Publikum. Pastell

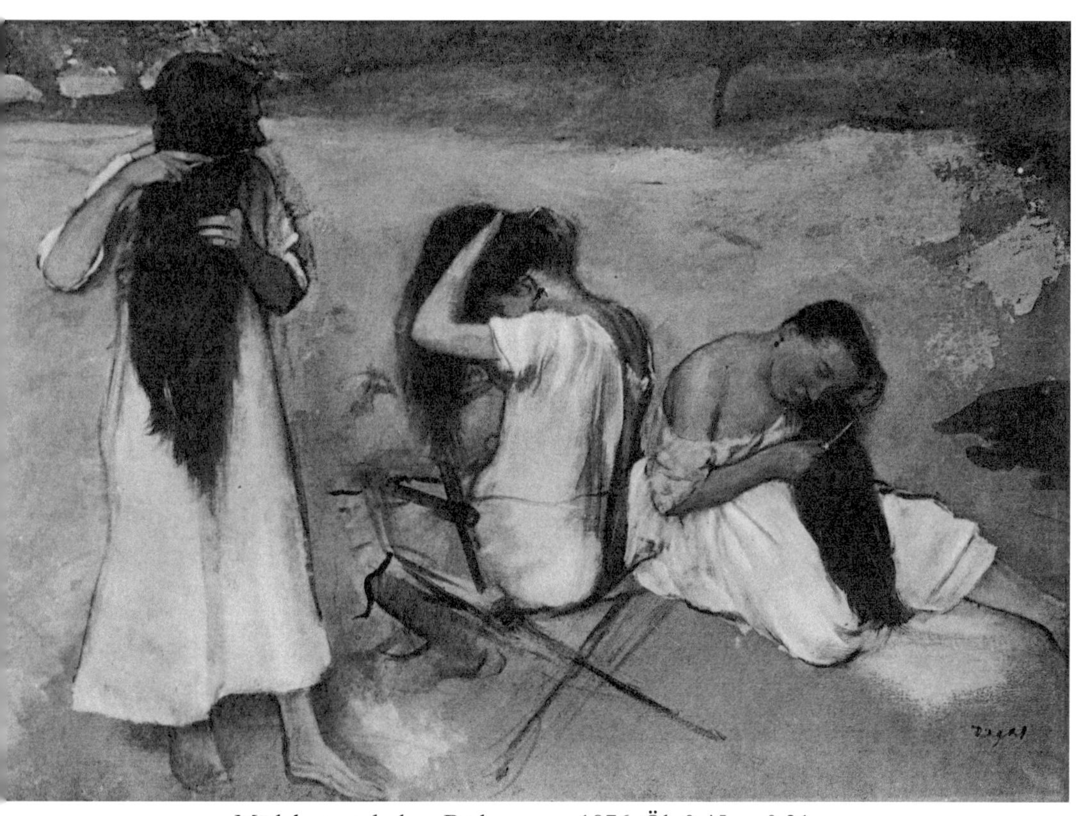

Mädchen nach dem Bade, gegen 1876. Öl. 0,45 zu 0,31

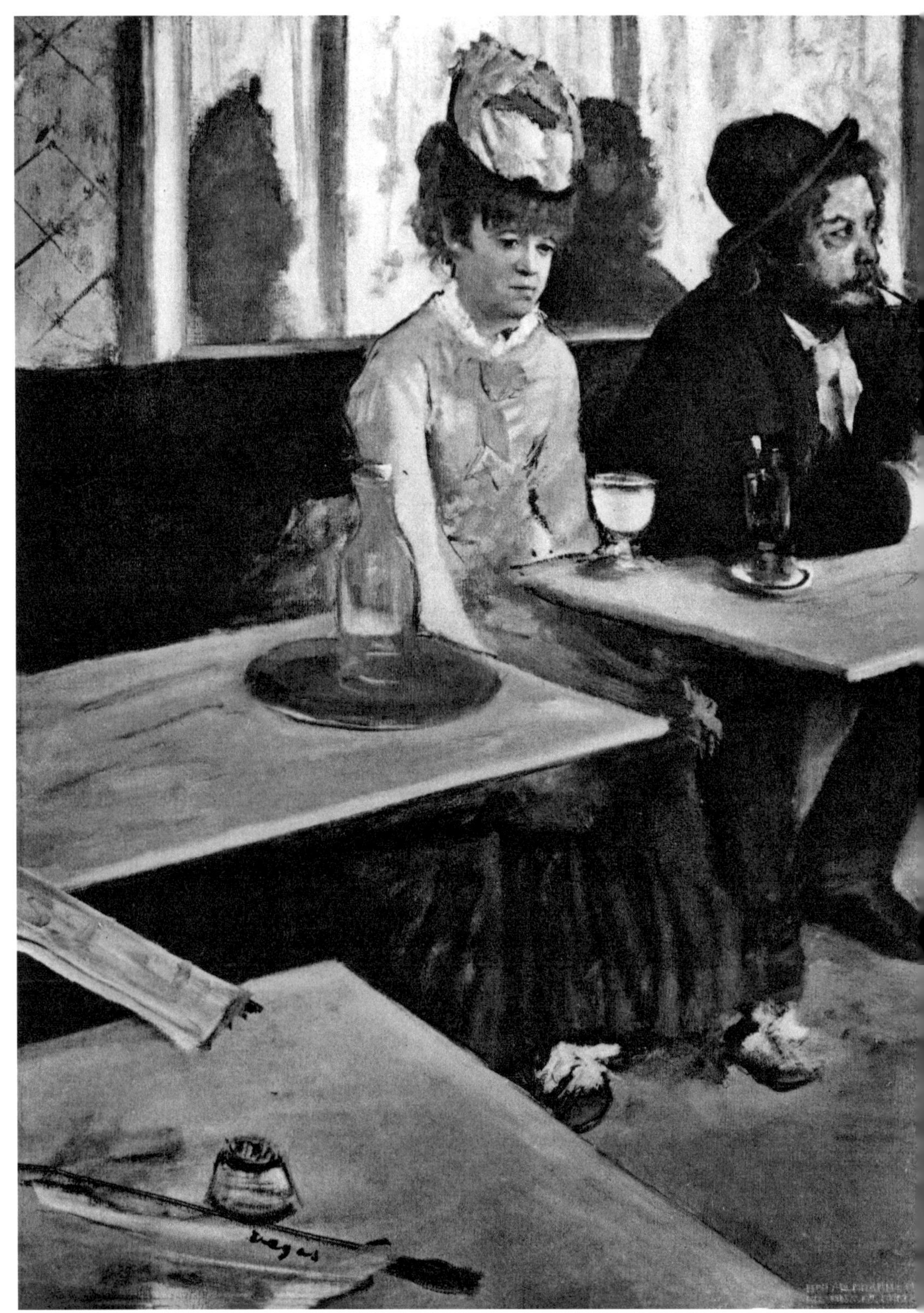

L´absinthe (Bildnis Desboutins), gegen 1876/77. Öl

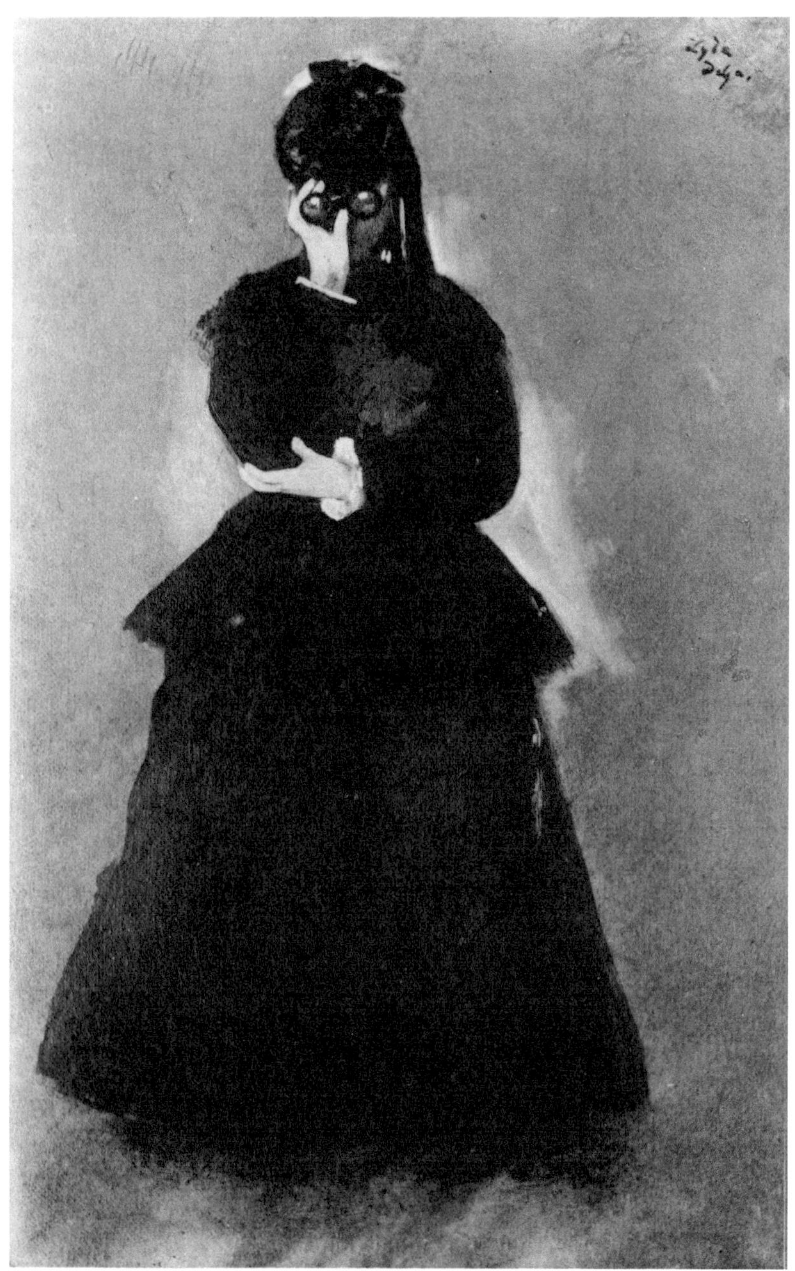

Lyda, 1877. Öl (Essenz). 0,35 zu 0,22

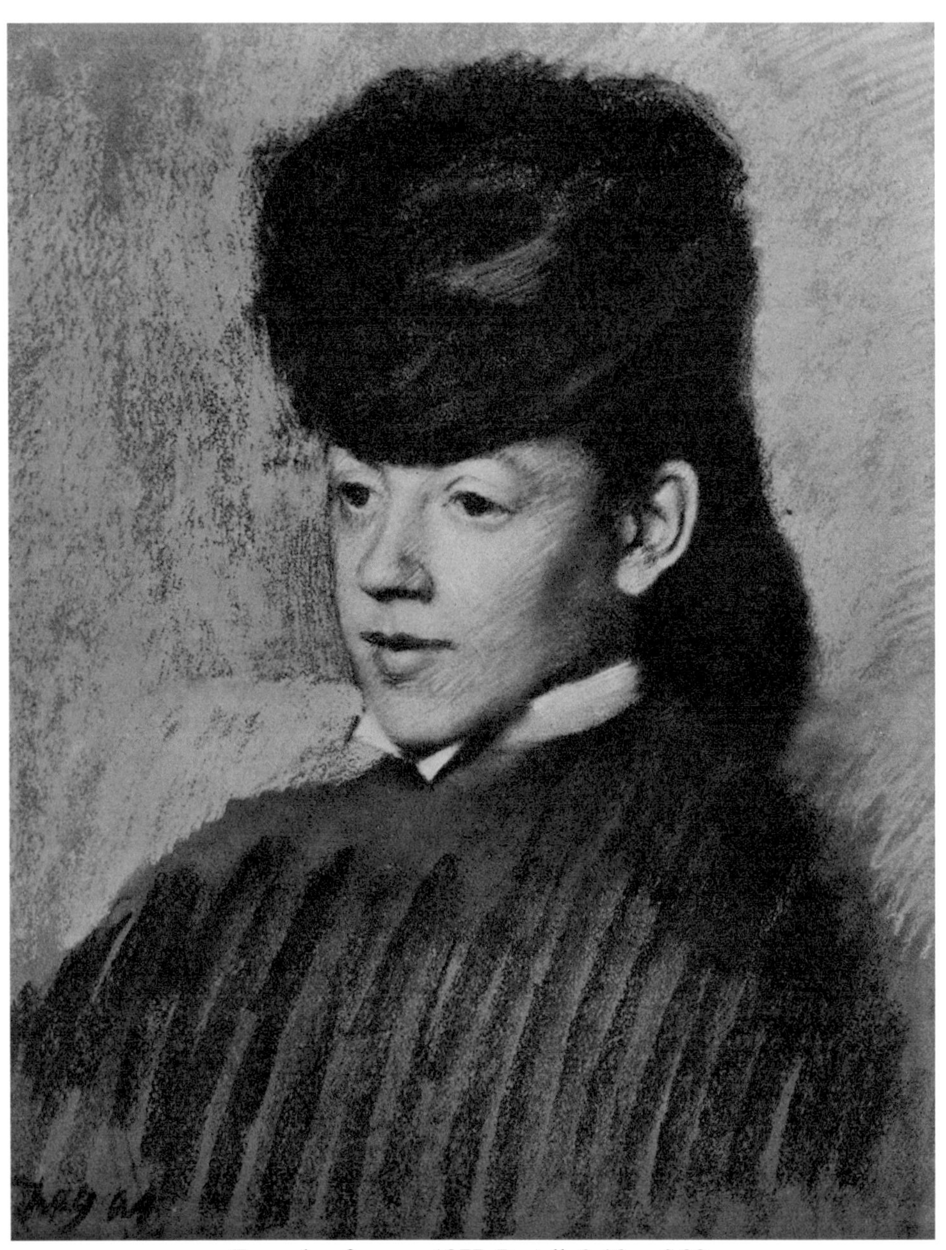

Frauenkopf, gegen 1877. Pastell. 0,46 zu 0,38

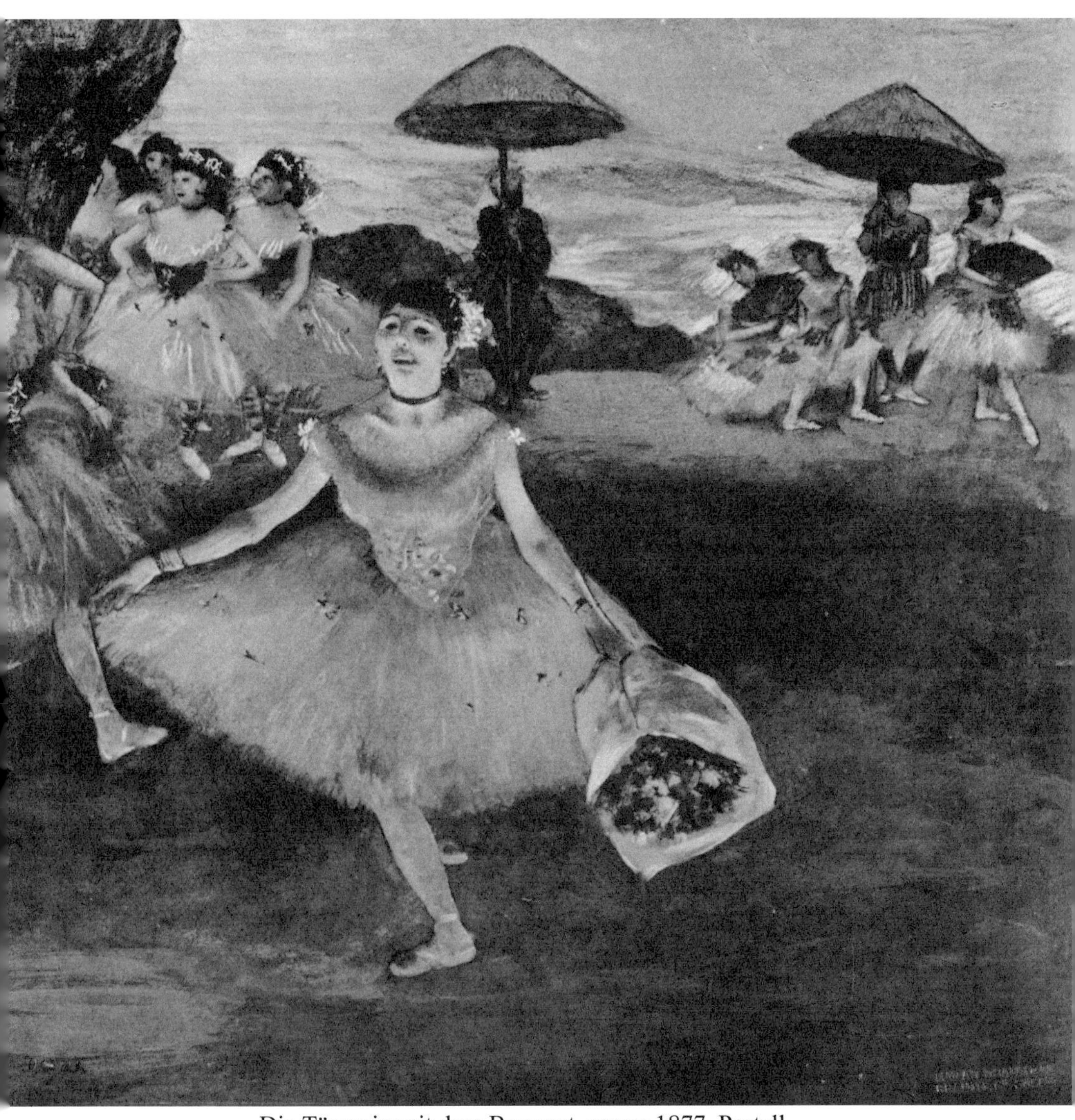

Die Tänzerin mit dem Bouquet, gegen 1877. Pastell

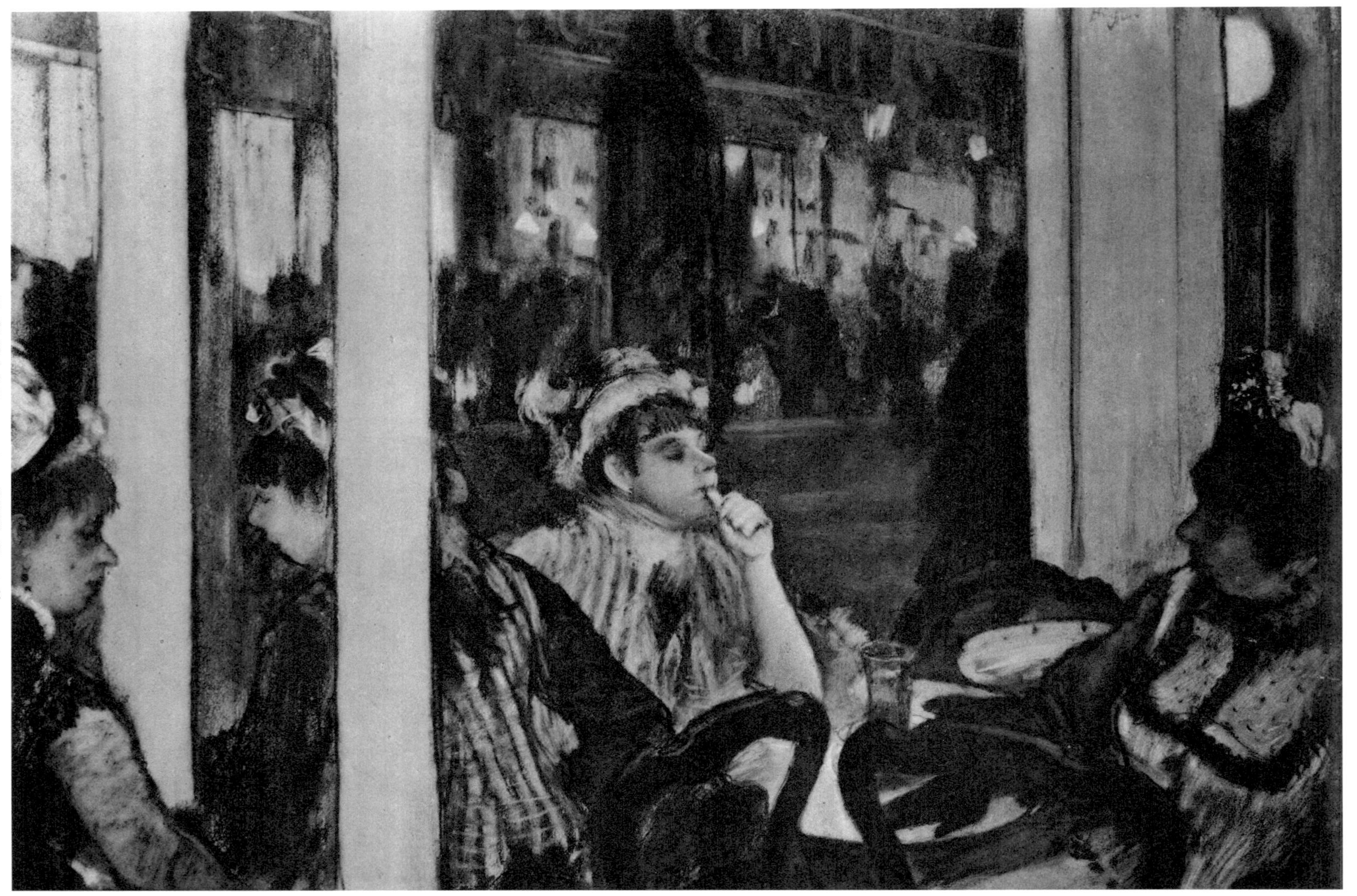

Café Bd. Monmartre, 1877. Pastell

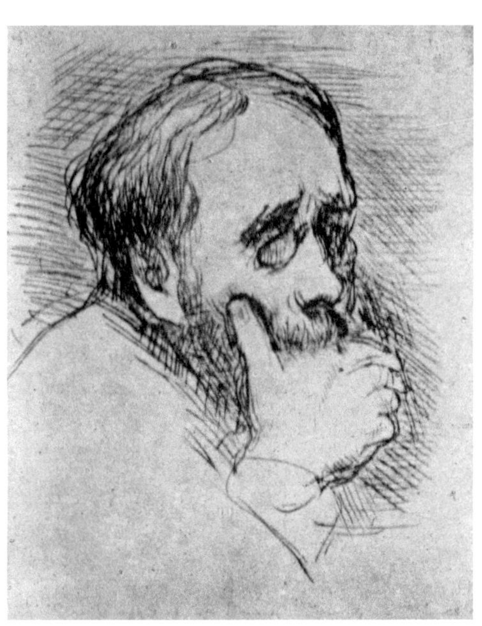

Degas im Jahre 1878. Radierung von
Desboutins

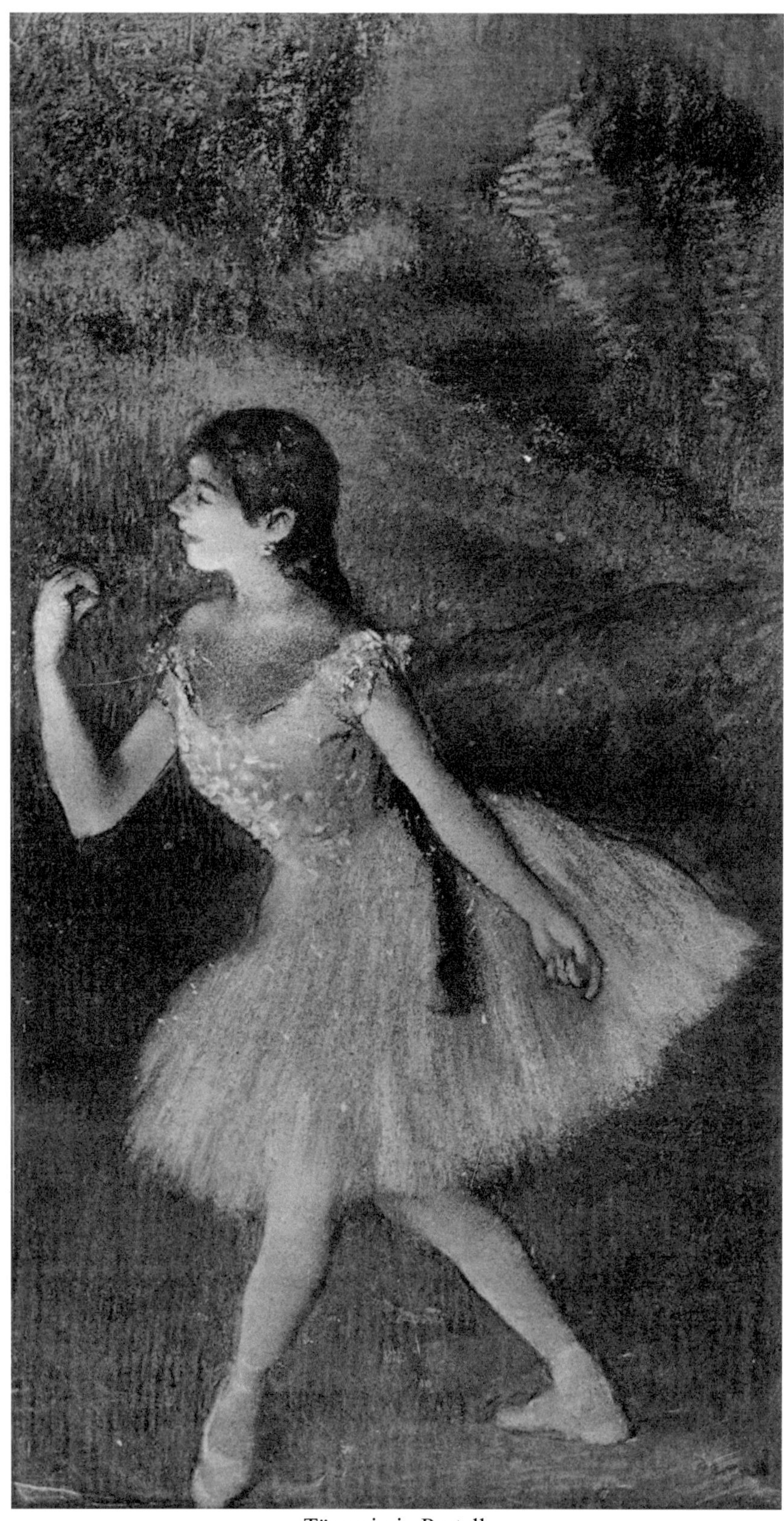

Tänzerin in Pastell

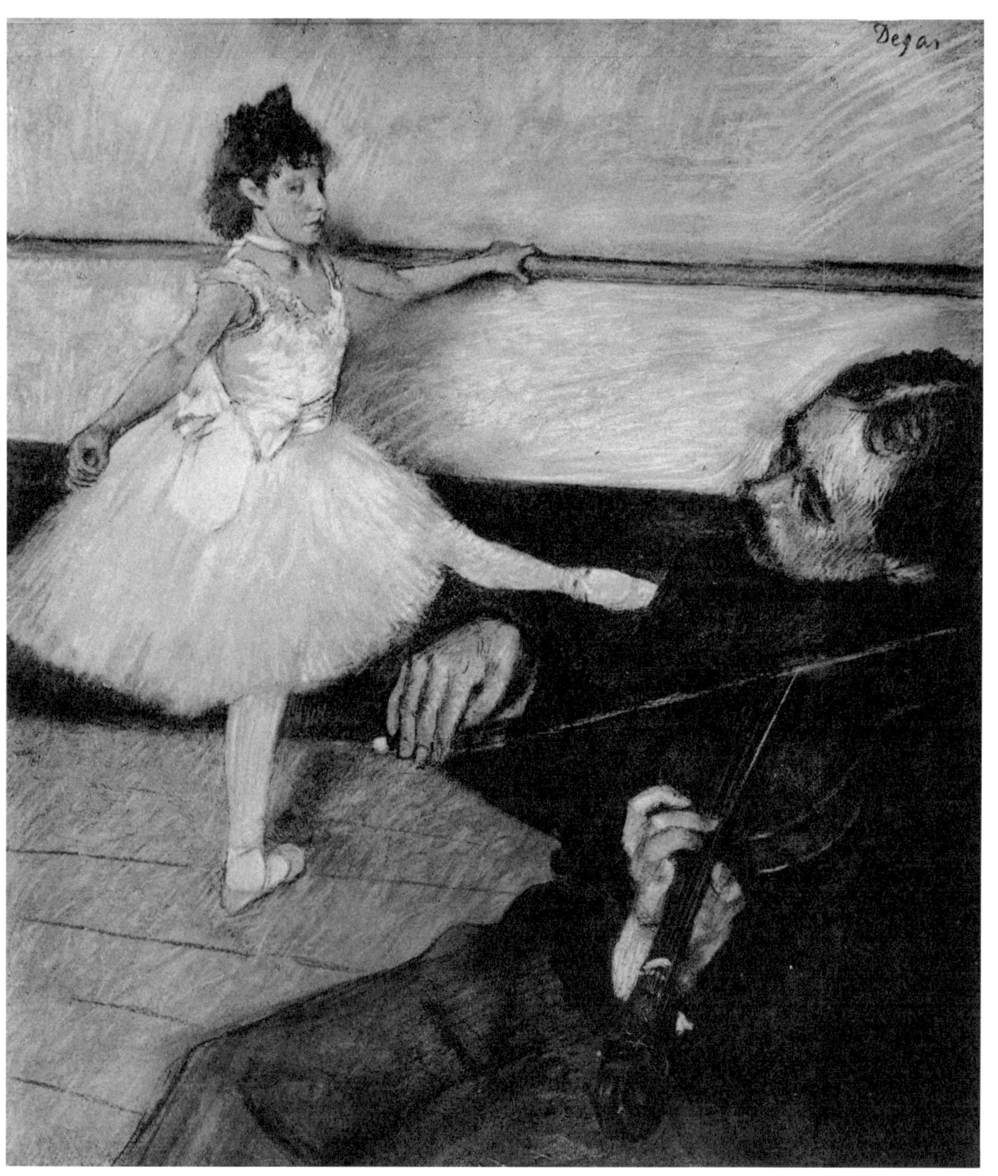

Tanzstunde, gegen 1878. Pastell. 0,67 zu 0,59.

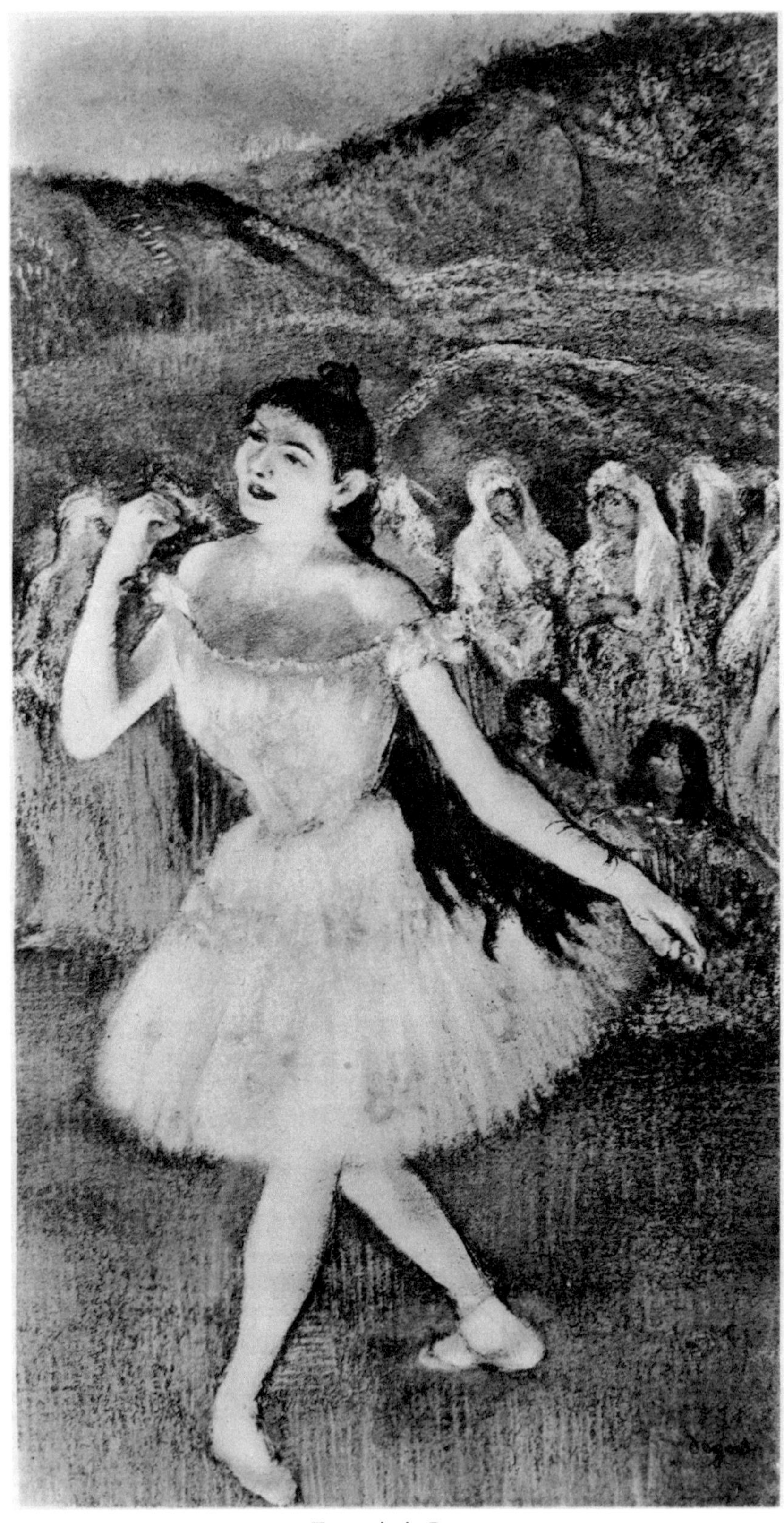

Tänzerin in Rosa

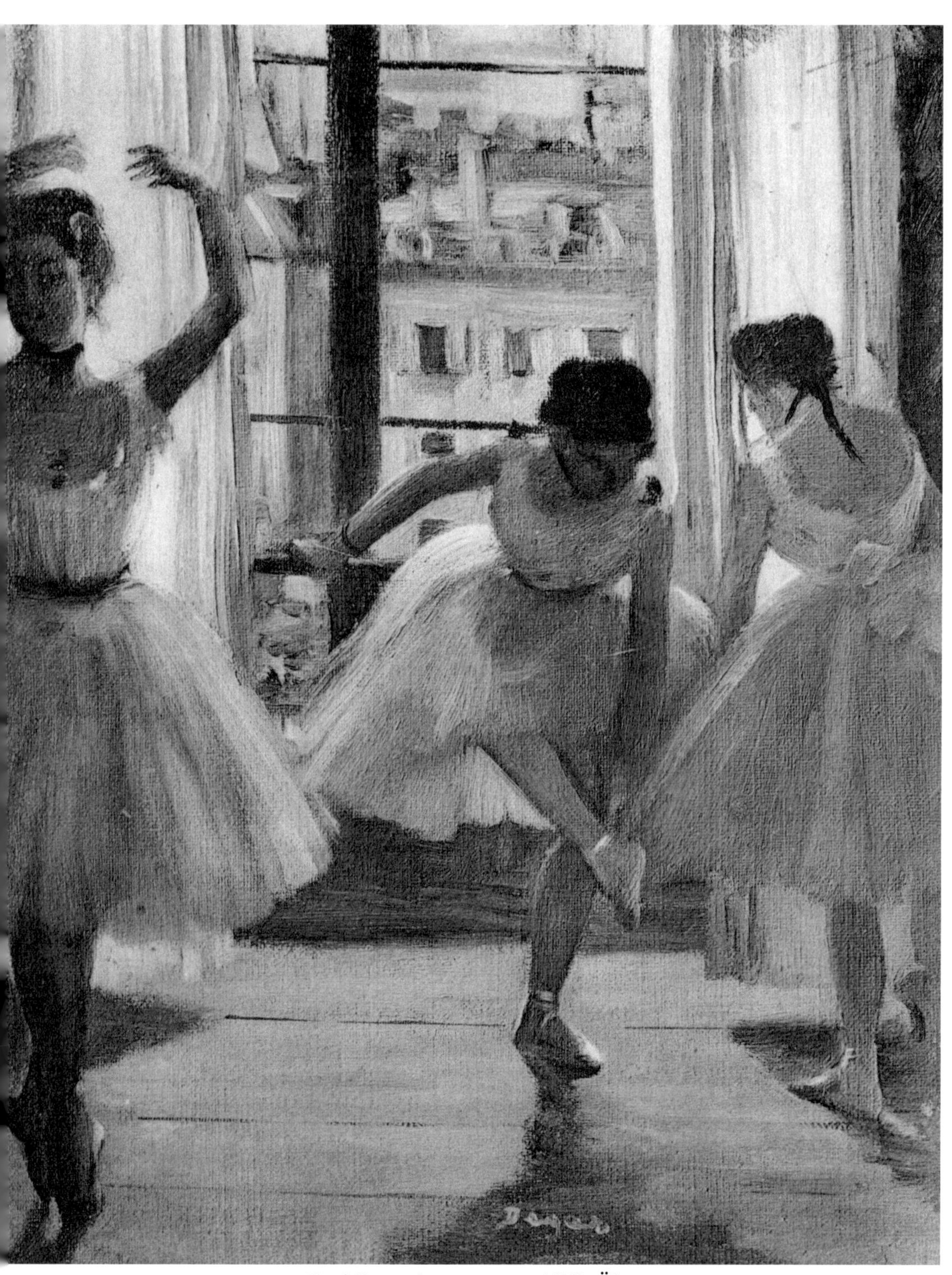

Drei Tänzerinnen, gegen 1878. Öl.

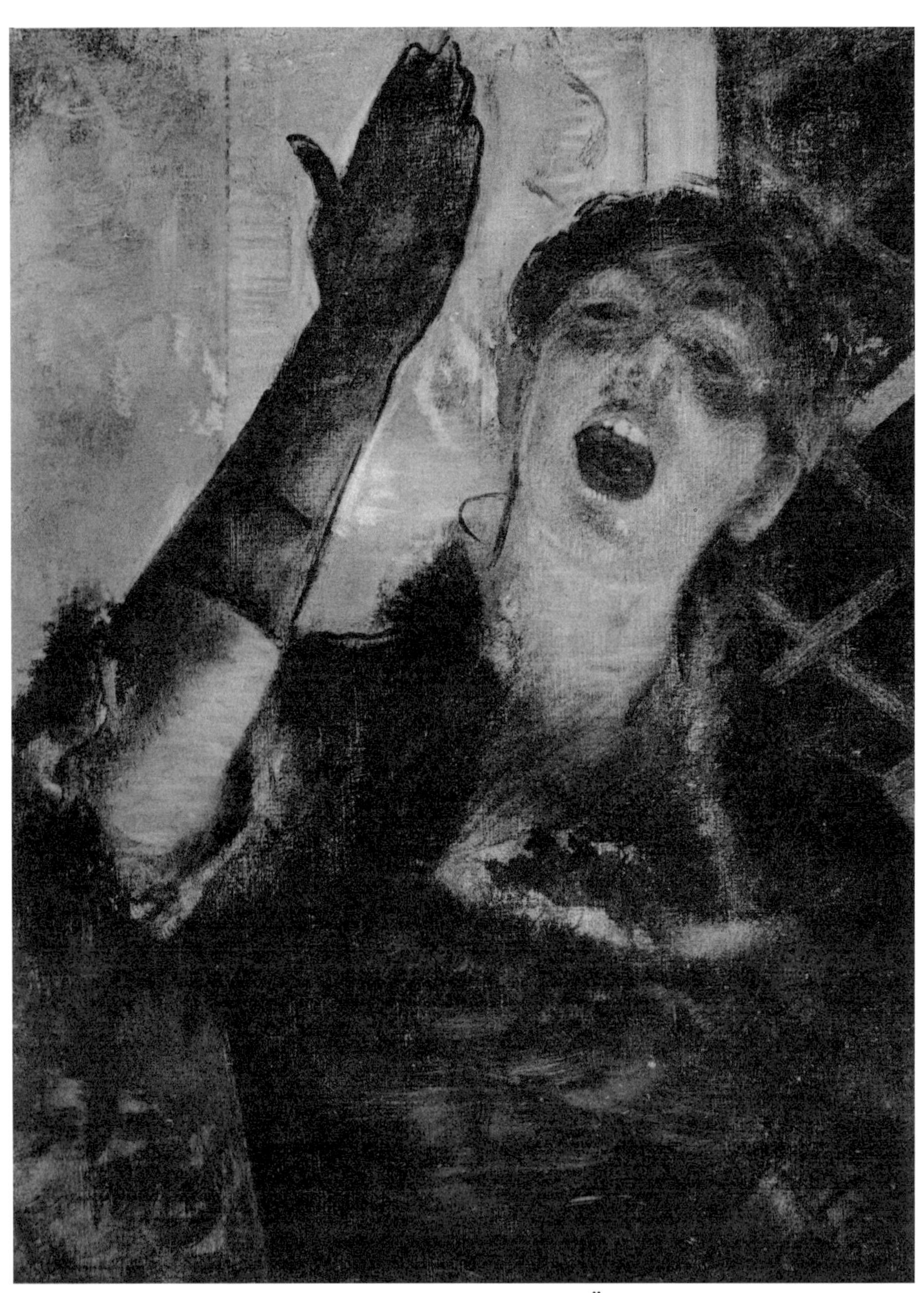

Sängerin im Café-chantant, gegen 1878. Öl. 0,54 zu 0,46

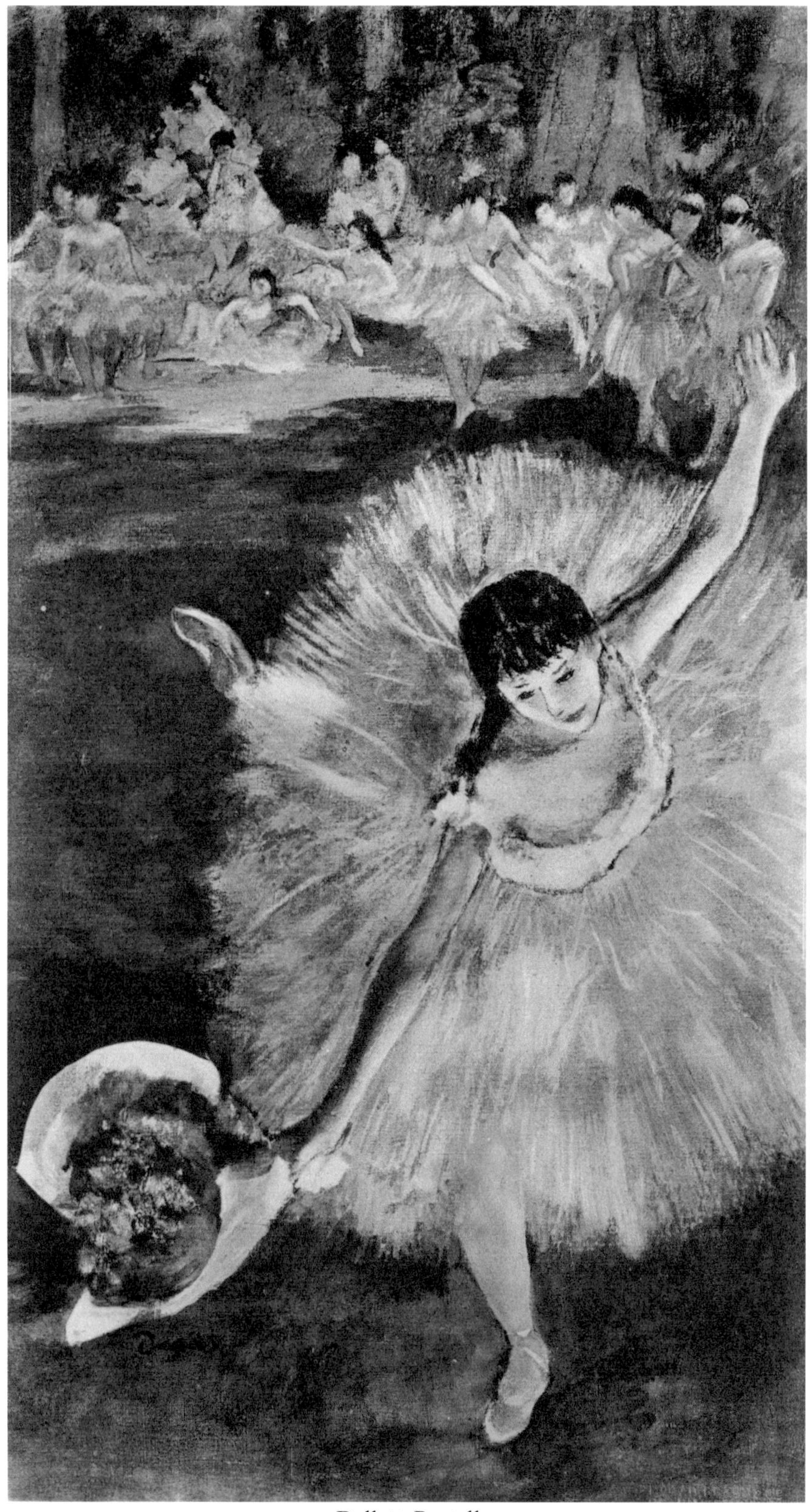

Ballett. Pastell

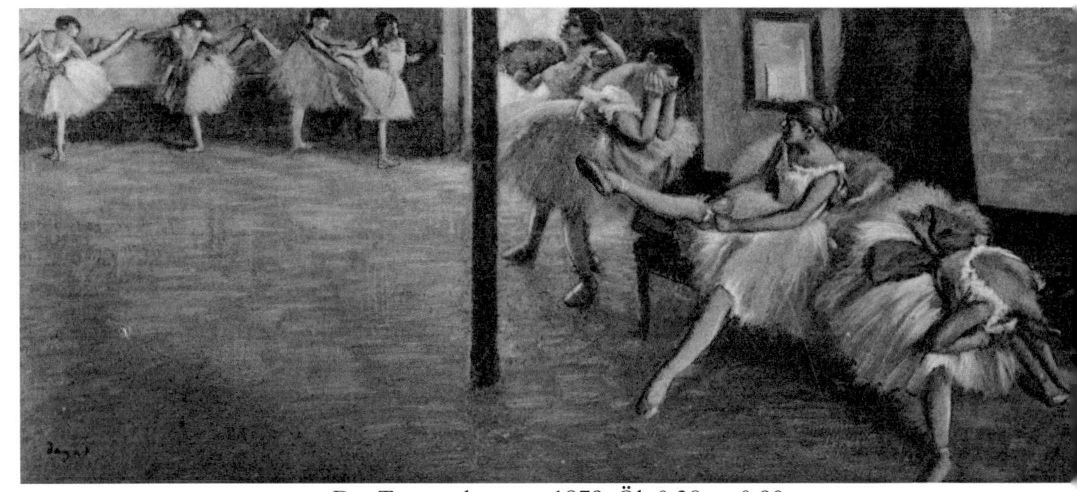

Der Tanzsaal, gegen 1879. Öl. 0,38 zu 0,90

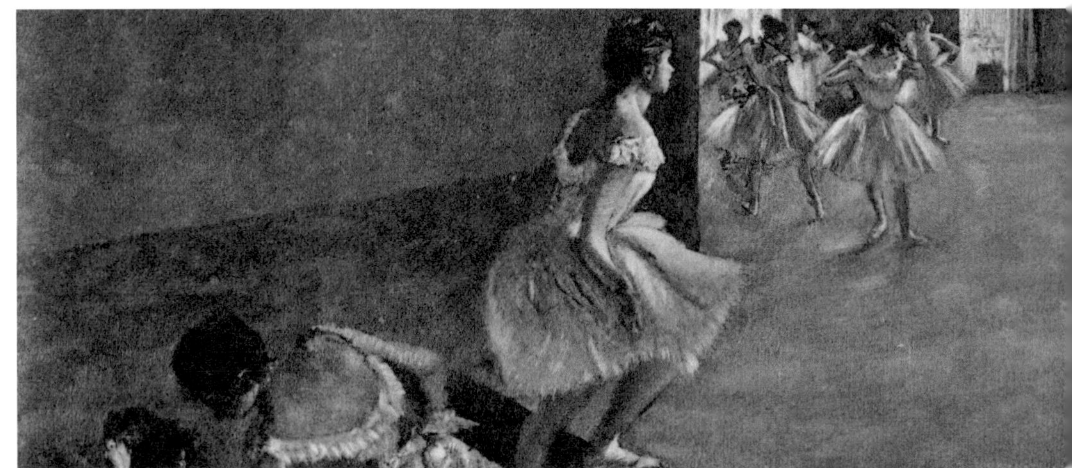

Tanzstunde, 1877. Öl. 0,38 zu 0,88

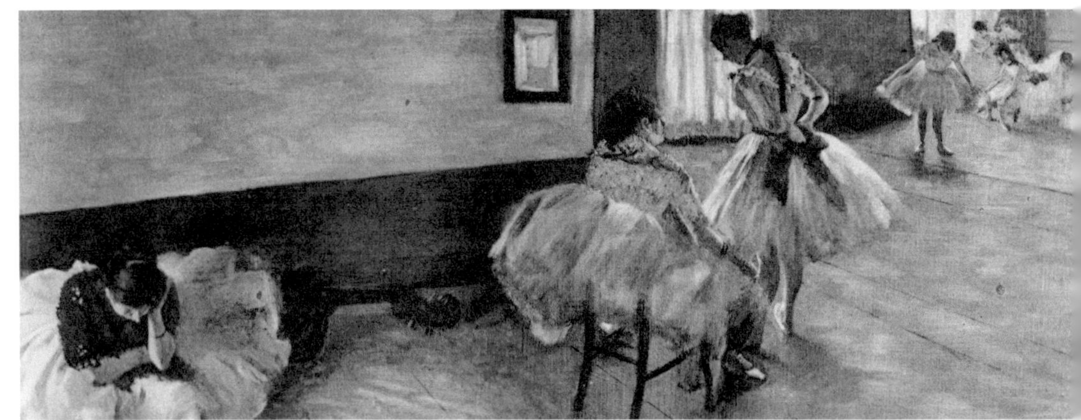

Tanzstunde

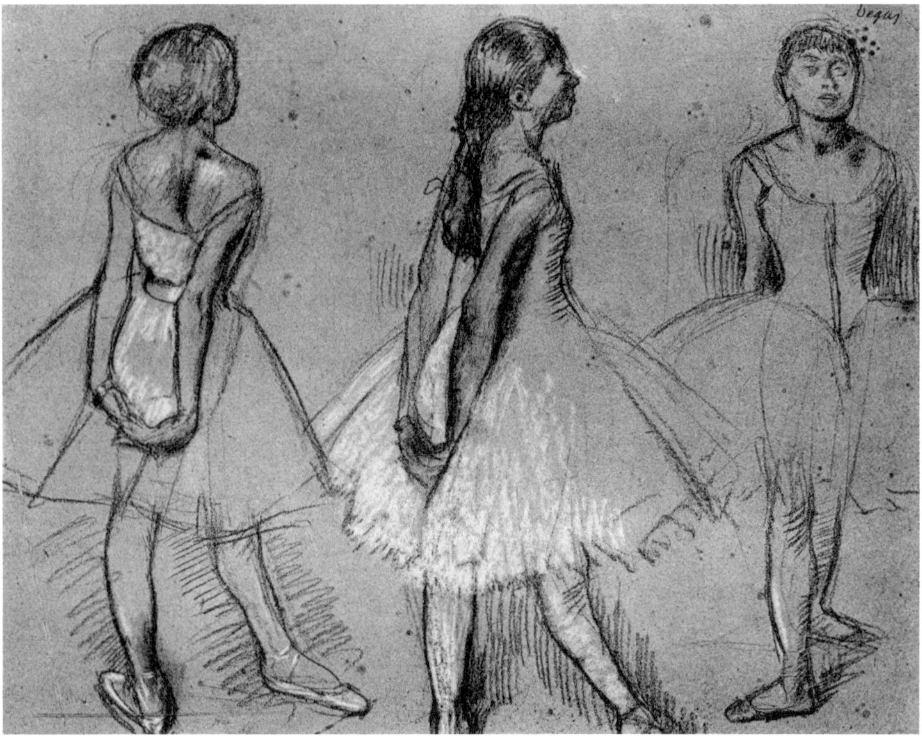

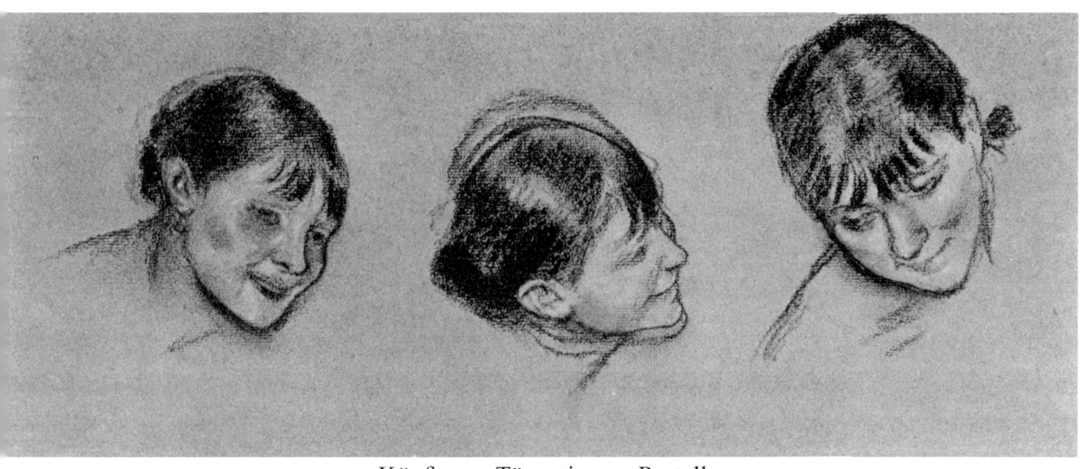

Studien, farbig erhöhte Kunst

Köpfe von Tänzerinnen. Pastell

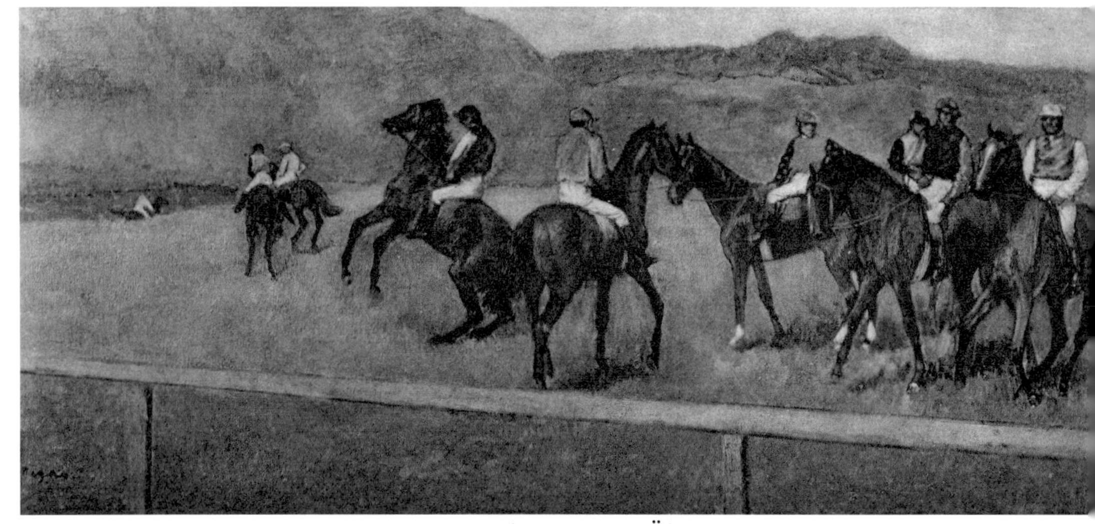

Vor dem Rennen. Öl

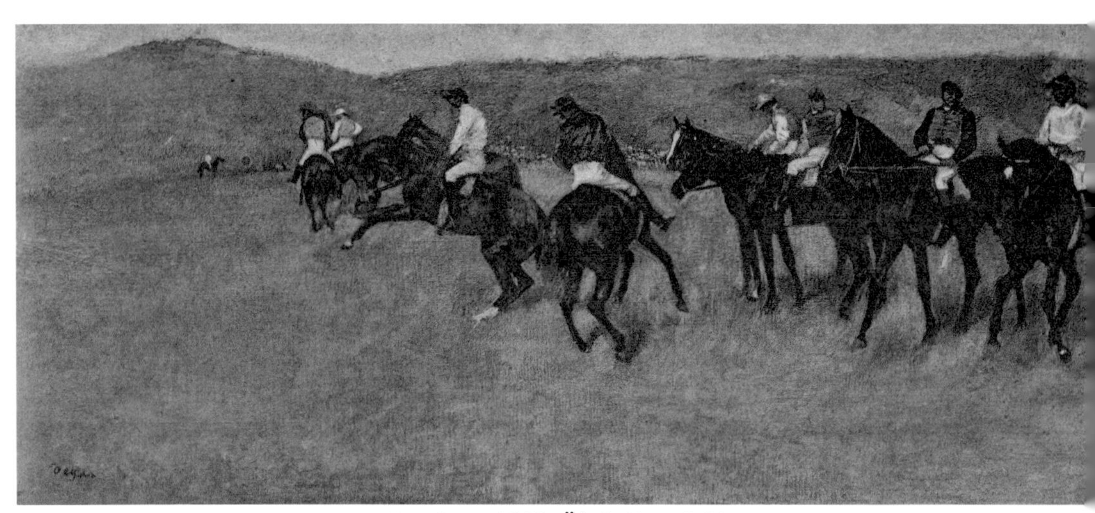

Der Start, 1878. Öl. 0,40 zu 0,89

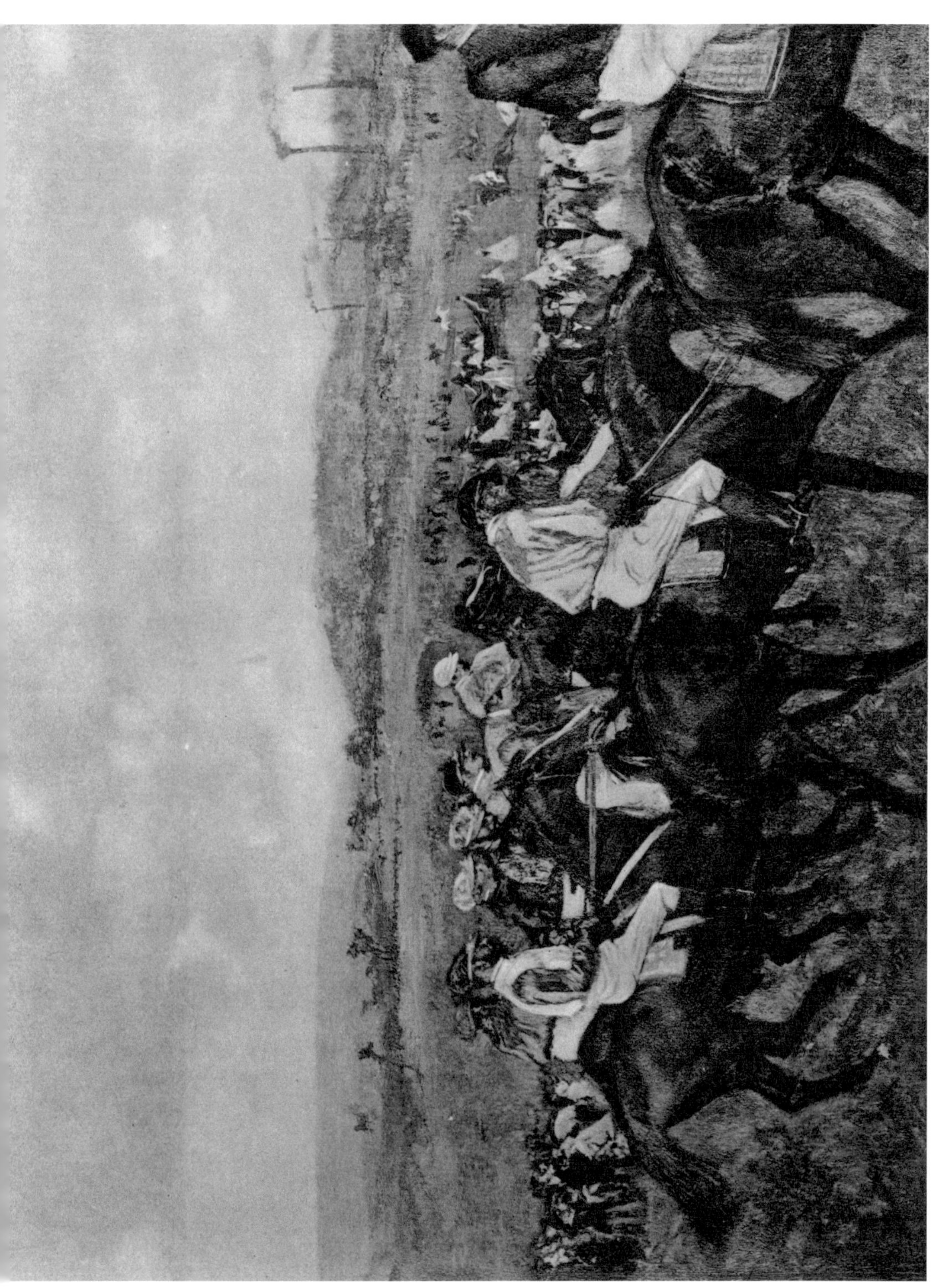

Avant les Courses, gegen 1878

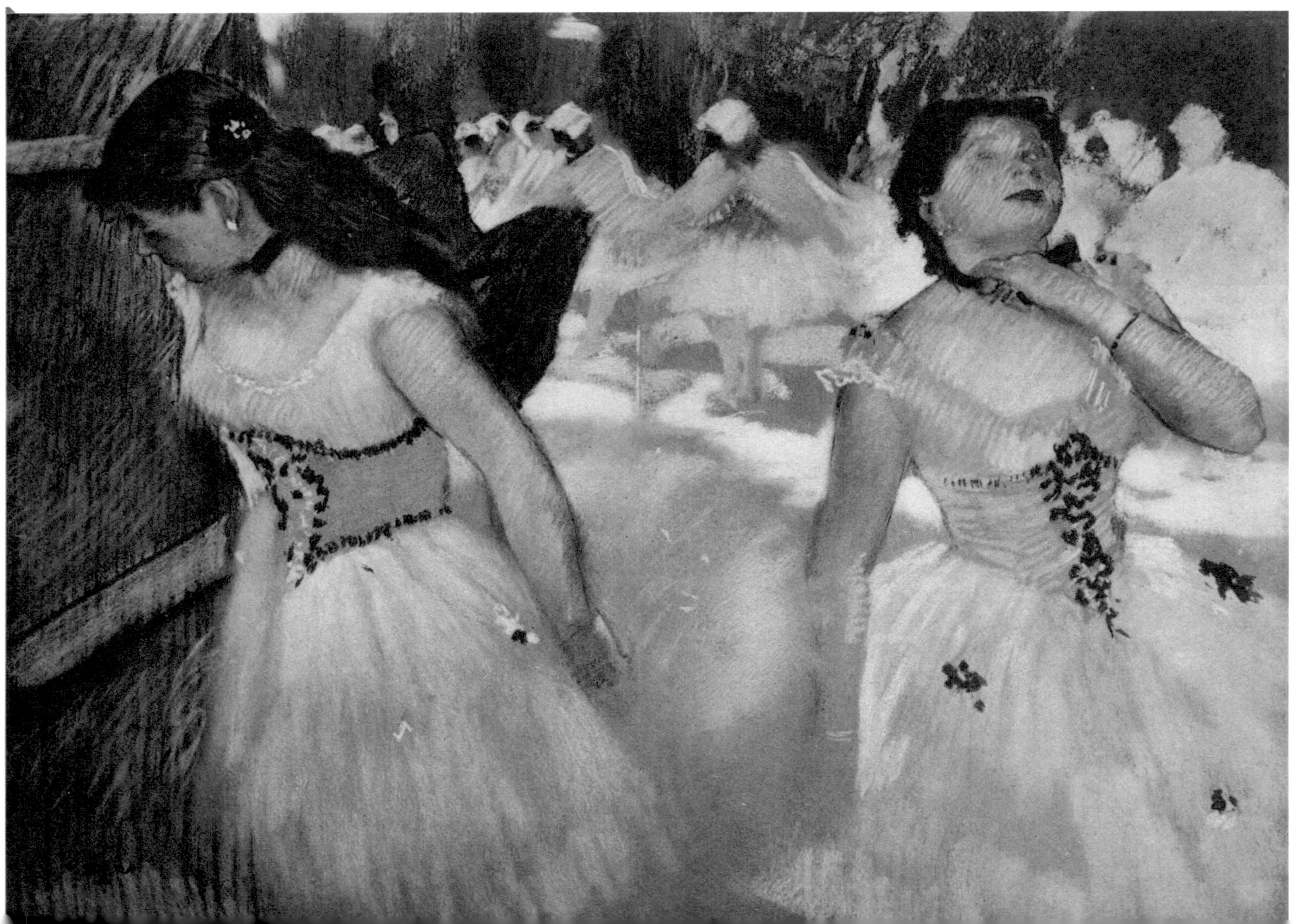

Auftritt der Masken, 1879. Pastell 0,50 zu 0,65

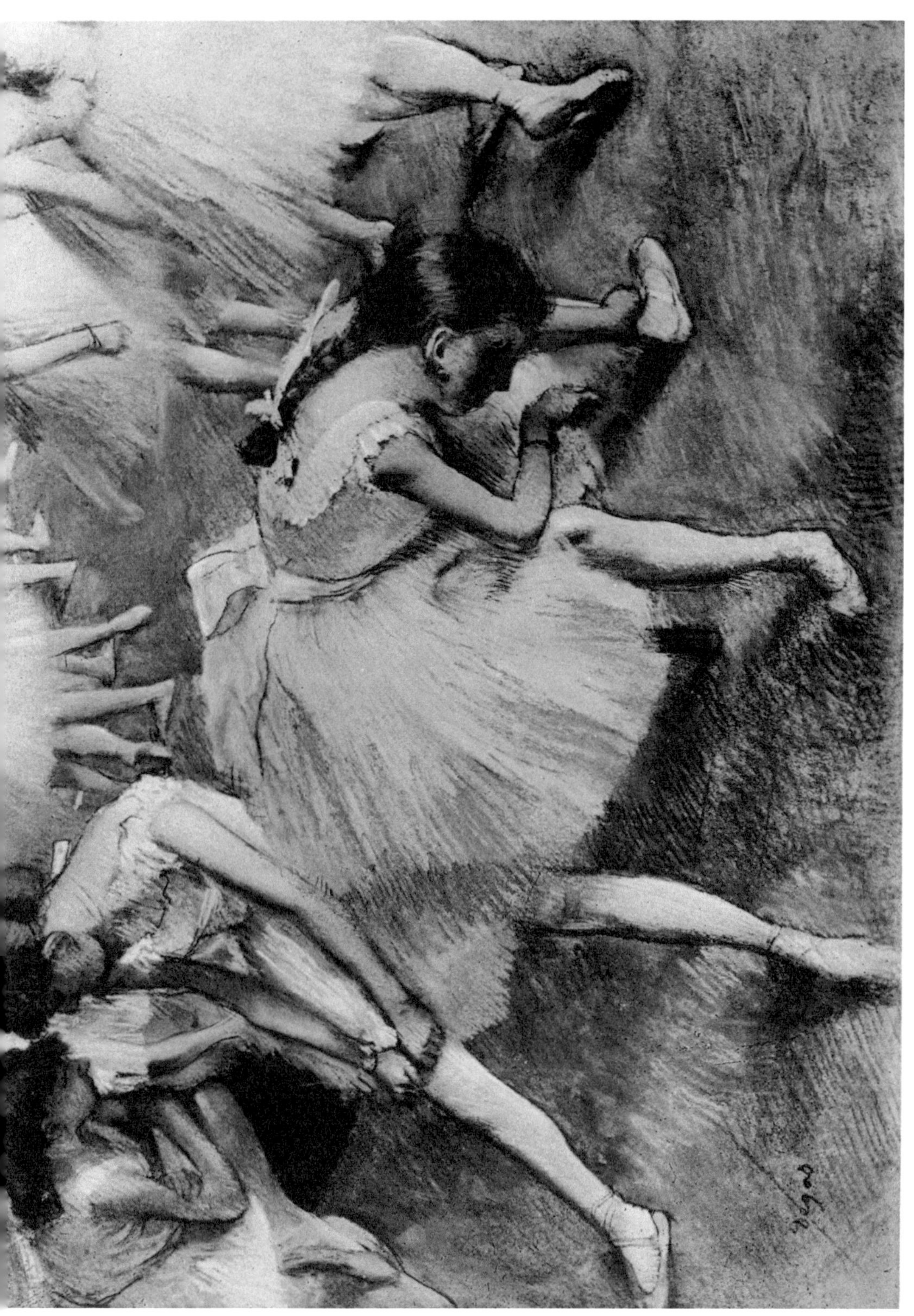

Tänzerinnen, 1879. Pastell. 0,48 zu 0,64

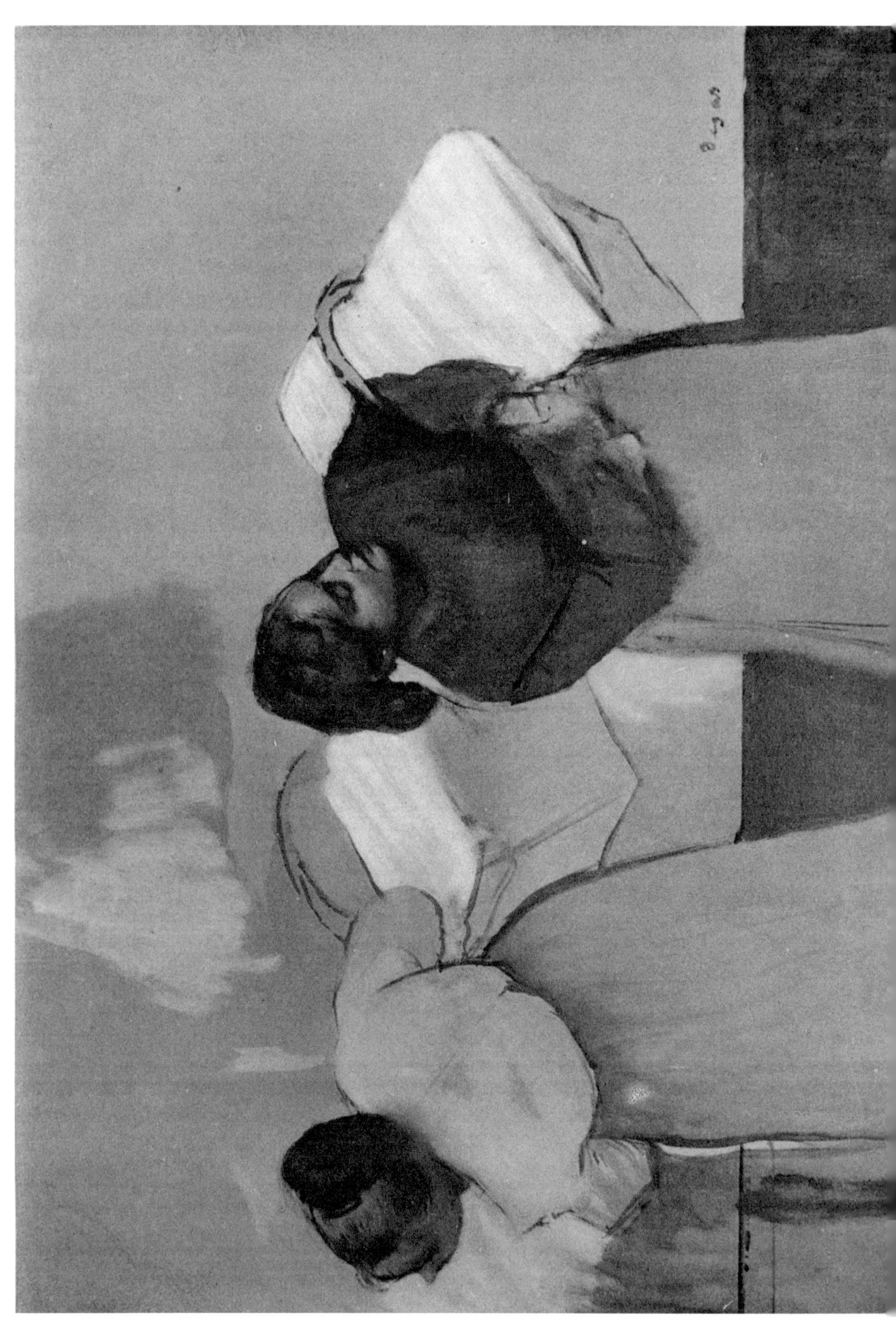

Die Wäscherinnen, 1879. Öl. 0,46 zu 0,61

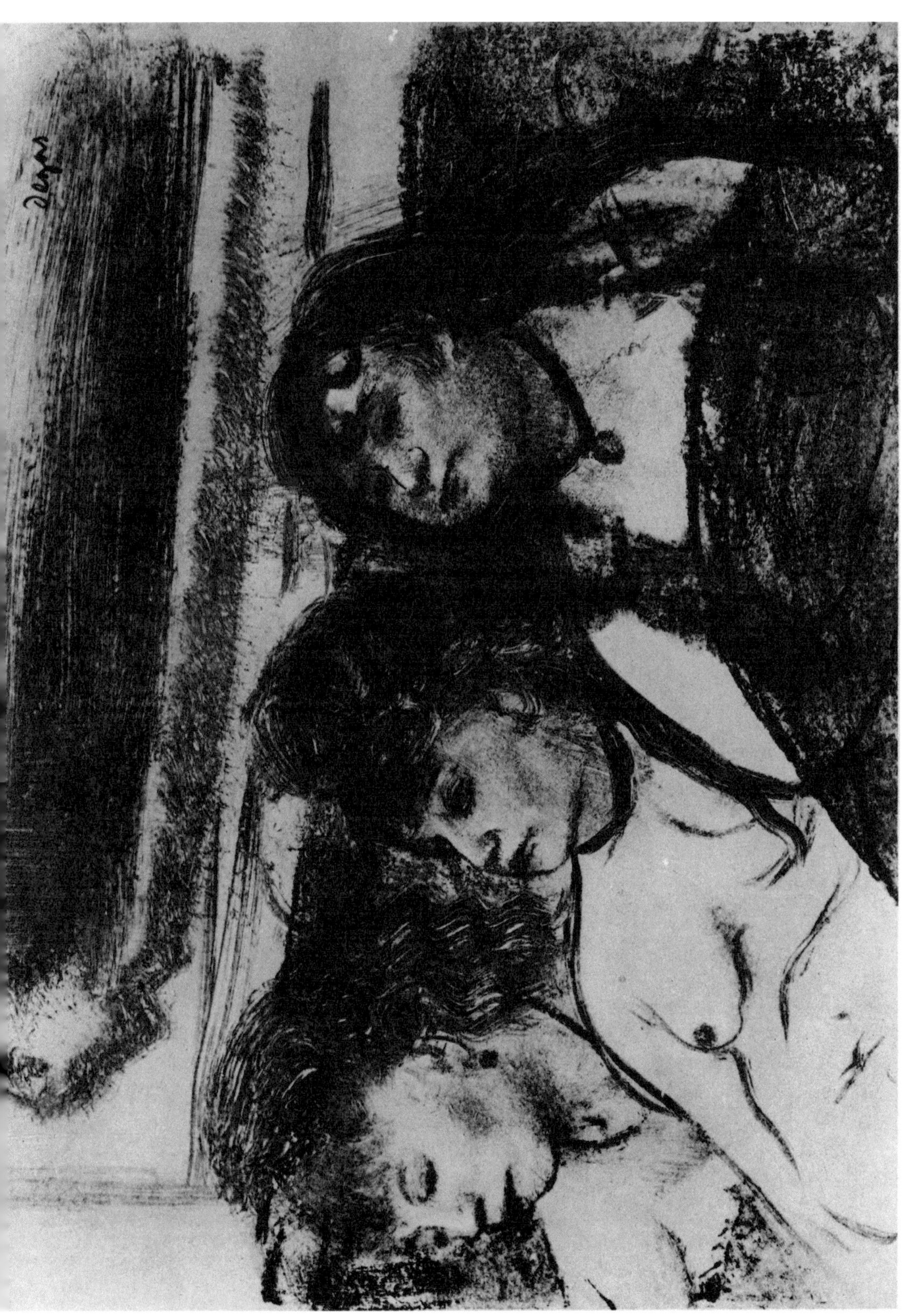

Bordell-Szene, gegen 1879. 0,16 zu 0,215

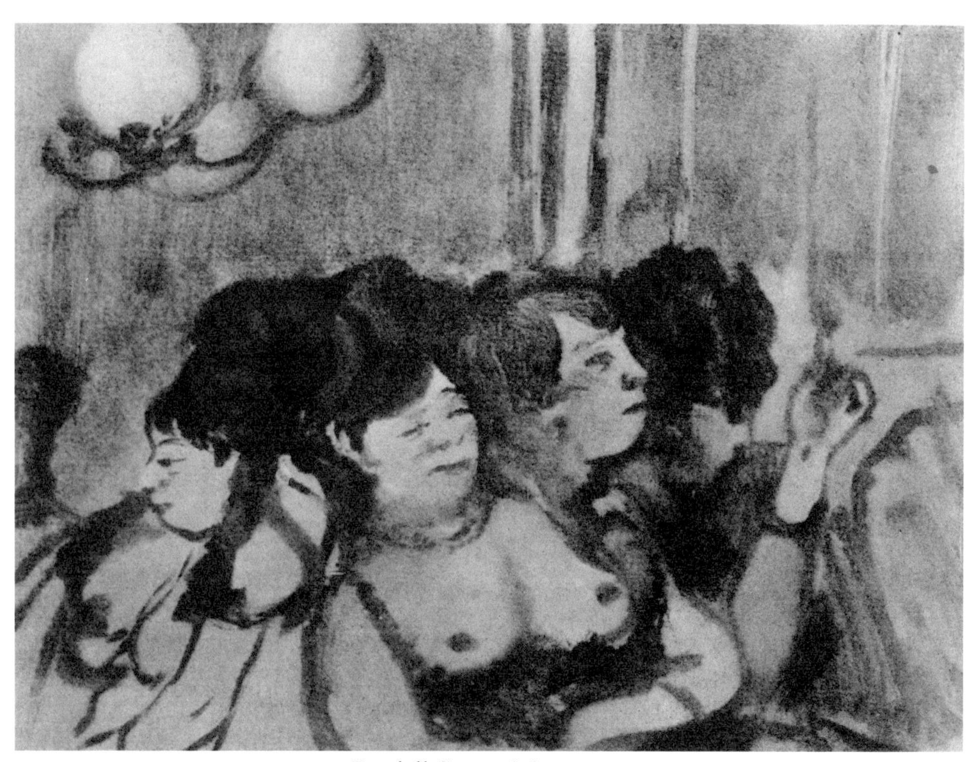

Bordell-Szene. Monotype

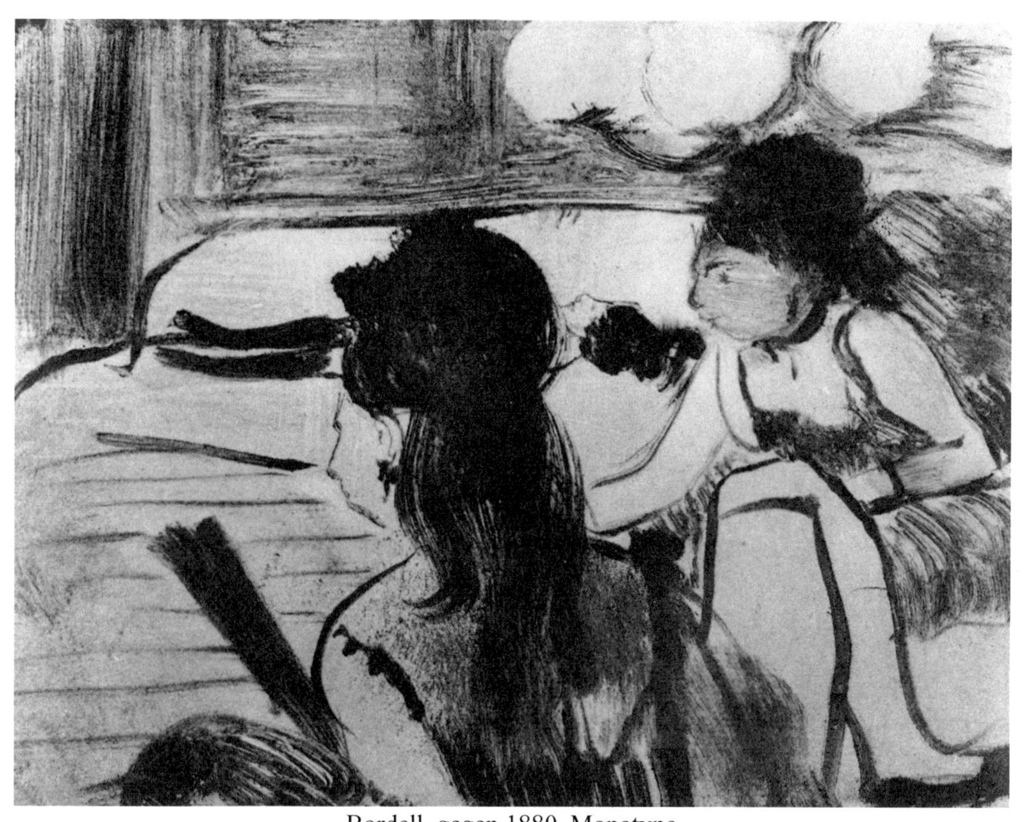

Bordell, gegen 1880. Monotype

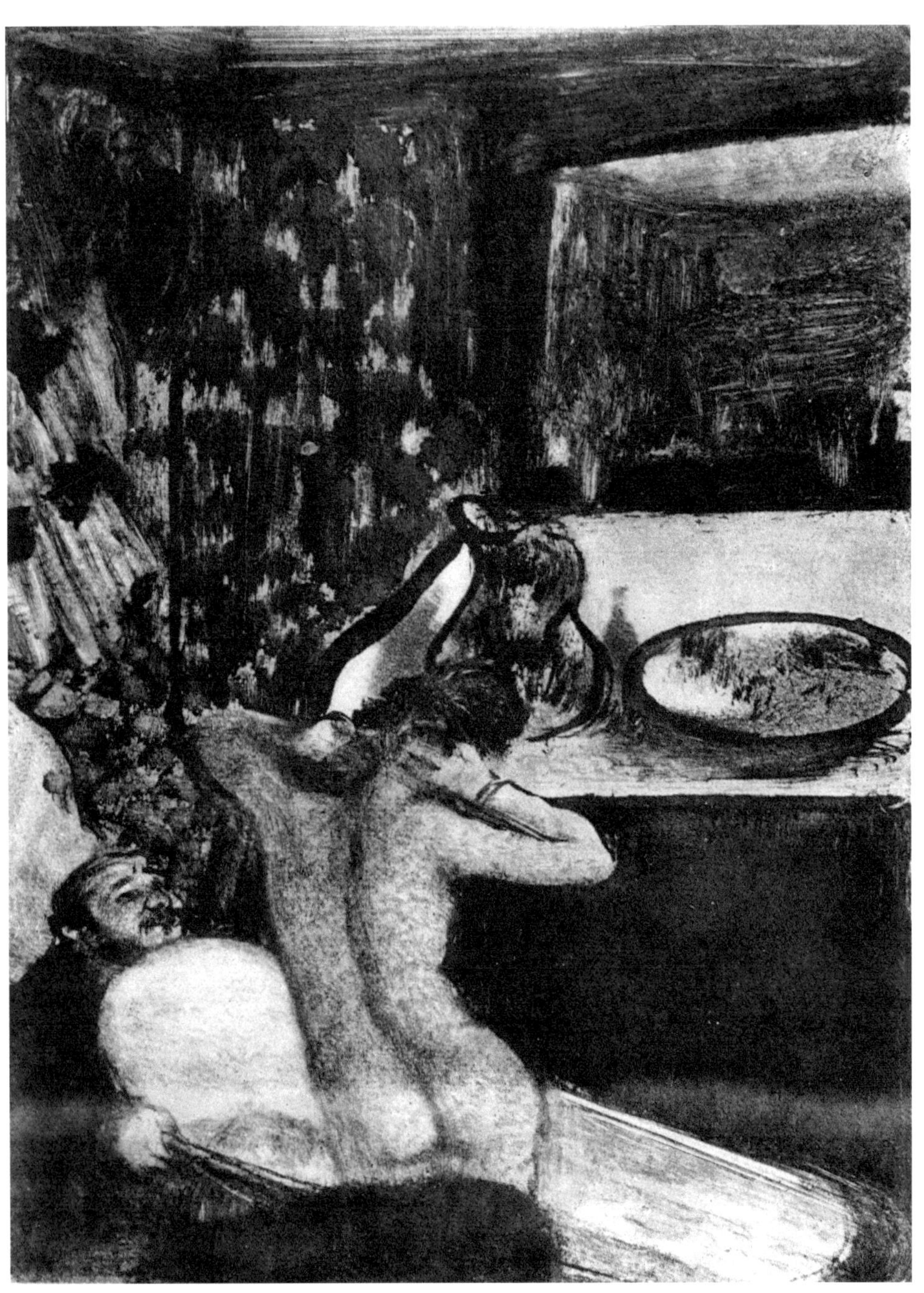

Admiration, gegen 1880. Monotype

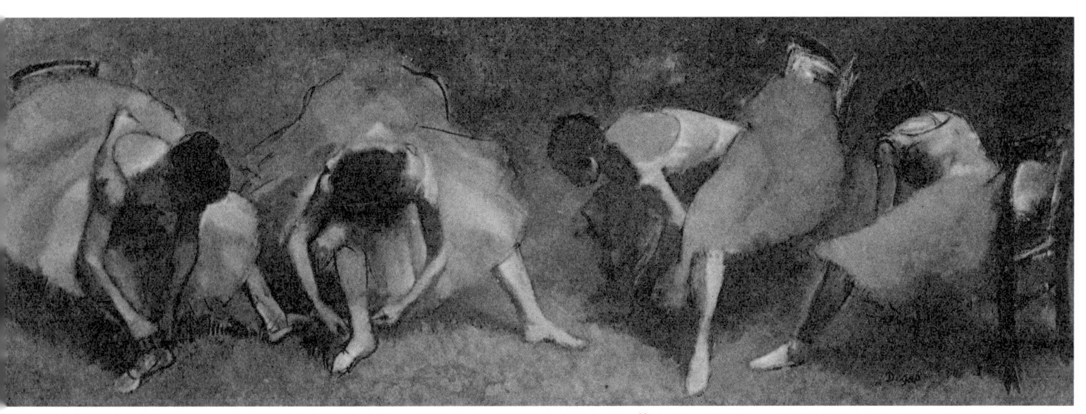

Fries mit Tänzerinnen, gegen 1880. Öl. 0,70 zu 2,00

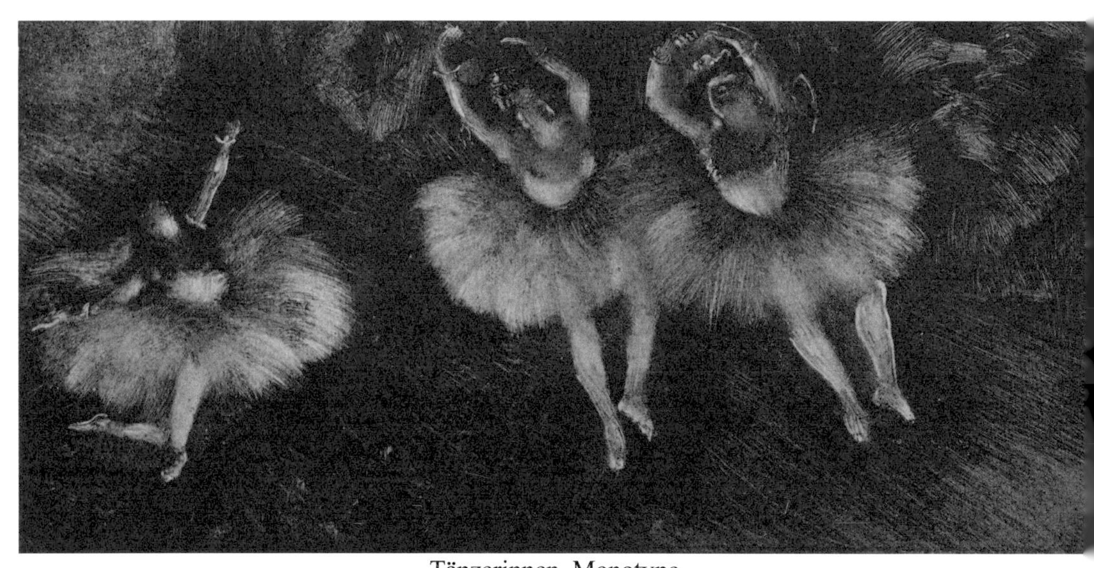

Tänzerinnen. Monotype

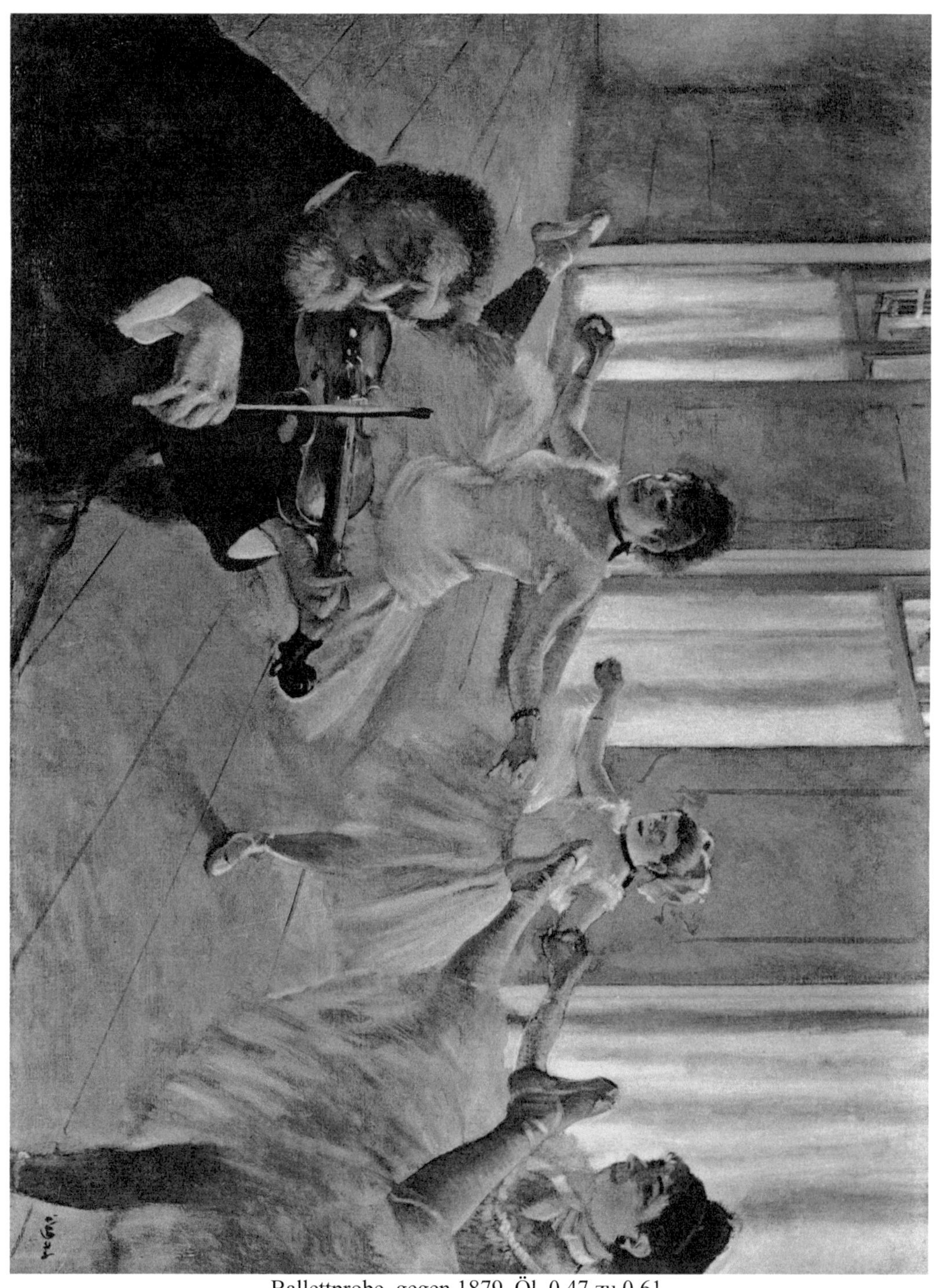

Ballettprobe, gegen 1879. Öl. 0,47 zu 0,61

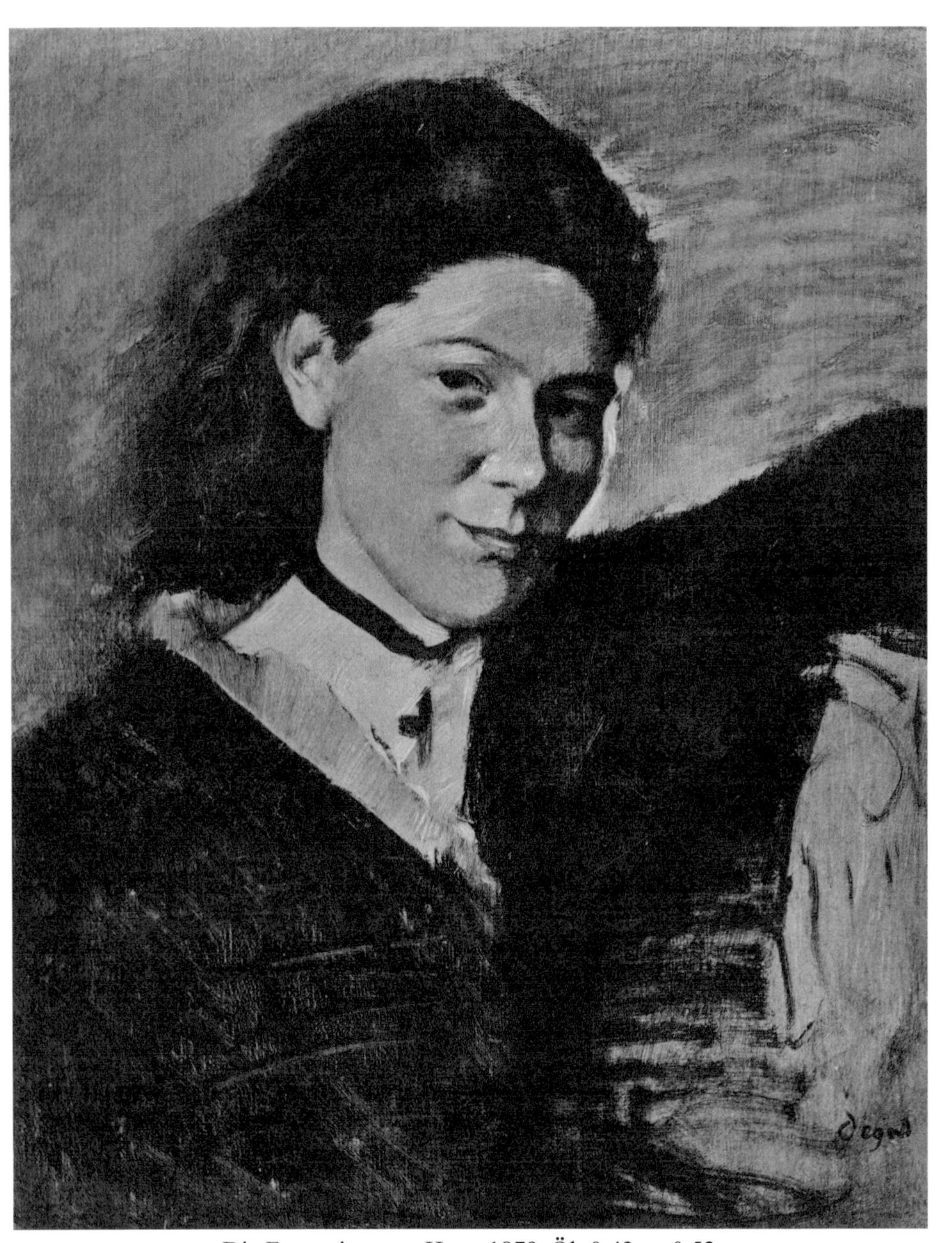

Die Frau mit rotem Haar, 1879. Öl. 0,43 zu 0,52

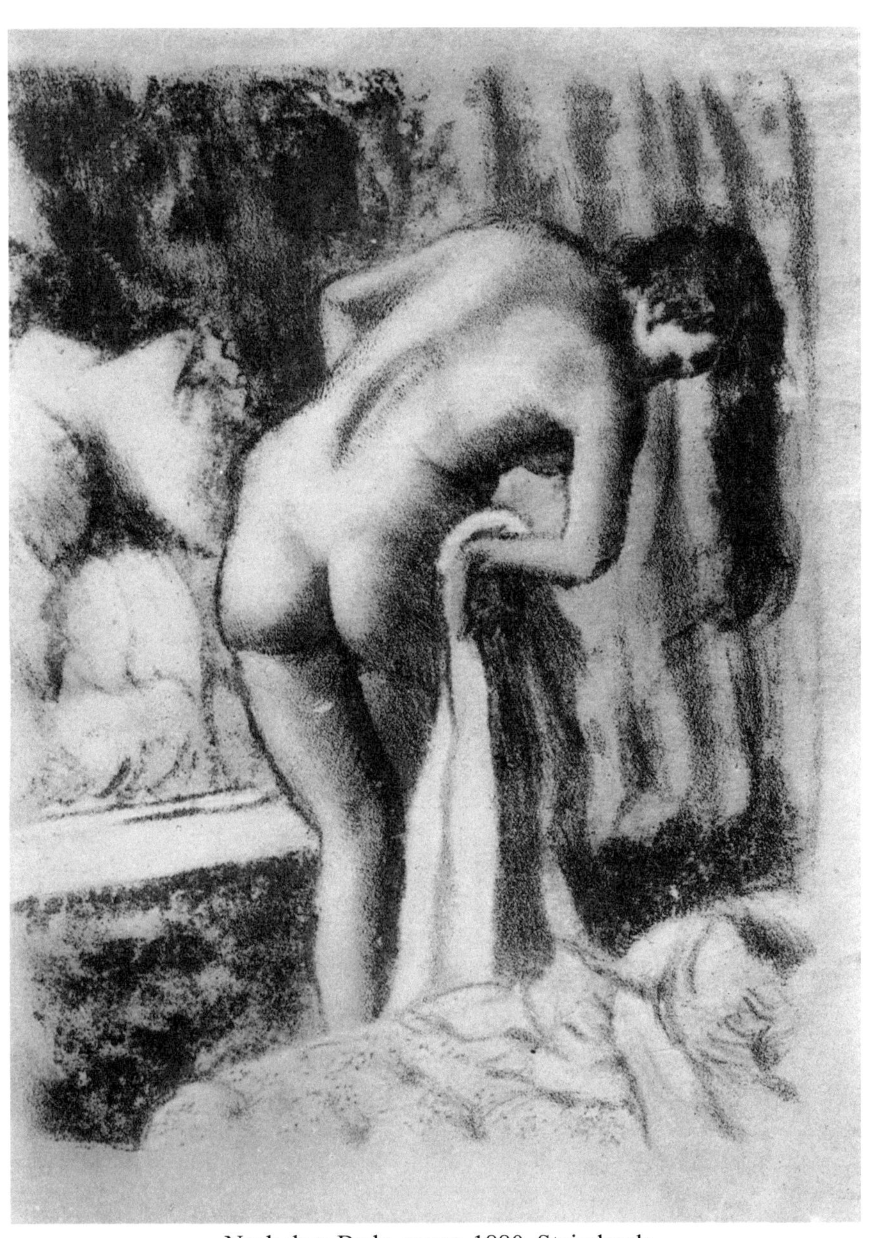

Nach dem Bade, gegen 1880. Steindruck

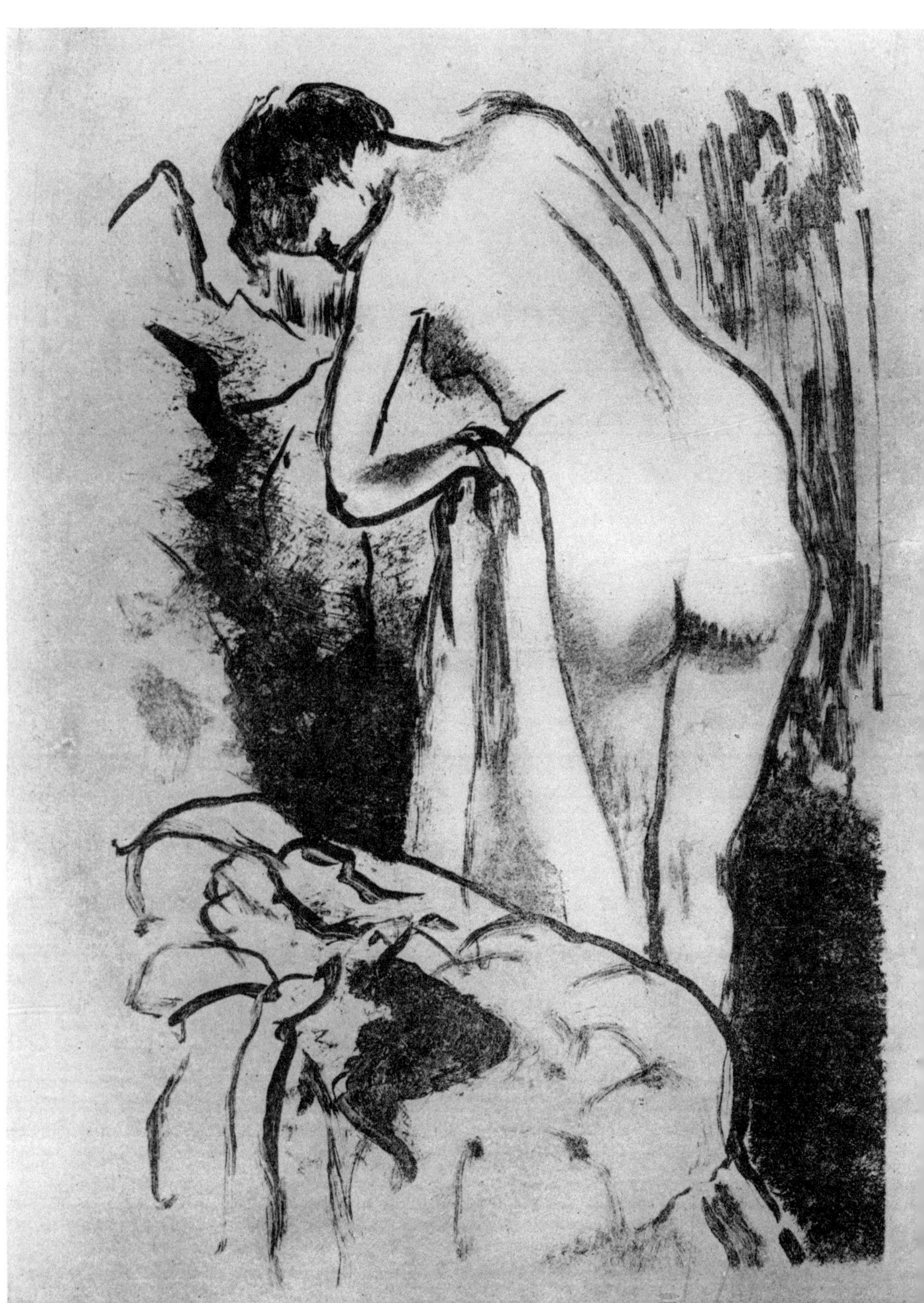

Der Tub. Monotype

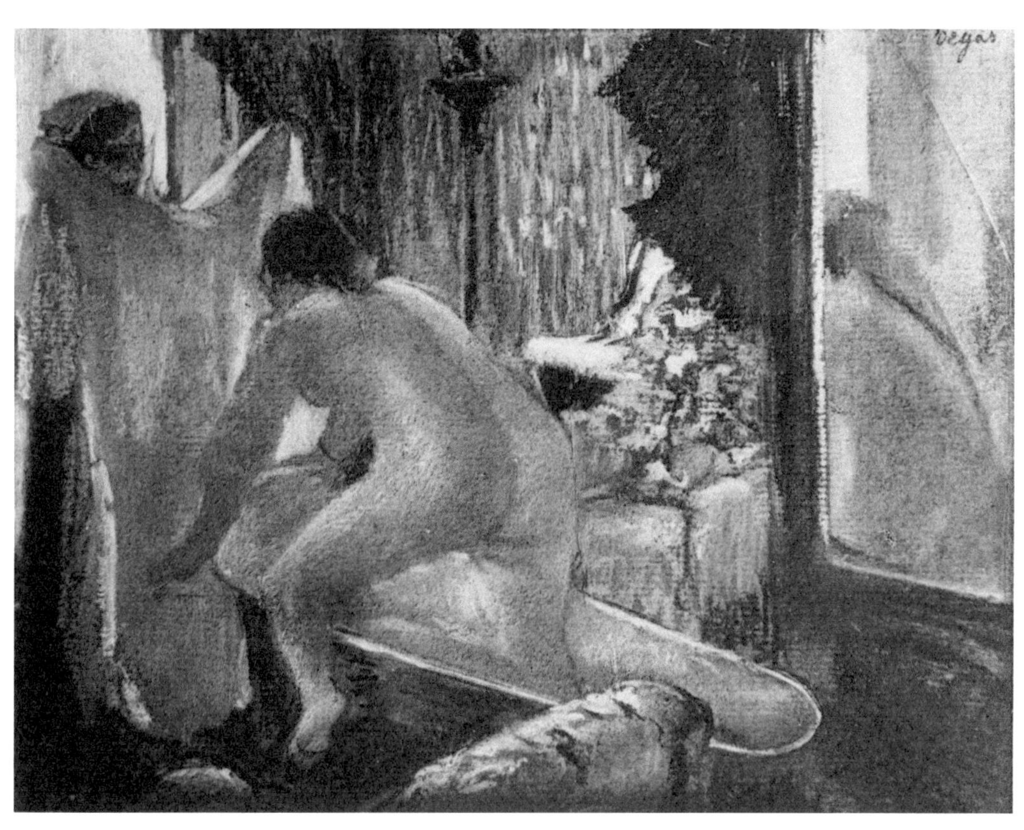

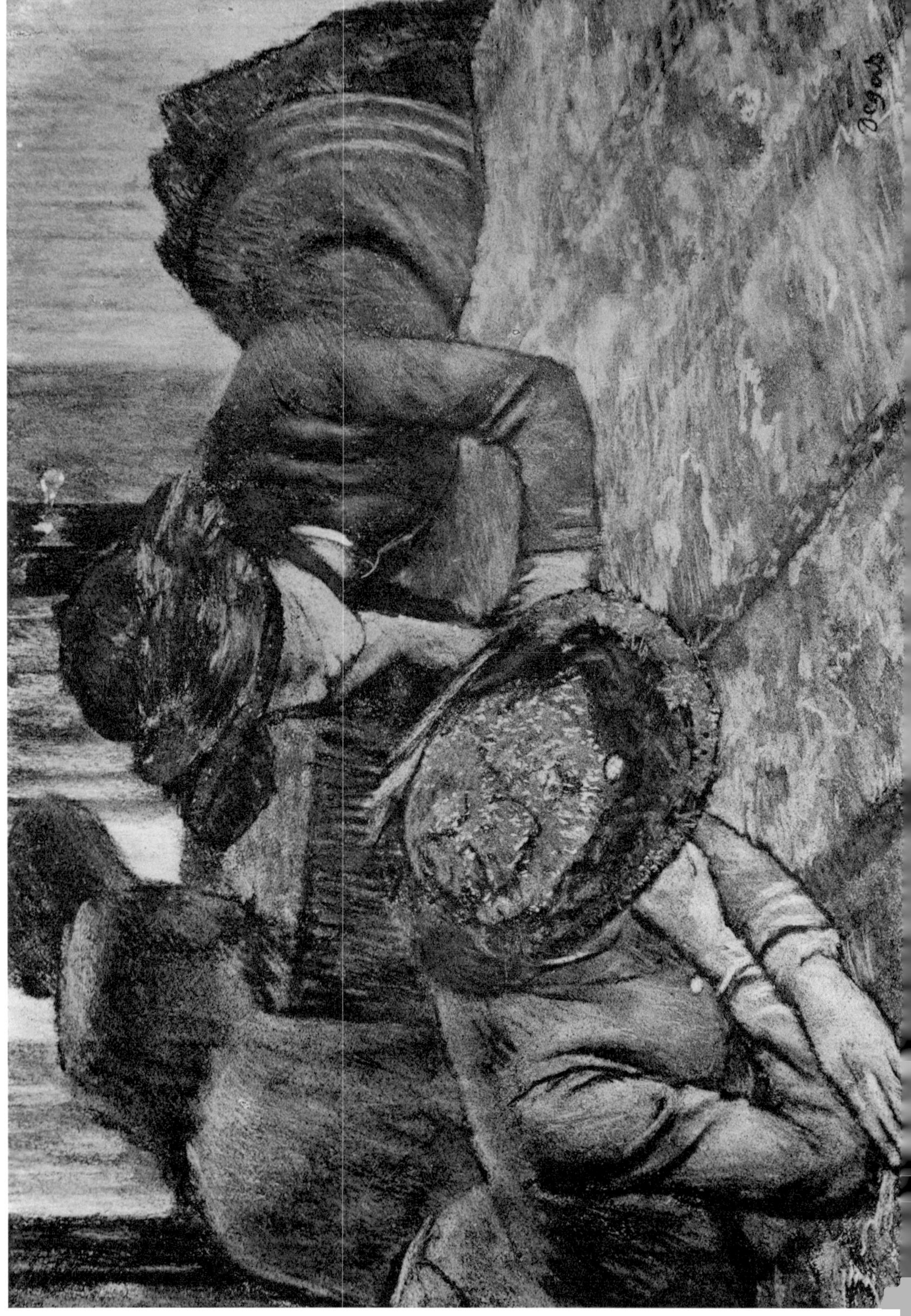

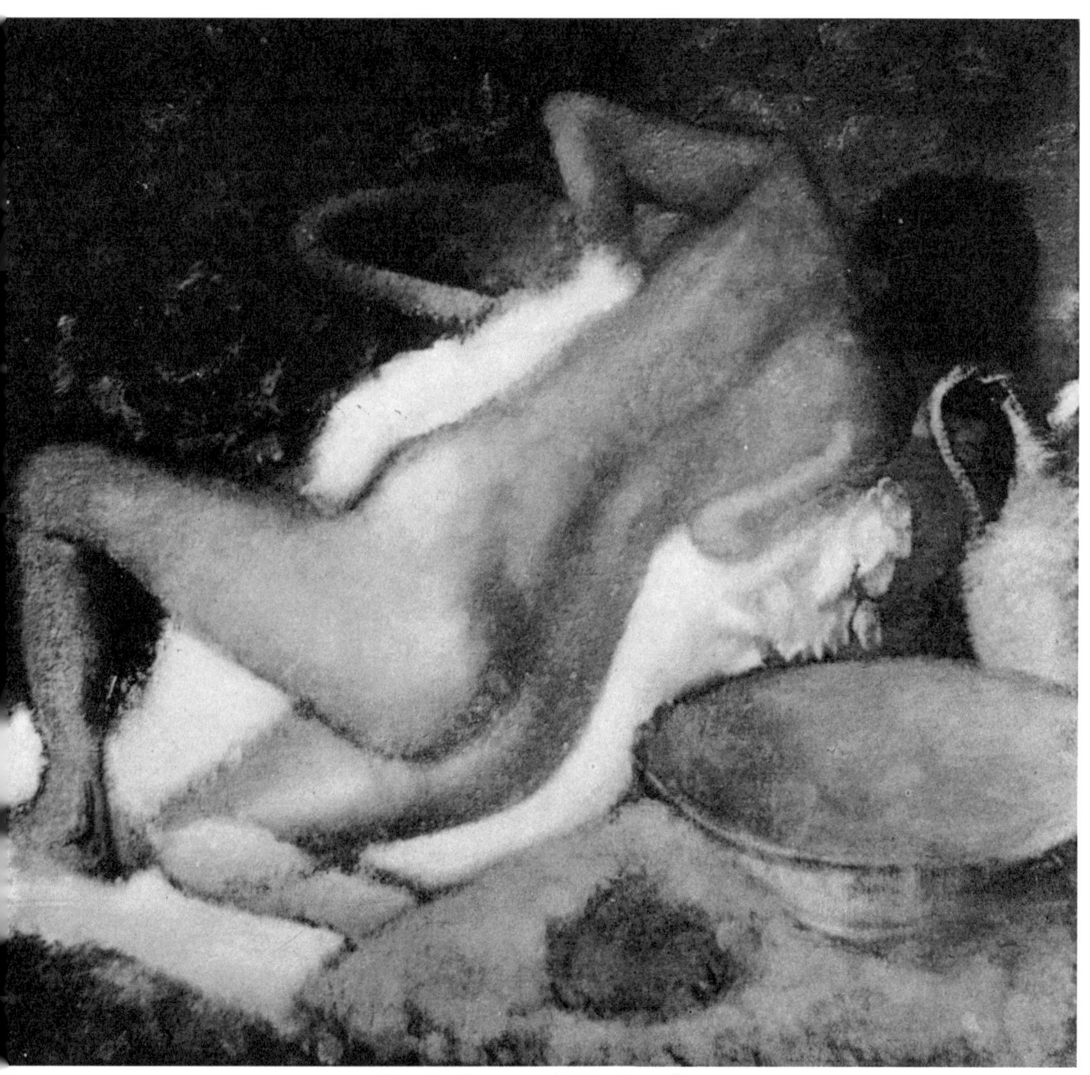

Das Bad, gegen 1880. Pastell

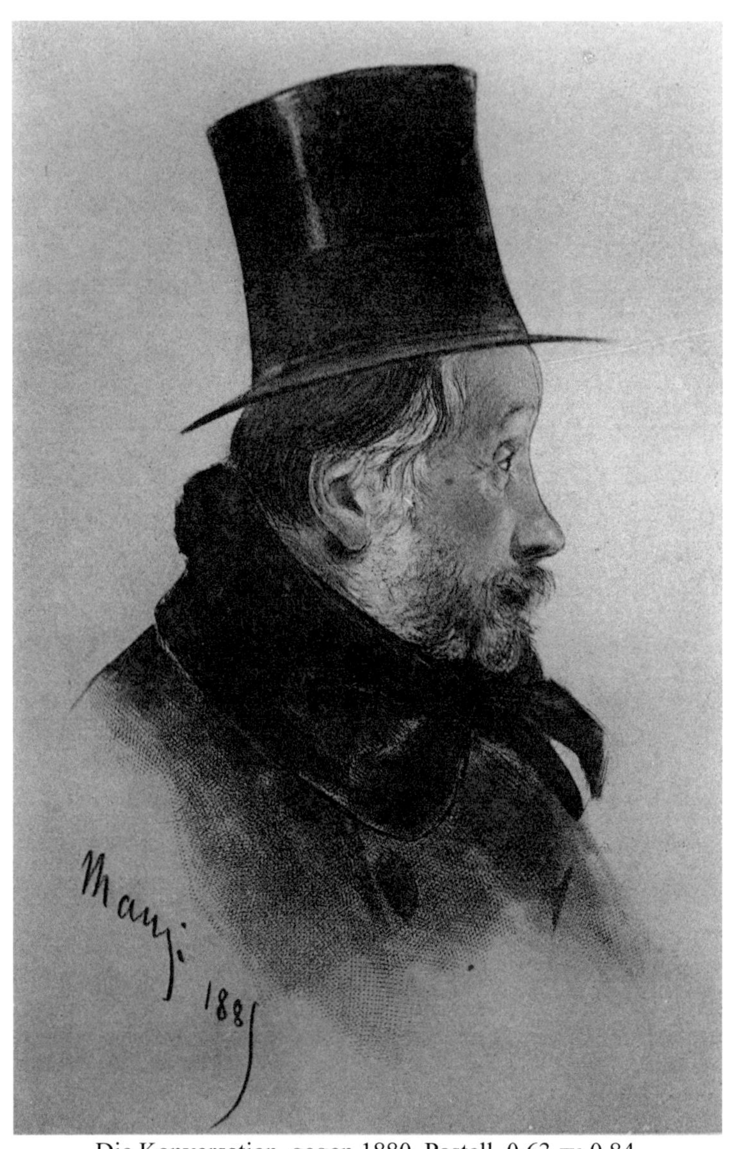

Die Konversation, gegen 1880. Pastell. 0,63 zu 0,84

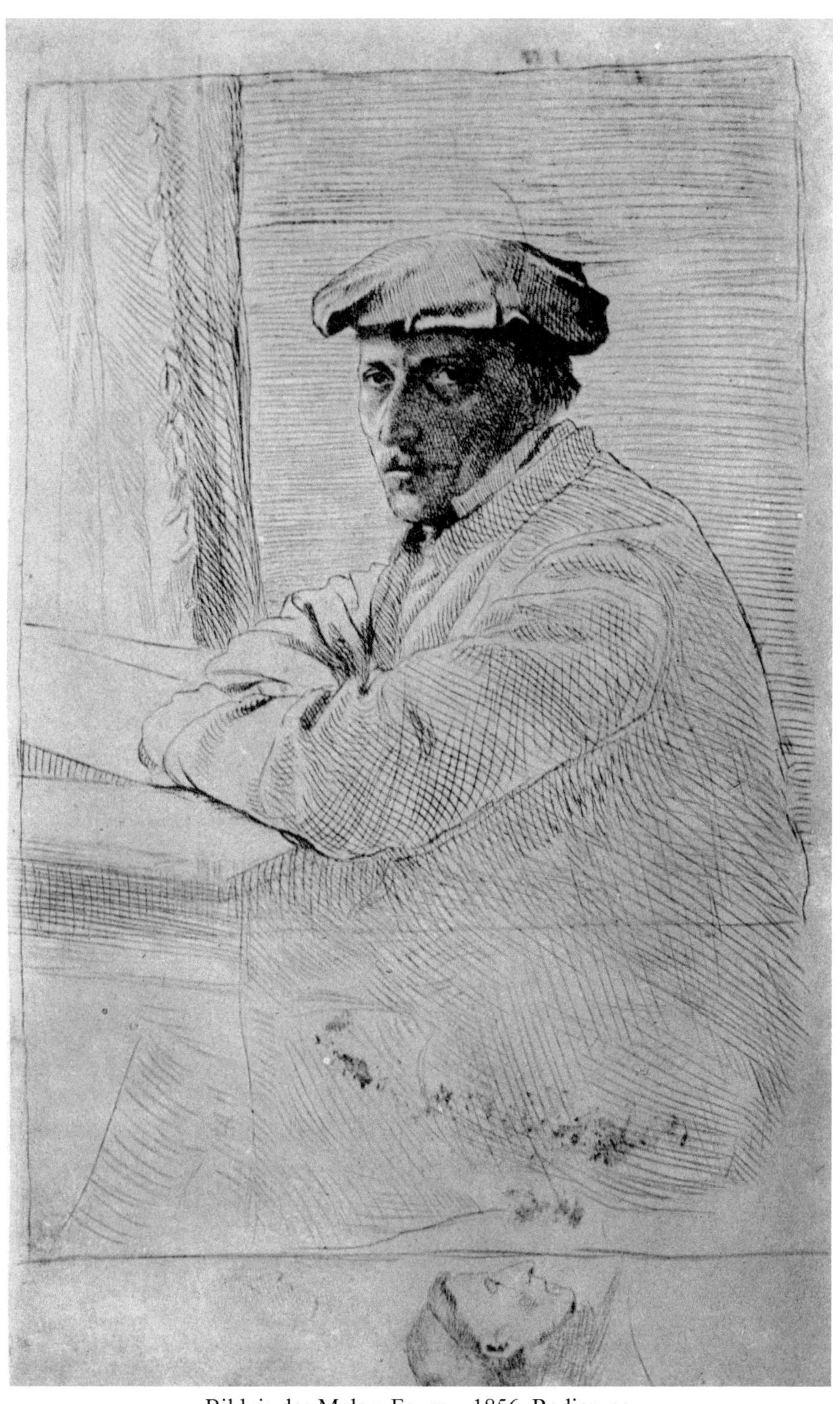

Bildnis des Malers Fourny, 1856. Radierung

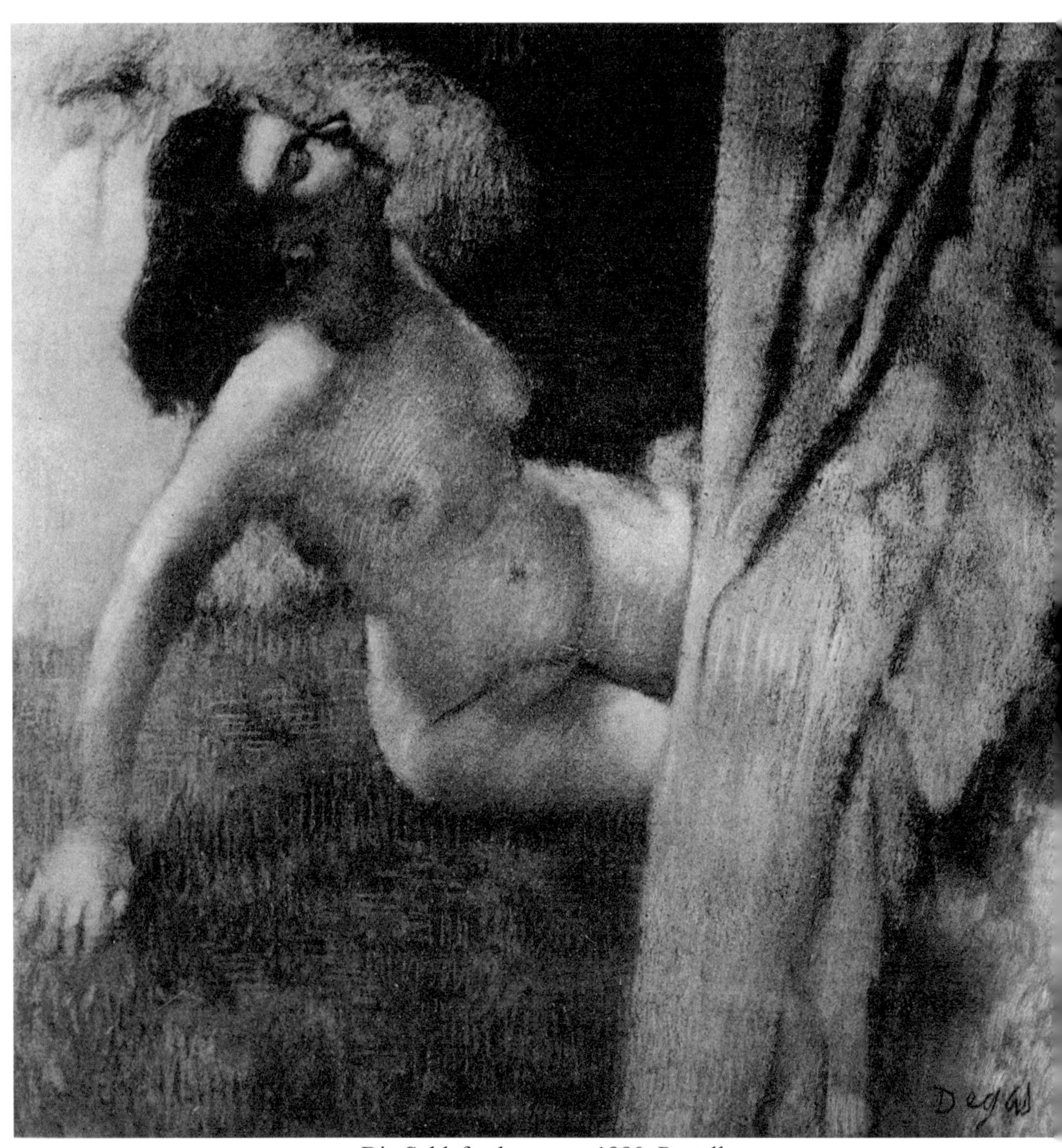

Die Schlafende, gegen 1880. Pastell

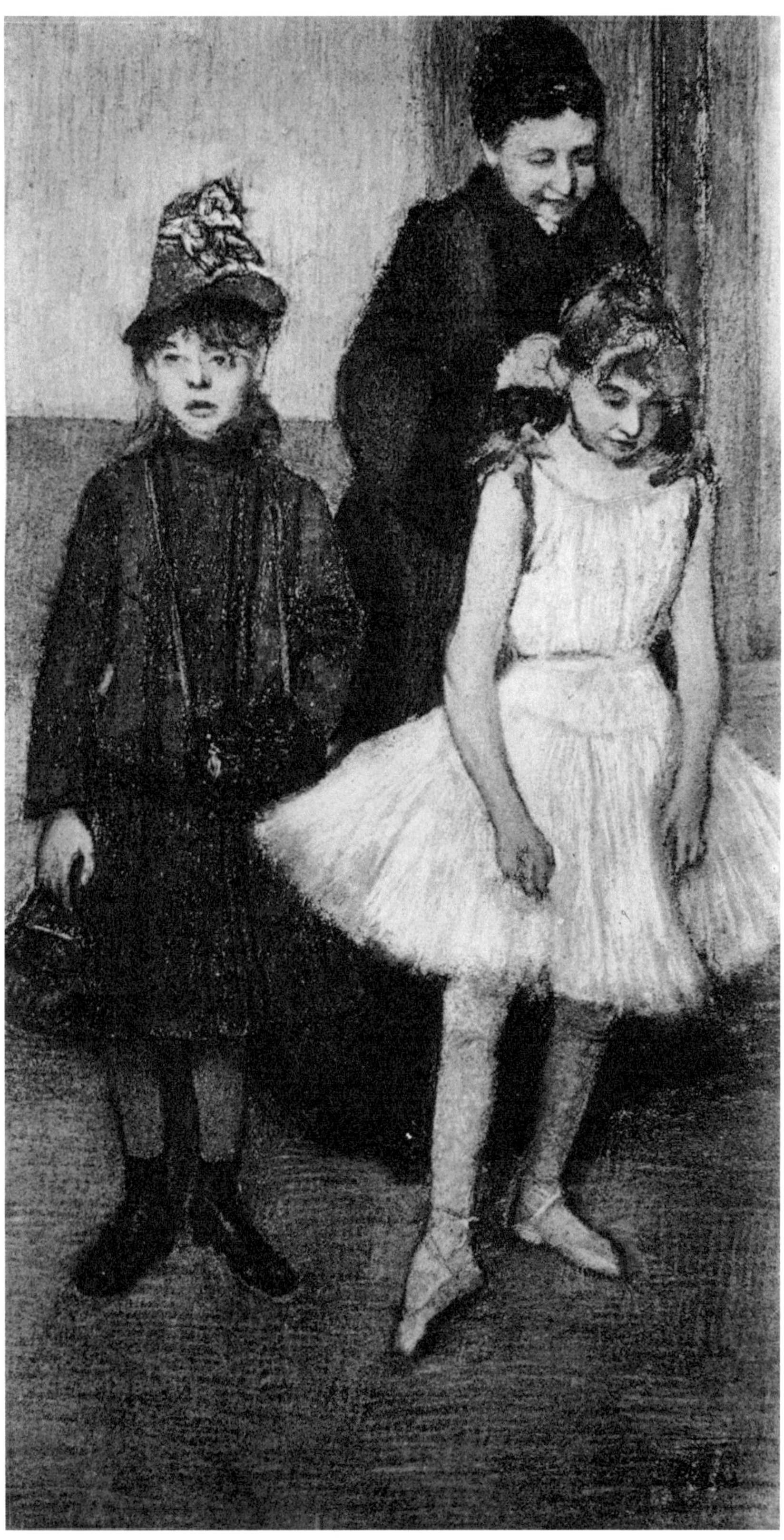

Die Familie Mante

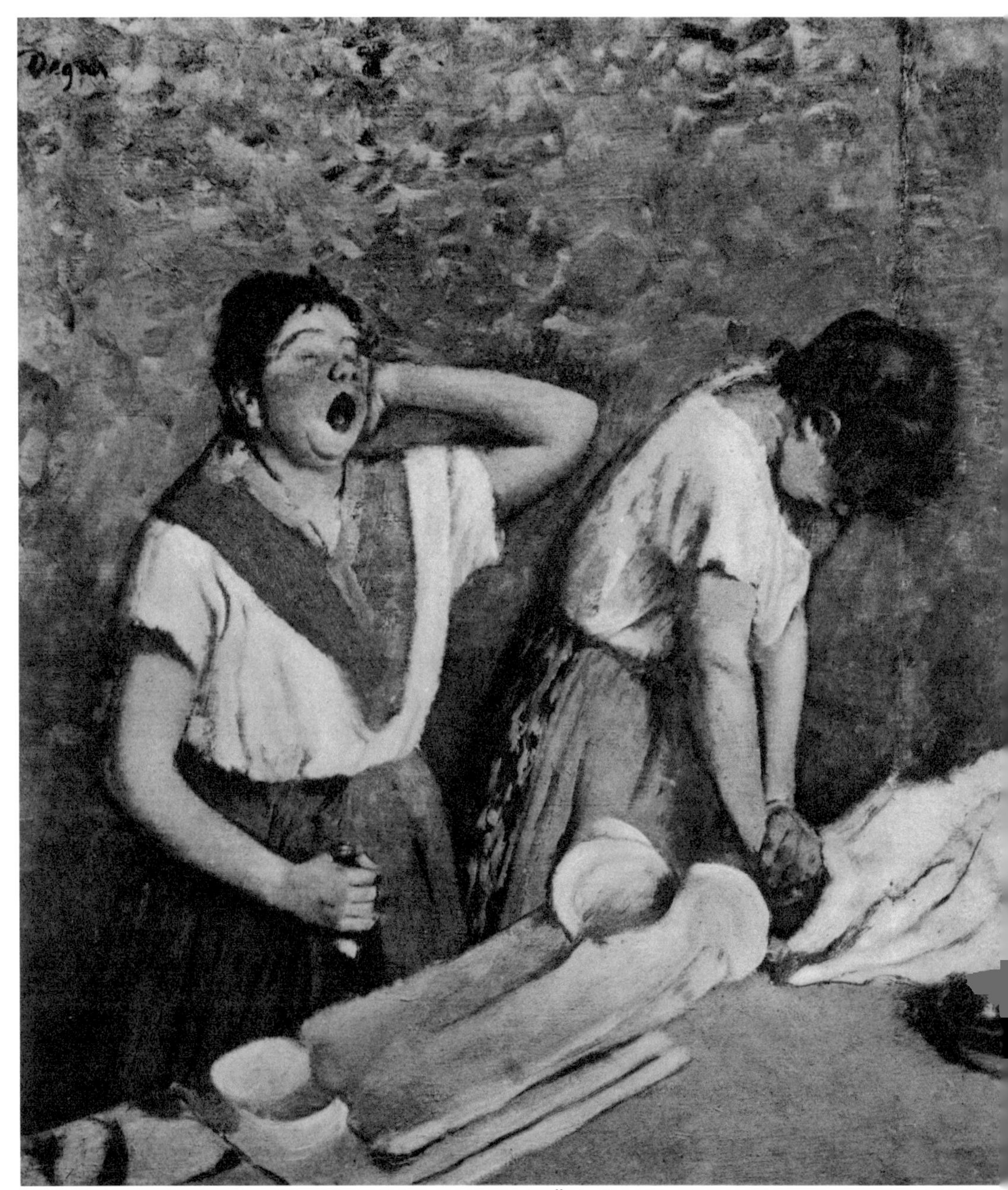

Plätterinnen, 1882. Öl. 79 zu 73

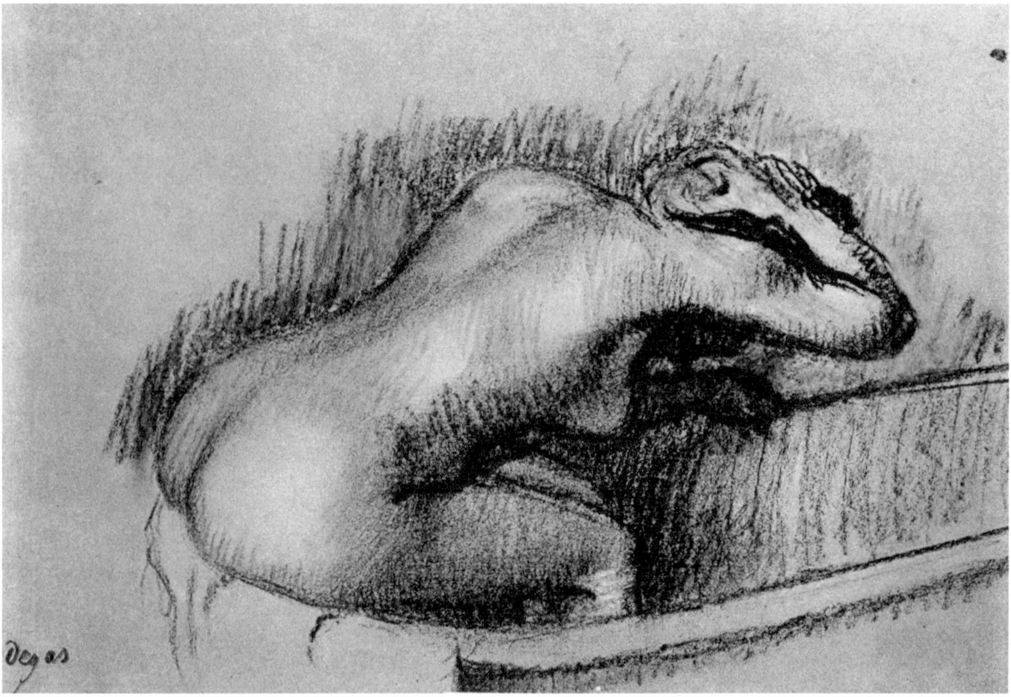

Im Bade. Pastell

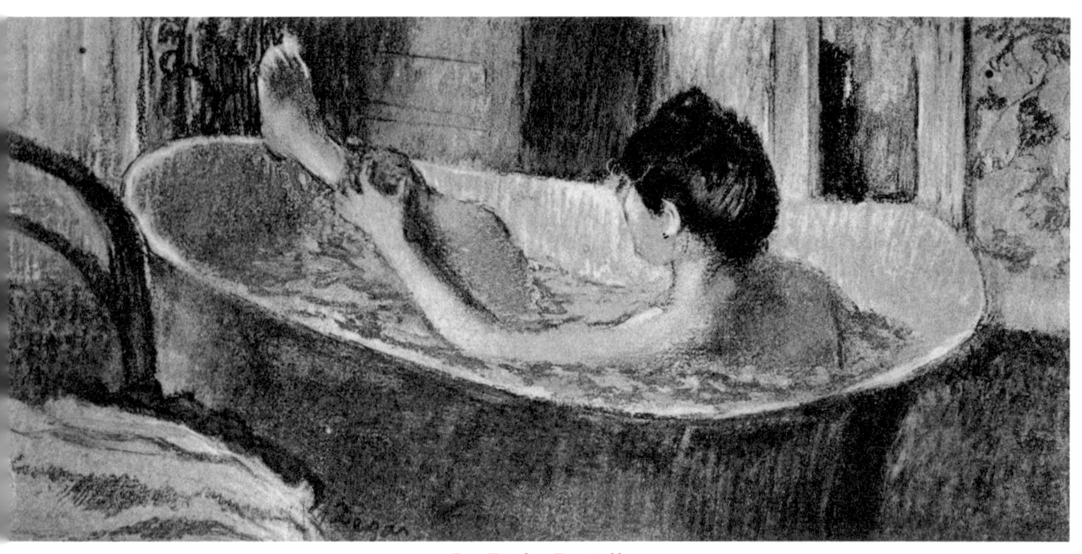

Im Bade. Pastell

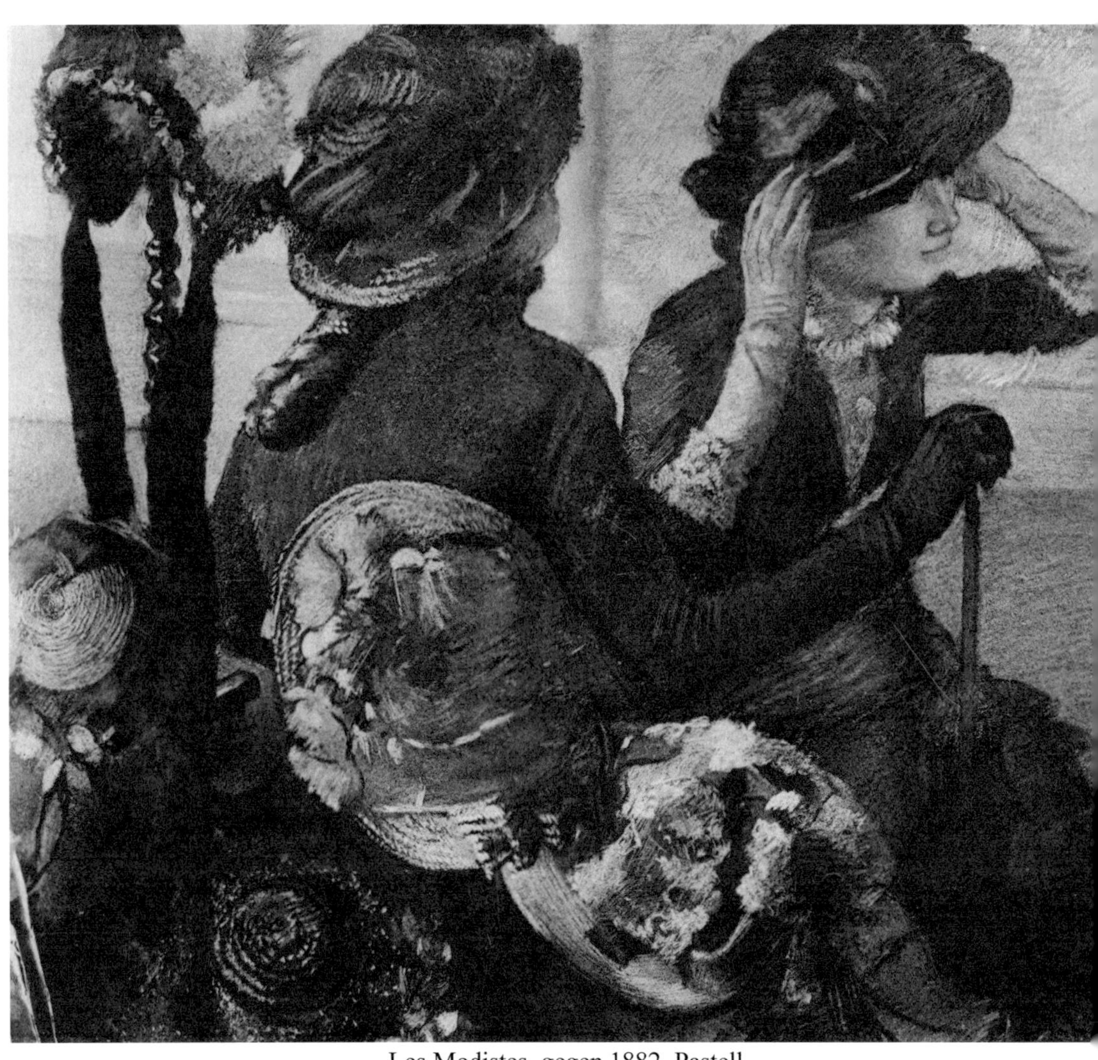

Les Modistes, gegen 1882. Pastell

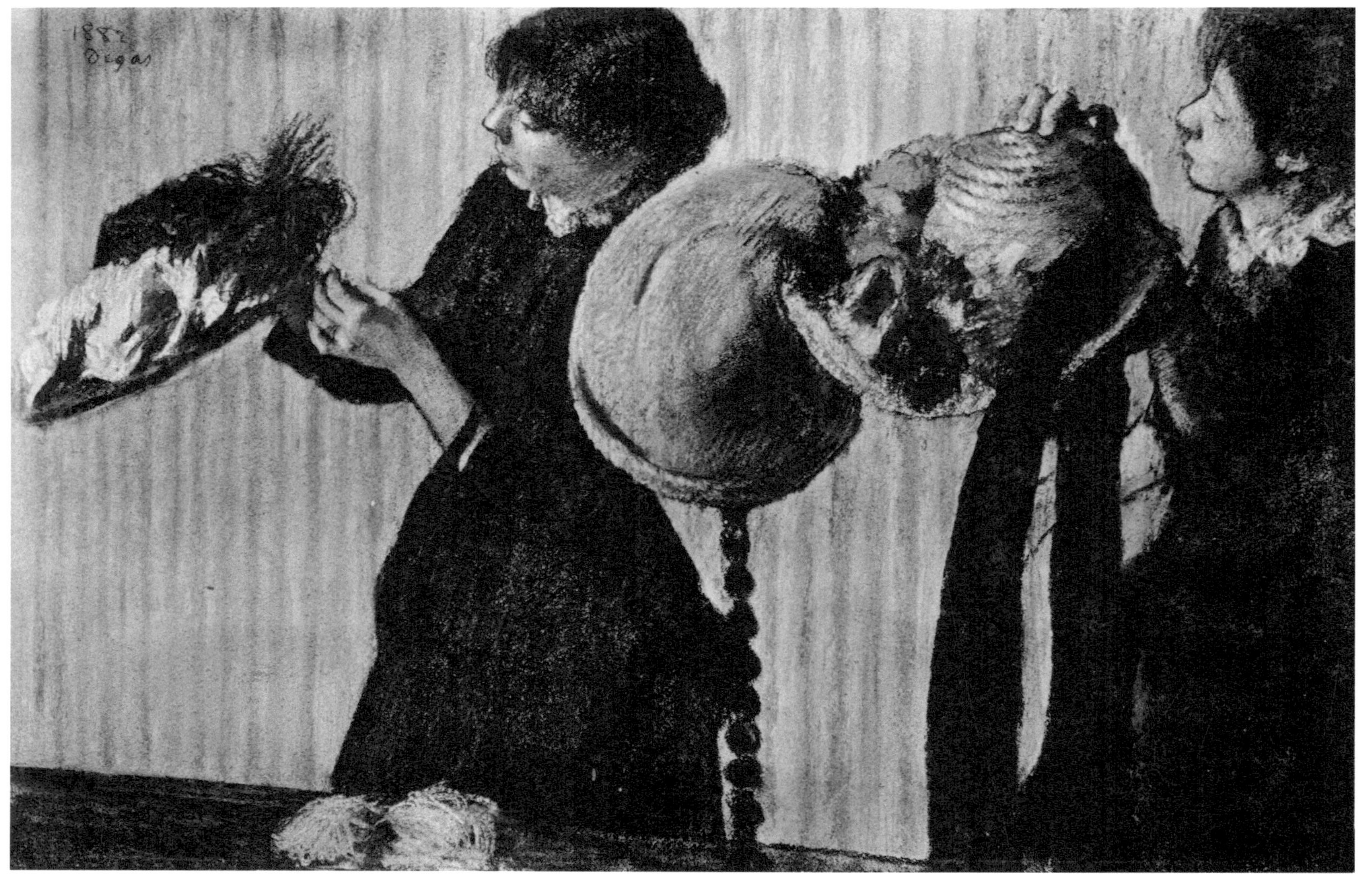

Das Atelier der Modistin, 1882. Pastell. 0,485 zu 0,70

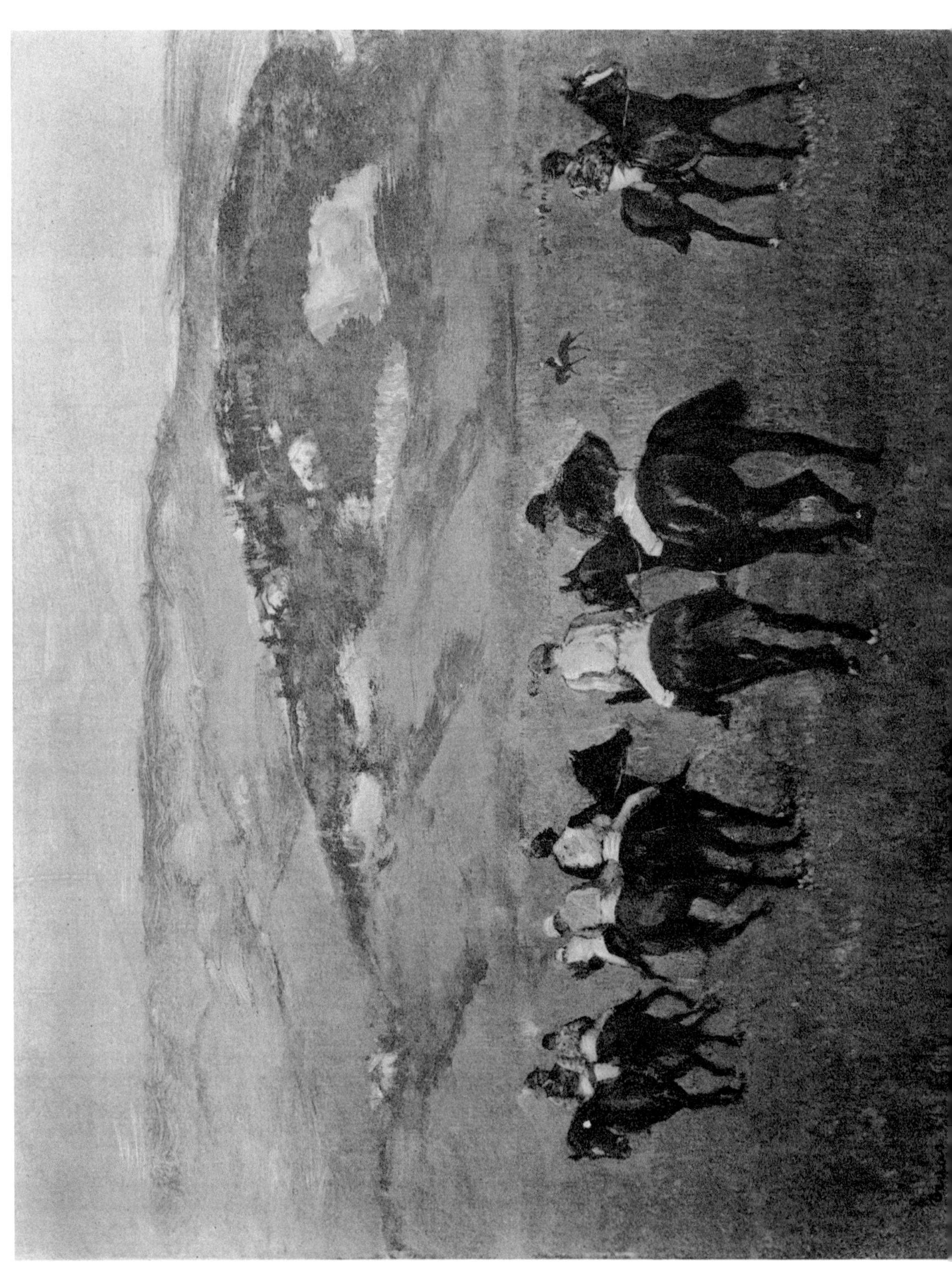

Rennpferde in einer Landschaft

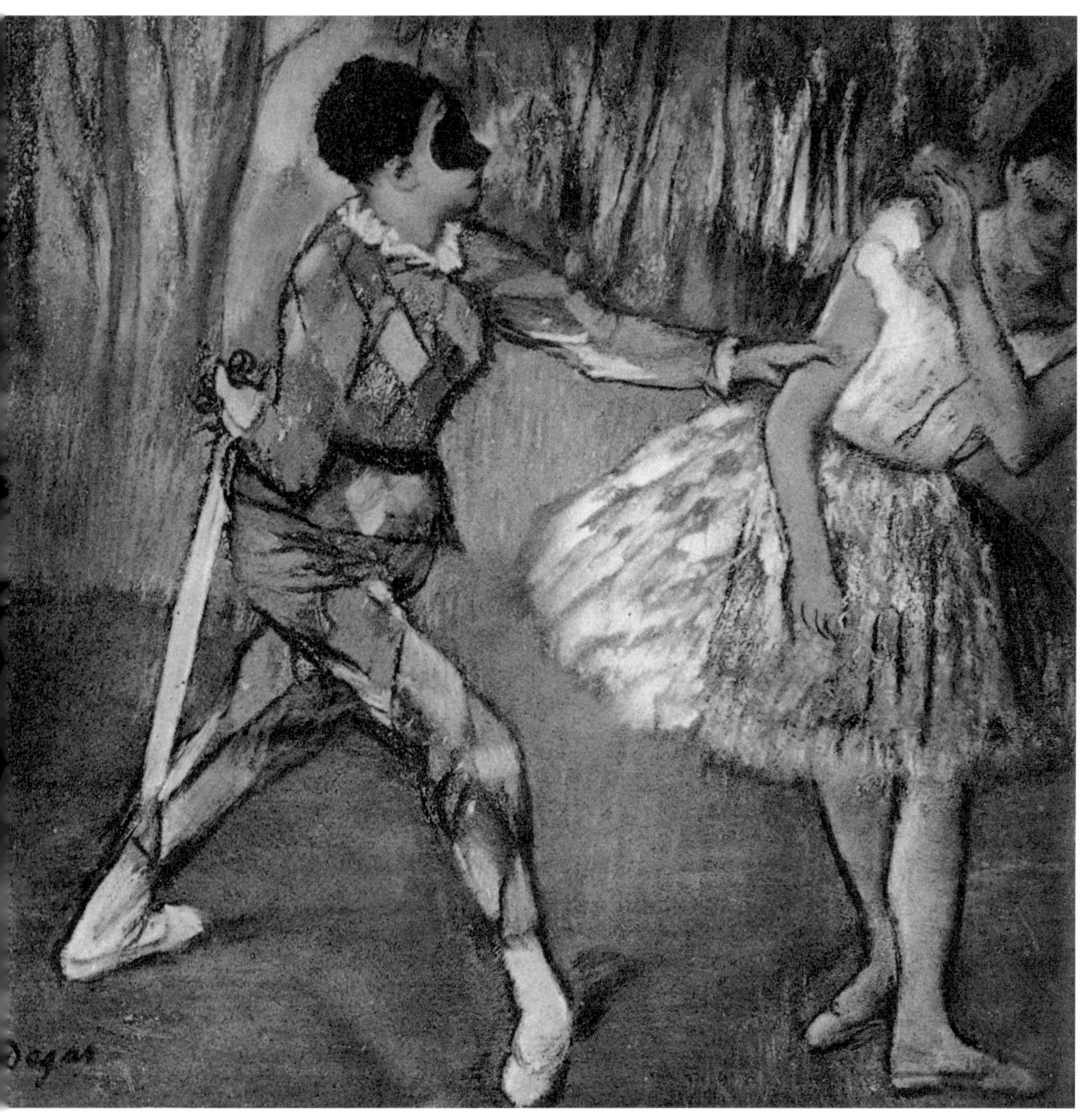

Harlekin und Kolombine, gegen 1883. Pastell. 0,41 zu 0,41

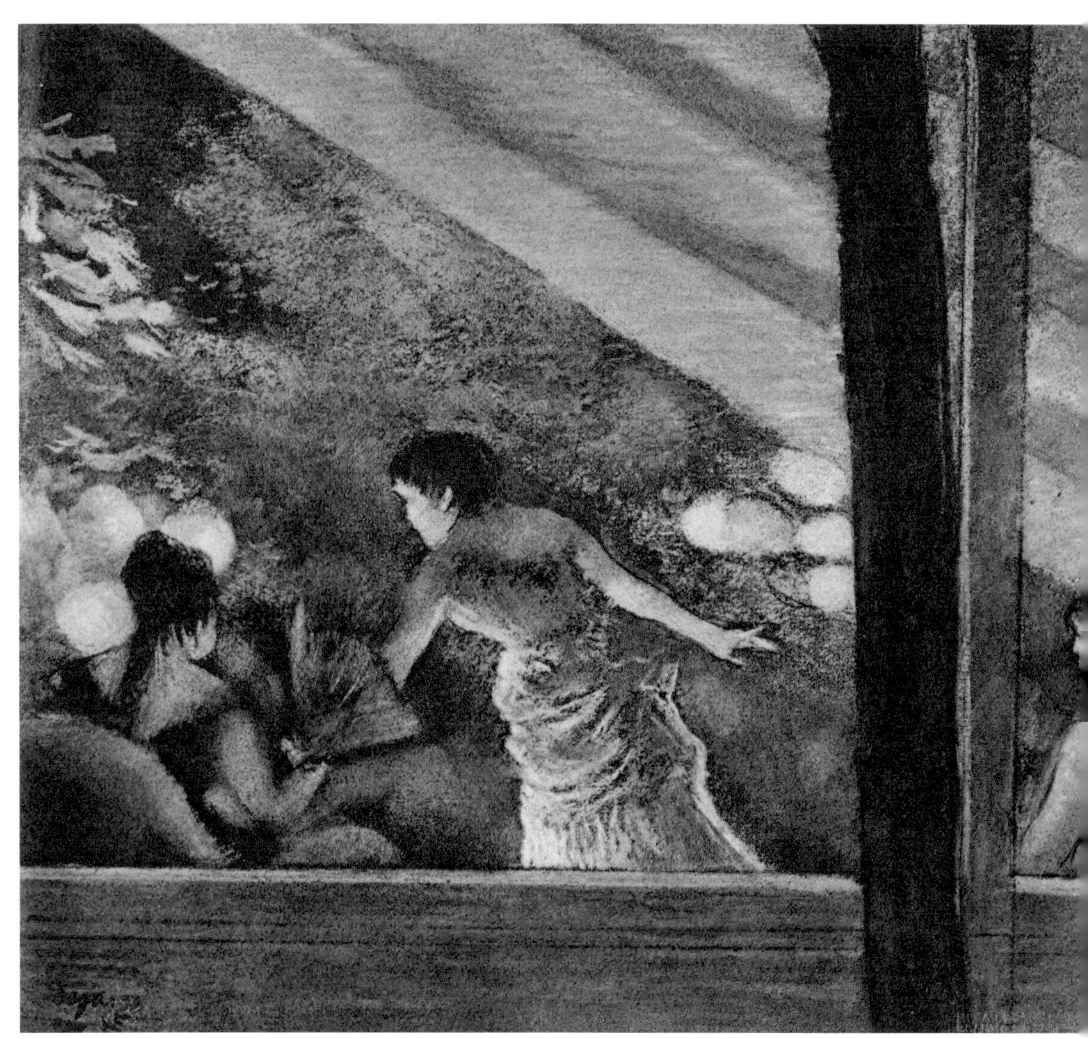

Le café-concert, 1885. Pastell

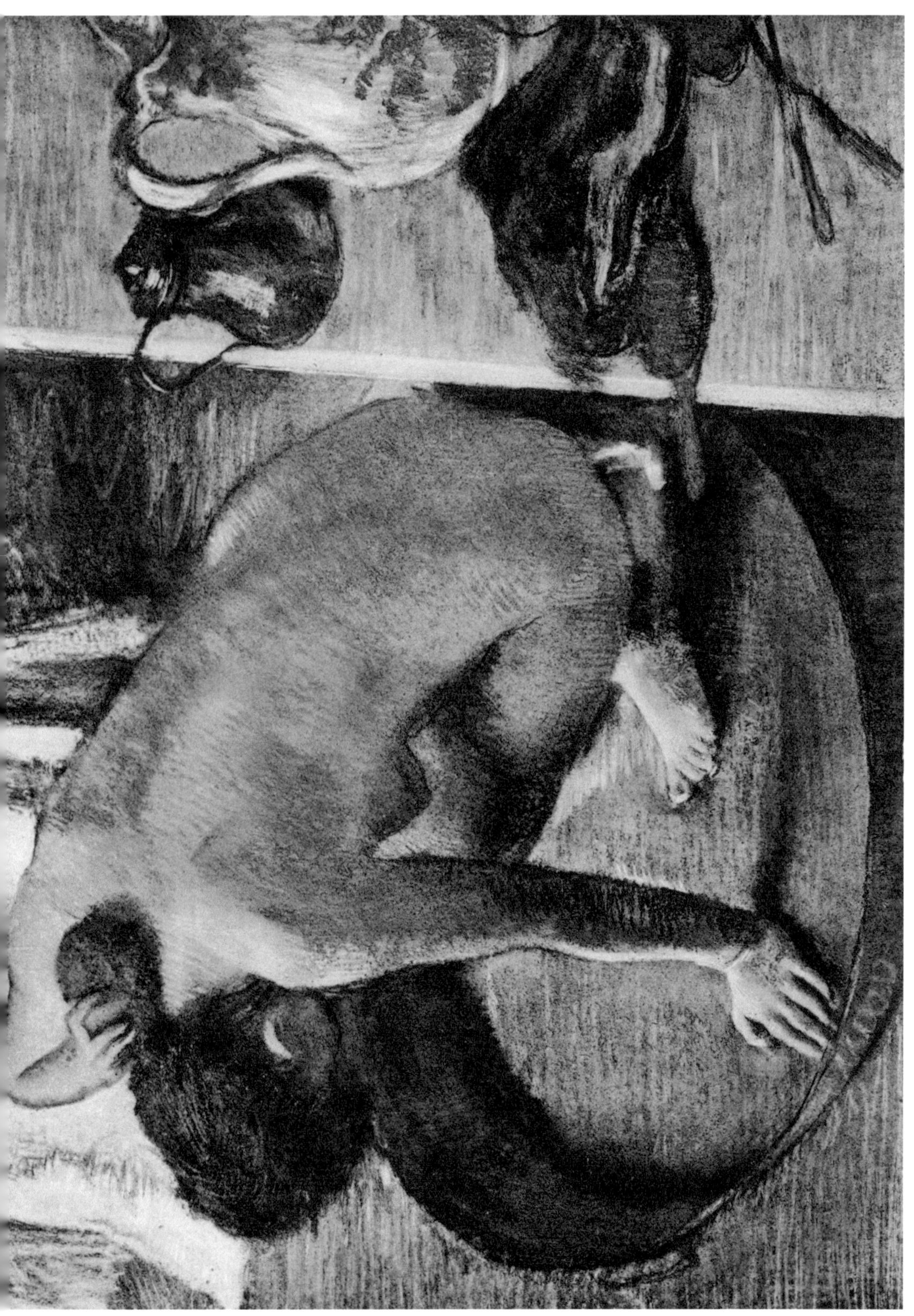

Im Tub, 1886. Pastell

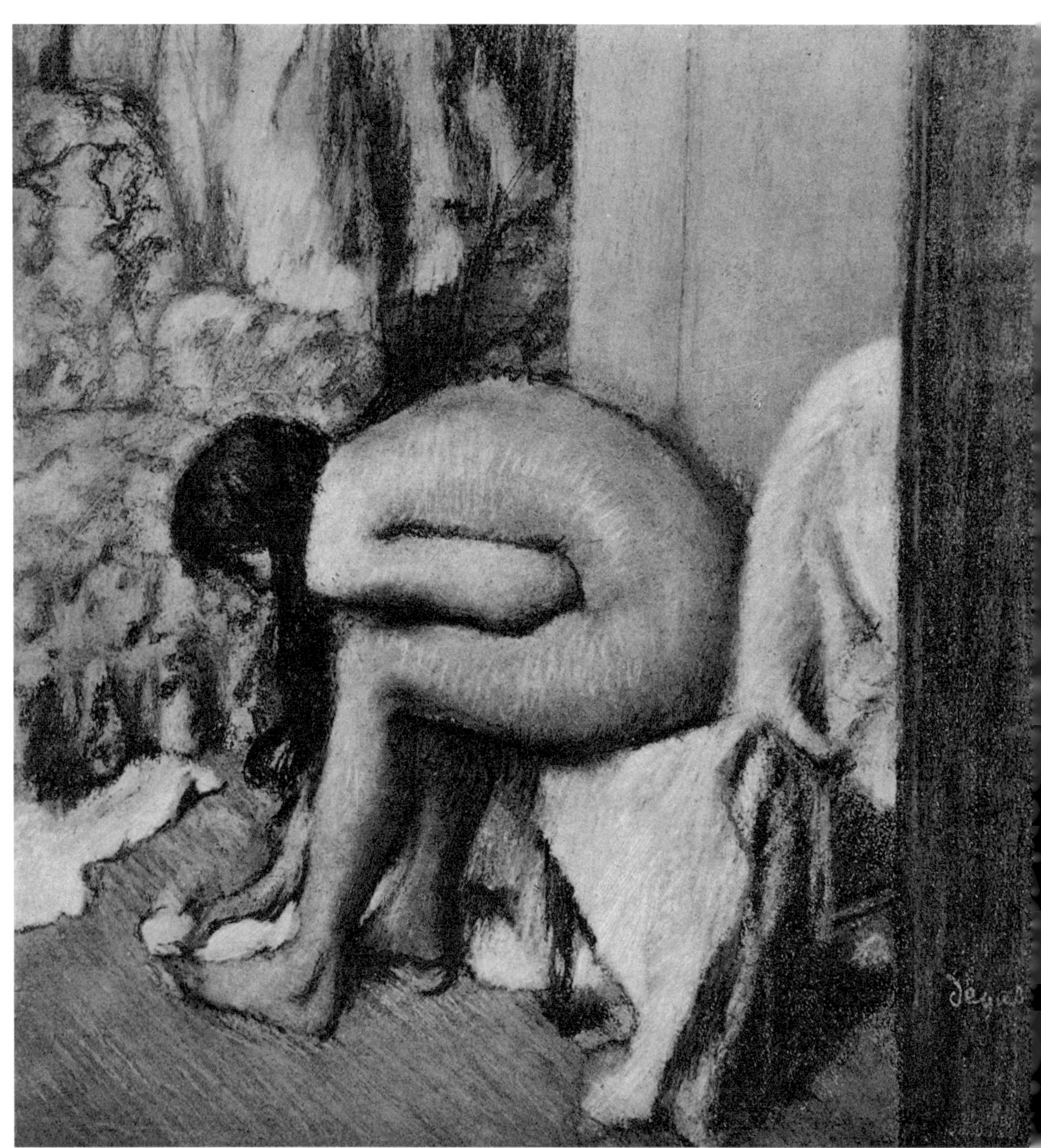

Nach dem Bade, 1886. Pastell

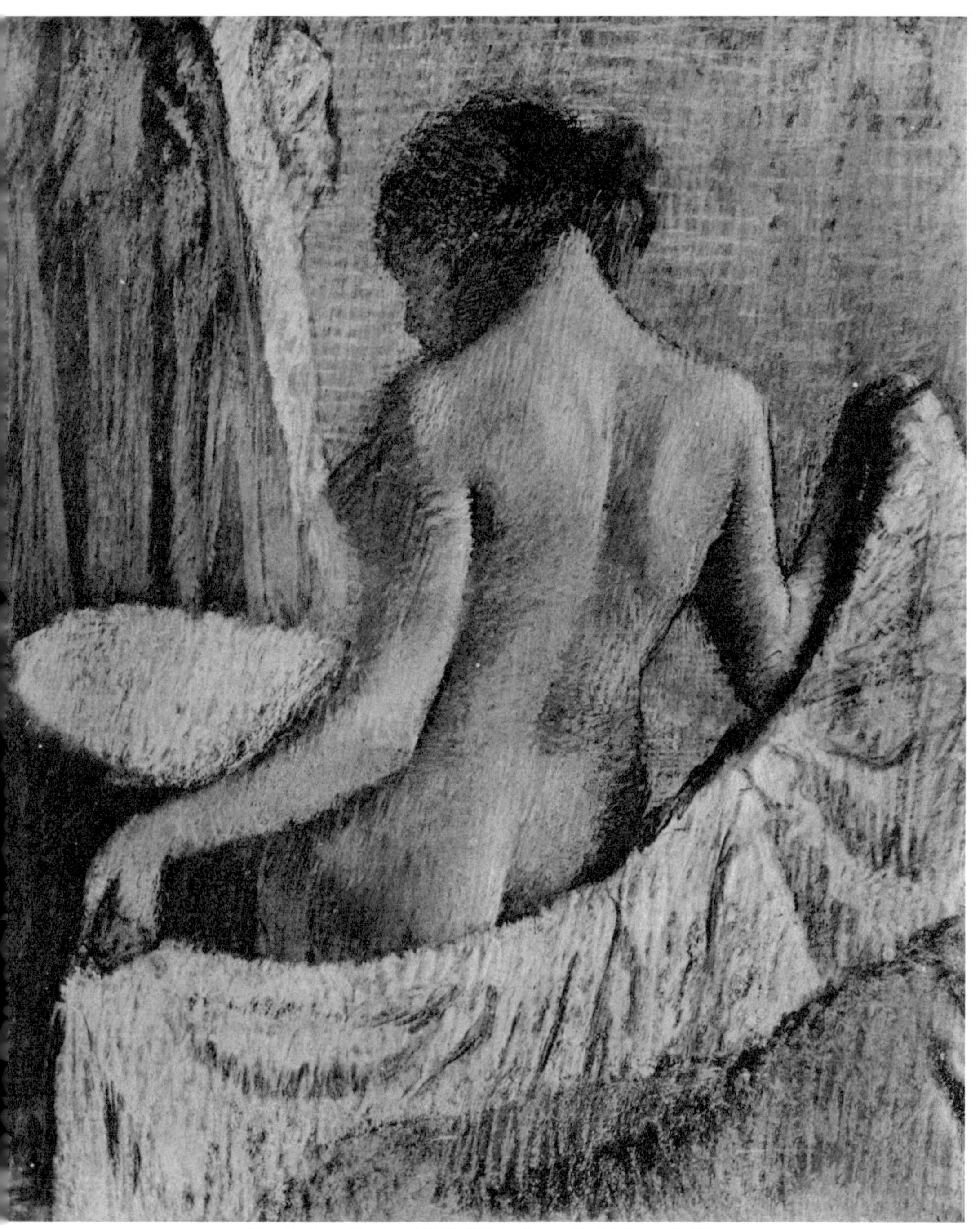

Nach dem Bade, 1885-1890. Pastell. 0,70 zu 0,57